Was ist nur aus Adam geworden!!

GERT DETHLEFSEN

Was ist nur aus Adam geworden!!

Über die Unvernunft der Menschen damals, heute und in Zukunft

Gert Dethlefsen 2020

FSC
www.fsc.org
MIX
Papier aus ver-
antwortungsvollen
Quellen
Paper from
responsible sources
FSC® C105338

Bibliografische Information der Deutschen Nationalbibliothek:
Die Deutsche Nationalbibliothek verzeichnet diese Publikation
in der Deutschen Nationalbibliografie; detaillierte bibliografische
Daten sind im Internet über https://portal.dnb.de/ abrufbar.

© 2020 Gert Dethlefsen
Umschlagskonzept: Barbara Benza, Budapest / Ungarn
Satz, Umschlaggestaltung, Herstellung und Verlag:
BoD - Books on Demand, Norderstedt
ISBN: 978-3-7519-9168-1

Inhalt

Wer die Folgen seines Handelns nicht erkennen will,
handelt unvernünftig.

Einleitung

Die Verschlechterung unserer Klimabedingungen und die Anstrengungen, dieses zu verhindern, sind heute in aller Munde und das beherrschende Thema in den Medien. Allerdings muss man trotz erdrückender wissenschaftlicher Erkenntnisse feststellen, dass die Bedrohung offensichtlich nicht so ernst genommen wird, dass wir bereit sind, unsere Gewohnheiten im Sinne eines umfassenden Umweltschutzes zu ändern.

Führen wir uns vor Augen, was uns Menschen erwartet, wenn diese Klimaveränderung wie bisher fortschreitet:

Insbesondere durch die Verwertung fossiler Energiequellen entstehen Treibhausgase, die durch Stärkung einer für die Menschen schädlichen Sonneneinstrahlung für eine Erhöhung der Erdtemperatur sorgen. Das bewirkt ein Abschmelzen der Polkappen und einen Anstieg des Meeresspiegels. Extreme Wetterereignisse und Naturkatastrophen, aber auch das Auftreten bislang unbekannter Krankheiten sind die Folgen. Wobei die aktuelle CORONA Pandemie uns deutlich zeigt, dass diese Ereignisse durchaus schneller eintreten können, als wir gerne annehmen würden. Landschaften, die durch Überschwemmungen oder Dürren vernichtet werden, müssen von den dortigen Bewohnern verlassen werden, sodass diese gezwungen sind, als Flüchtlinge in anderen Ländern Unterkunft zu finden. Die für die Produktion von Nahrungsmitteln erforderlichen Flächen werden immer weniger und reichen eines Tages nicht mehr aus, um die ständig wachsende und sich auf die nun reduzierten Flächen konzentrierte Erdbevölkerung zu ernähren. Der Streit um diese Flächen und die sich aus den Flüchtlingsbewegungen ergebenden Probleme können zu bewaffneten Konflikten weltweiten Ausmaßes führen. Im Extrem kann eine solche Entwicklung dazu führen, dass den Menschen die notwendige Lebensgrundlage entzogen wird, was an dem Artensterben von Pflanzen und Tieren bereits jetzt zu erkennen ist.

Die vorbeschriebene Entwicklung ignorierend wird von manchen Leuten bestritten, dass diese Entwicklung von Menschen verursacht ist, sondern ähnliche Katastrophen schon in der Vergangenheit immer wieder zu verzeichnen gewesen waren. Also sei die aktuelle Panikmache unbegründet. Dabei muss man sich nur einmal vor Augen halten, mit welchen Problemen wir auf der Erde zu tun haben.

Es muss wohl in der menschlichen Natur liegen, dass wir uns schwertun, unserer Vernunft zu folgen. Auch wenn der Erfolg der Bemühungen eines Einzelnen nicht messbar sein sollte, würde dieses dennoch in unseren Köpfen zu einem Umdenken führen. Dort hat sich jedoch die Befürchtung festgesetzt, dass wir bei aller Erkenntnis, dass es so nicht weitergehen kann, nicht bereit sind, die notwendigen Opfer zu bringen, um dadurch unsere Lebensgewohnheiten und unseren Wohlstand nicht zu gefährden. Manche Staatsmänner sehen in einer verstärkten Bemühung um den Umweltschutz sogar die Wirtschaft ihres Landes in Gefahr. Man kann fast sicher sein, dass ein noch so konstruktiver Vorschlag zunächst einmal mit einem »*Ja. Aber …*« in Frage gestellt wird. Dabei wäre es doch einfach, die Geschwindigkeit auf den Autobahnen zu begrenzen, um nur ein Beispiel zu nennen. Stattdessen wird argumentiert, dass das einen nicht hinzunehmenden Einschnitt in unsere Freiheit bedeuten würde, als wenn das Autofahren der Inbegriff von Freiheit wäre. Auch sei eine große Zahl von Arbeitsplätzen in Gefahr, was denn schon ernster zu nehmen ist. Also müsse man zunächst sorgfältig prüfen, wie mit dem Vorschlag umzugehen sei. Womit das Problem erneut auf die lange Bank geschoben ist. Warum tun wir uns nur so schwer, unserer Vernunft zu folgen?

Nun scheint ein solches Verhalten nicht neu zu sein, sondern hat wohl schon immer die Geschichte der Menschheit bestimmt. Die Betrachtung des Verhaltens der Menschen anhand der im Alten Testament in den Mose-Büchern geschilderten Ereignisse zeigt einem, dass das unvernünftige Verhalten der Menschen offensichtlich schon seit Anbeginn eine Rolle spielte und sich auch bis heute nicht geändert hat.

Das konnte Gott auch mit noch so strengen Strafen nicht verhindern. Nun ging es damals nicht um irgendwelche Umweltschutzgedanken, sondern vielmehr darum, dass die Menschen nicht akzeptieren wollten, sich einer wohlgemeinten Ordnung zu fügen. Heute ist es in erster Linie unsere unvernünftige Beharrlichkeit, mit der wir unsere Lebensgewohnheiten verteidigen. Dazu gehören insbesondere unsere Abhängigkeit von den technischen Errungenschaften und unser ständiges Streben nach einer Vergrößerung unseres Wohlstandes. Bei näherer Betrachtung besteht in diesem Verhalten eigentlich kein wesentlicher Unterschied zu früher.

So lässt sich der mit der Schöpfung aufgenommene Faden sich bis heute weiterspinnen, weil wir Menschen trotz der in all den Jahren gemachten Erfahrungen immer noch nicht zu einer Änderung unseres Verhaltens bereit sind. Übrigens ist das Alte Testament nicht umsonst ein Weltbestseller, sondern bietet eine durchaus interessante Lektüre, wobei es sich lohnt, sich insbesondere mit den darin enthaltenen Ausführungen über die Gebaren der Menschen zu beschäftigen und dabei festzustellen, dass Unvernunft schon immer das Handeln der Menschen bestimmt hat. Dabei spielt es auch keine Rolle, dass die in den Büchern Mose genannten Zeitangaben, Zahlen und weiteren Berichte teilweise stark übertrieben sind.

Dieses Buch soll keine theologisch oder archäologisch exakte Abhandlung darstellen. Vielmehr soll es anhand des biblischen Rahmens zeigen, dass die Unvernunft der Menschen keine moderne Erscheinung ist.

Aller Anfang

Wissenschaftler haben herausgefunden, dass die Erde vor mehreren Milliarden Jahren entstanden ist und seitdem bereits mehrere Umweltkatastrophen überstehen musste. Nach Aussagen der Propheten des Alten Testaments ist Gott ewig, müsste demnach mindestens das gleiche Alter wie die Erde haben und könnte durchaus an deren Entstehung mitgewirkt haben. Die Geschichte der Menschheit kann über etwa fünfhunderttausend Jahre zurückverfolgt werden. Nun berichtet die Bibel aber, dass Adam vor etwa sechstausend Jahren der erste Mensch war und Himmel und Erde mit allem, was das Leben Adams und seiner Nachkommen überhaupt möglich machte, kurz vorher geschaffen wurden. Wissenschaftler haben dagegen feststellen können, dass Adam und Eva nicht die »Urmenschen« waren, aber diejenigen, deren biblisch dokumentierte Linie bis heute reicht. Welch ein Trost, wenn wir uns darauf berufen könnten, dass unser unvernünftiges Verhalten schon seit Urzeiten erblich bedingt ist.

Um eine gewisse Ordnung in die biblische Zeitrechnung zu bringen, gehen die Juden davon aus, dass ein Menschenjahr einer göttlichen Sekunde entspricht. Damit würden sich natürlich die angegebenen Zeitangaben fast unermesslich vergrößern und manchen Widerspruch erklären. Abgesehen davon sollte man die Übertreibungen der biblischen Autoren nicht für bare Münze nehmen, handelte es sich doch in der Regel nicht um zeitgenössische Berichterstatter, die darüber hinaus noch auf mündlich überlieferte Quellen angewiesen waren.

Vielleicht hatte Gott schon vor Adam und Eva Menschen geschaffen, die ihn, aus welchen Gründen auch immer, in irgendeiner Weise enttäuscht haben müssen, weswegen er Moses nichts davon berichtete. Deshalb erschuf er sich Neue nur ihm Unterstehende und erklärte diese zu seinen ihm gehörenden Geschöpfen, über die denn Moses berichten durfte. Wie jemand, der nach dem käuflichen Erwerb seiner

Mietwohnung strebt, um das alleinige Sagen über sein Eigentum zu haben, hatte auch Gott sich bei der Renovierung der Menschheit zu einem solchen Schritt entschlossen. Allerdings dauerte es nicht lange, bis er feststellen musste, dass das anscheinend gar nicht so einfach war, von dem ihm unterstehenden Gefolge als die über allem stehende Obrigkeit anerkannt zu werden.

Nun wissen wir, dass die frühzeitlichen Homo Sapiens- Menschen anders aussahen als wir heutzutage und wir uns als deren Evolutionsergebnis betrachten können. In der Bibel heißt es, dass Gott Adam nach seinem Ebenbild schuf. Edler geht es nicht. Damit kann aber sicherlich nicht gemeint sein, dass Gott und Adam die gleiche Gestalt gehabt hätten, sondern dieses »Ebenbild« entstanden ist als Gott seinen Atem Adam in die Nase blies und damit zum Leben erweckte. Erklärlich wäre das vielleicht, wenn Adam Gott nicht körperlich sondern eher in mentaler Sicht geglichen hätte. So scheint es nicht verwunderlich, dass die anderen Menschen, mit denen Gottes Volk später zu tun haben sollte, seinen Geschöpfen zumindest im Aussehen gleich waren. Deren Damen galten bei den Männern des Volkes teilweise sogar noch attraktiver als die eigenen, was später noch zu wiederholtem Ärger zwischen Gott und seinen Untertanen führen sollte.

Der Naturforscher Charles Darwin hatte zum damaligen Entsetzen der Kirche herausgefunden, dass der Mensch eine Weiterentwicklung des Affen ist und wir wie alles Leben auf der Erde ein Ergebnis der Evolution sind. Sollten wir denn tatsächlich vom Affen abstammen, wäre das allerdings immer noch besser, als wenn wir uns umgekehrt im Zuge der weiteren Evolution selbst zum Affen entwickeln würden. Das wäre fatal, müssten wir uns dann in unserer Entwicklung doch als auf dem Wege zum Affen betrachten. Eine solche Überlegung würde allerdings in der Tat manches menschliche Verhalten erklären.

Viel später hatte Gott Moses den Auftrag erteilt, Buch über seine Werke und die Entwicklung seines Volkes zu führen. Moses hatte als vermeintlicher ägyptischer Prinz eine besondere Ausbildung am

Hofe des Pharaos genossen und beherrschte folglich die Hieroglyphen und andere gängige Schriften. So war er prädestiniert für diese Aufgabe und schrieb mit Hilfe weiterer Autoren ein Buch zu diesem ihm vorgegebenen Thema. Dieses Buch berichtet allerdings zum Teil von einer Zeit, in der Moses noch gar nicht lebte und somit nicht auf eigene Erfahrungen zurückgreifen konnte. Auch könnte die Verwirrung bezüglich der Schöpfung darauf zurückzuführen sein, dass Moses Gott bei dessen Schilderungen nicht richtig verstanden hat oder es nicht wagte, Gott auf mögliche zeitliche Ungereimtheiten aufmerksam zu machen. Vielleicht hatte er durch die Bürde seiner Aufgaben als Führer des Volkes auch nicht die nötige Muße, um sich nähere Gedanken in dieser Richtung zu machen. Zumal er seine Israeliten nicht zu lange allein lassen durfte, was ihm keine Zeit ließ, sich intensiv mit anderen Dingen zu beschäftigen.

Nach Moses' Tod übernahmen spätere Zeitgenossen die Fortsetzung der Berichterstattung und schrieben unter seinem Namen weitere Bücher. Unter Missachtung aller Autorenrechte nannten sie ihre Werke »Bücher Mose«, obwohl Moses schon lange vorher verstorben war und an den Büchern gar nicht mitgearbeitet haben konnte. Wegen des Bekanntheitsgrades Moses spielten wohl Überlegungen hinsichtlich späterer Vermarktung eine Rolle, denn diese Bücher gehören auch heute noch zu den Bestsellern der christlichen Literatur. Dabei kann natürlich nicht ausgeschlossen werden, dass bei der Gelegenheit eine gewisse Überarbeitung auch des ersten Buches Moses erfolgte, wodurch uns verschiedene Aussagen irreführend erscheinen. Wir sind trotz endloser Versuche ohnehin nicht in der Lage, solchen Überarbeitungen auf die Spur zu kommen und fahren am besten mit dem fort, was (angeblich) Moses uns überliefert hat. Wenn er schon Gottes besonderer Vertrauensmann war, warum sollten wir denn die von ihm wiedergegebenen Anweisungen Gottes anzweifeln? Außerdem geht es in dem vorliegenden Buch nicht darum, irgendwelche Beweise zu erbringen, sondern vielmehr aufzuzeigen, wie die Menschen mit den ihnen von Gott gegebenen Fähigkeiten umgegangen sind.

Die Diskussion um die Existenz Gottes erinnert an einen Artikel, der vor vielen Jahren in der Zeitschrift »New York Sun« erschien. Darin beantwortet der Redakteur die Frage eines kleinen Mädchens, ob es den Weihnachtsmann gäbe, da ihn noch niemand je gesehen hätte. Man könne alles, so der Redakteur, naturwissenschaftlich begründen und nur an das glauben was man sieht. Daneben aber gäbe es eine unsichtbare Welt, die unser Leben erst lebenswert macht. Auch der Weihnachtsmann ist Teil dieser unsichtbaren Welt.

Warum also nicht auch Gott? Etwas nicht zu sehen, heißt doch nicht, etwas nicht glauben zu können. Wenn wir nur das sehen, was wir sehen wollen, wird uns vieles entgehen. Gott hatte sich entschlossen, sich nicht in Persona zu zeigen. Selbst seinem getreuen Moses zeigte er nur seinen Rücken oder sich als brennender Dornbusch und den wandernden Israeliten während des Tages als Wolke und als Feuerschein während der Nacht. Selbst, wenn er bei Jacob oder Abraham eine Ausnahme gemacht haben sollte, gilt das nicht für uns normale Menschen. Moses hat das einmal klargestellt, indem er verbot, Gott in Bildern darzustellen. Trotzdem haben Christen sich in ihren Vorstellungen ein bestimmtes Bild von ihm als »*Alter Mann mit Bart und weißem Haar*« gemacht. Diese höchst menschliche Verbildlichung hängt wohl damit zusammen, dass Adam angeblich nach Gottes Ebenbild geschaffen wurde, beide sich folglich ähnlich sahen und wir als Adams Nachkommen ebenfalls deren Aussehen haben müssten. Eine solche Vermessenheit zeigt, dass wir bei unserer Selbsteinschätzung offensichtlich keine Grenzen kennen. Es bleibt jedem von uns überlassen, ob wir unsere Existenz nach wissenschaftlichen Naturgesetzen oder an einer höheren Instanz ausrichten. Unsere Einstellung zu Gott ist ohnehin eine rein persönliche Angelegenheit eines jeden Einzelnen. Egal wie, wir Menschen brauchen für unser Zusammenleben eine Grundordnung und die ist für viele nun einmal mit dem Glauben an das Wirken einer ordnenden Macht auf der Grundlage der zehn Gebote untrennbar verbunden. Auch Gemeinschaften anderen Glaubens haben ihrem Zusammenleben eine ähnliche Struktur zugrunde gelegt.

Frühere Umweltkatastrophen hatten die Erde weitgehend oder gänzlich unbewohnbar gemacht, was nicht nur die Dinosaurier zu spüren bekamen. Bereits zu dieser Zeit muss Gott sich über den chaotischen Zustand des Universums gewaltig geärgert haben. Eines Tages platzte ihm daher der Kragen, als er sich wegen der Dunkelheit in der Welt nur schwer zurechtfinden konnte. Er beschloss daher, diese Wüstenei bewohnbar zu machen und so eine ausreichende Lebensgrundlage für ihre zukünftigen Bewohner zu schaffen. Das war schwer genug, wie sich später herausstellte. Immerhin hatte Gott, der bekanntlich alles kann, sechs ganze Tage dazu gebraucht und musste den siebenten Tag dazu verwenden, um sich nach den Strapazen wieder auszuruhen. Den Himmel ließ er in weiser Voraussicht für die Menschen nicht zugänglich, um diese seine Wohnstätte, als Rückzugsort für sich auch zukünftig zu sichern. Ob er sich schon damals entschloss, zumindest ehemaligen irdischen Geschöpfen den Aufenthalt im Himmel zu erlauben, wird nicht berichtet. Obwohl uns das Privileg Gottes hinreichend bekannt sein dürfte, versprechen wir in unserer Vermessenheit unseren Damen spätestens bei dem Vorbringen eines Hochzeitsantrages den Himmel, zumindest den Himmel auf Erden. Anlässlich der Hochzeit wird dann gar von einem siebenten Himmel gesprochen, der sich Erzählungen zufolge am äußersten Rand des Universums befinden soll; also mehr geht nicht! Die so angebeteten Damen sind jedoch in der Regel von diesem Versprechen so gerührt, dass dessen Unwahrheit keine Rolle spielt.

Nachdem somit das »Warum« der Schöpfung geklärt ist, stellt sich nun die Frage nach dem »Wie«. Die Überlegung hierüber zeigt uns deutlich die Fähigkeiten Gottes und vor allem sein kluges und strategisch durchdachtes Vorgehen. Sehr praktisch schuf er zunächst einmal das Tageslicht und die Nacht. So konnte er seine Arbeit besser übersehen und anschließend beruhigt schlafen gehen. Soweit können wir noch folgen. Auch noch, wie er es schaffte, das Wasser vom Land zu trennen. Da haben die Küstenbewohner und insbesondere die Holländer es zu einem erstaunlichen Können gebracht, wenn auch in wesentlich kleinerem Umfang. Nun war der Anblick, der sich Gott jetzt bot, allerdings nicht besonders erfreulich, sodass er beschloss, die Erde zu begrünen. Leider reichte die Saat nicht für die ganze Erde aus, weswegen einige Teile auch heute noch Wüsten sind. Auch mit der Begrünung der Berge und der Polkappen gab es Probleme. Dennoch kann diese gärtnerische Arbeit als gelungen bezeichnet werden.

Um das Ganze auch außerhalb der Erde attraktiv zu machen, schuf Gott die Himmelskörper. Dieses führt unter Wissenschaftlern zu Überlegungen, ob er bei dieser Gelegenheit auch auf anderen Gestirnen uns gleichende Lebewesen geschaffen haben könnte, vorausgesetzt, dass Gott überhaupt dergestalt tätig gewesen ist. Seit vielen Jahren und mit einem unerhörten Aufwand wird danach gesucht und sei es, dass es sich möglicherweise um ganz andere Lebewesen handeln könnte. So bescheiden sind wir Menschen bei der Suche nach Unseresgleichen geworden. Vielleicht wäre es ohnehin nicht gerade vorteilhaft, tatsächlich auf solche zu stoßen, die für uns Erdenbewohner zu einer Gefahr werden könnten.

Gott hatte bei seiner Schöpfung vermutlich die Erde als Experimentobjekt gewählt. Wir Menschen verwechseln diese kleine Erde gerne mit der Welt, wenn wir die Erde meinen. Es gibt das *weltliche* Leben, *Welt*rekorde, *Welt*kriege und noch viele weitere Begebenheiten, die sich auf der Erde abspielen, in unserem Sprachgebrauch jedoch mit »*Welt*« bezeichnet werden. Eine solche Vermessenheit scheint den Menschen eigen zu sein, obwohl jeder die Widersprüchlichkeit solcher Behauptungen erkennen müsste.

Wenn es einem Sportler zum Beispiel gelingt, einen neuen Rekord im Hochsprung aufzustellen, heißt es, er hätte einen »*Weltrekord*« aufgestellt. Wo doch jeder weiß, dass auf dem Mond wesentlich höhere Sprünge möglich sind. Aber hat trotz dieses Wissens einmal jemand von einem Erd- oder einen Mondrekord gesprochen? Nein, uns als Mittelpunkt des Universums zu sehen, erhöht unser eigenes Wertgefühl.

Als nächstes kamen bei Gottes Schöpfungsaktivitäten die Fische und Vögel an die Reihe. Auch dieses ist eine strategische Meisterleistung. Man stelle sich nur vor, diese Schaffensperiode hätte vor der Entstehung von Erde und Wasser gelegen. Die ganze Arbeit wäre umsonst gewesen. Nachdem die Erde nun entsprechend zubereitet war, konnte Gott dann auch mit der Schöpfung der Tiere und Pflanzen beginnen.

Ob er sich als Höhepunkt seines Schaffens, oder, weil er die Menschen zunächst schlicht vergessen hatte, an deren Herstellung machte, ist uns nicht bekannt. Auf jeden Fall stellte sich die Schaffung von Adam und seiner Frau als nicht besonders gelungen heraus, wie sich im Folgenden schnell zeigen sollte. Das begann mit der Wahl des Materials, aus dem Gott Adam schuf. Vielleicht reichten seine praktischen Fähigkeiten im Gegensatz zu seinen gestalterischen nur aus, um aus dem Lehm einen Menschen zu schaffen, über dessen Unvollkommenheit und die seiner Nachkommen er sich später noch ständig ärgern musste.

Also schuf Gott Adam! Das soll, wie bei *Wikipedia* nachzulesen am 23. Oktober 4004 vor unserer Zeitrechnung gewesen sein, wie der mathematisch begabte irische Bischoff Ussher in seiner vermutlichen Einsamkeit auf einer abgeschiedenen Insel errechnet hatte. Eine solche Einsamkeit war nichts für Adam. Außerdem bedurfte es auch für ihn eines Zweiten, um als Erster gelten zu können. Das erkannte auch Adam und so entwickelte er sehr schnell das bis heute bei Männern vererbte Verlangen nach einer Frau. Ohne diese war Adams Meinung nach selbst ein Aufenthalt im Paradies nicht lebenswert. Was die Bibel nicht berichtet, ist der für Adam ärgerliche Umstand, dass Eva offensichtlich bereits eine Vorgängerin hatte. Nach jüdischem Glauben nahm sich Gott wie bei Adam einen weiteren Klumpen Lehm und formte daraus eine Frau. Lilith, über die in dem jüdischen Talmud berichtet wird, war eine Frau, die Adam insbesondere auf sexuellem Gebiet alles abverlangte. So in seiner paradiesischen Ruhe gestört, beklagte er sich nach einiger Zeit solange bei Gott, bis dieser ein Einsehen hatte und Lilith aus dem Paradies verbannte. Seitdem irrt diese arme Frau als Dämon durch die Welt. Die Lehre daraus für uns Menschen: lieber etwas enthaltsamer sein, dafür aber entspannter leben!

Mit den Beschwerden über seine Exfrau gab sich Adam allerdings nicht zufrieden und forderte Ersatz. So schuf Gott ihm eine neue, nämlich die uns aus der Bibel bekannte Eva. Damit diese nicht behaupten konnte, aus demselben Lehmmaterial wie Adam zu stammen, bot dieser ihm als Material eine seiner Rippen an. Das war klug gedacht, denn so konnte er der von Lilith damals beanspruchten Gleichberechtigung entgehen. Das machte für Gott die Herstellung zwar etwas schwieriger, aber dennoch mit einem für ihn zufriedenstellenden Ergebnis. Zum Leidwesen von Eva war sie damit allerdings aufgrund dieser ausgeklügelten Taktik Adam untertan. Dass Adam trotz seiner Erfahrung mit Lilith mit den Vorzügen der Weiblichkeit noch nicht besonders vertraut war, zeigt sein Wunsch an Gott, die neue Gefährtin »Männin« nennen zu dürfen. Gott jedoch bestand darauf, dass Adam nun nicht übertreiben solle und die von ihm gewollte Geschlechterordnung zu beachten hätte. Seine Nachfolger nahmen diese Festlegung gern auf, und legten den Wert eines Mannes auf das Doppelte des Wertes einer Frau fest. Allerdings bedeutete das für die Männer, dass von dieser Werteinschätzung auch die Höhe ihrer jeweiligen Opfergaben abhing.

Als die Griechen sich eines Tages mit der Entstehung von Eva beschäftigten, sahen sie sich in ihrem ästhetischen Empfinden verletzt. Eine aus einer Rippe geformte Frau entsprach nicht unbedingt ihrem Schönheitsideal. Dem kam die aus dem Meeresschaum entstiegene Aphrodite schon deutlich näher. So statteten sie diese mit einer alles überstrahlenden Schönheit aus. Auch konnte es aus ihrer Sicht nicht angehen, dass Aphrodite sich einem Mann unterordnen sollte. Also wurde sie zusätzlich zu einer Göttin befördert. Unsere Damen heutzutage versuchen, der Schönheit Aphrodites nachzueifern, was der Kosmetikindustrie zu einem wirtschaftlichen Erfolg verhilft, den Herstellern von Spiegeln und Waagen jedoch Probleme bereitet. Auch wird nicht berichtet, ob die Schönheit Aphrodites ihr wie ihrer biblischen Konkurrentin Eva den Weg in das Paradies ermöglicht hätte. Auf jeden Fall erhielt sie das Privileg von Zeus, als dessen Verwandte im Olymp wohnen zu dürfen, was auch nicht ganz schlecht war.

Als Gott nun mit seiner Arbeit fertig war, besah er sich noch einmal sein Gesamtwerk und befand, dass es gut geraten sei und er sich nun zunächst einmal von der Schöpfungsarbeit erholen könne. Diese muss doch ziemlich anstrengend gewesen sein, weil er als Ersatz für Lilith Evas wegen noch eine Sonderschicht einlegen musste. Um Adam und Eva nicht gleich mit den Widrigkeiten eines irdischen Lebens zu konfrontieren, schuf Gott ihnen mit dem Paradies einen in jeder Hinsicht erfreulichen Aufenthaltsort. Dieser Garten bot ihnen alles, was sie zu einem sorglosen Leben brauchten. Kleidung war wegen des stets schönen Wetters nicht nötig und Nahrung gab es genug. So stellt man sich heute ein sorgloses Leben vor. Während Gott sich von seiner Arbeit erholte, musste er leider seine Aufsicht über Adam und Eva vernachlässigen, was zu Evas Ungehorsam führte. So kam es, wie es kommen musste, wenn Übermut und Unvernunft das Leben bestimmen: eine Erkenntnis, die leider auch noch im heutigen Leben gilt.

In Marc Twains »Adams Tagebuch« kann nachgelesen werden, dass Adam, der eigentlich nur seine Ruhe haben wollte, sich beklagte, dass er und alle anderen im Paradies anwesenden Lebewesen ständig von Eva bevormundet würden. So dauerte es nicht lange, bis Eva vollends übermütig wurde und gegen ein ausdrückliches Verbot Gottes verstieß. Und das alles nur wegen eines Apfels! Da kann es nicht trösten, dass die Schlange als verführende Übeltäterin auch heute noch zur Strafe auf dem Bauch kriechen muss. Wie dem auch sei, das schöne Leben war vorbei, und Adam und Eva wurden nun sittlich in Kleider gesteckt und mit dem Auftrag »*Seid fruchtbar und mehret euch!*« zur »*Zwangsarbeit*« aus dem Paradies verbannt. Bei dieser Gelegenheit erteilte Gott ihnen den von uns Menschen häufig missverstandenen Auftrag, sich alles auf der Erde untertan zu machen. Ob Adam sich bei Gott über die Strafe beklagte, weil er doch eigentlich unschuldig sei, oder ob er darauf verzichtete, weil Eva ihm mittlerweile so ans Herz gewachsen war, dass er nicht ohne sie sein konnte, wird nicht berichtet. Letzteres wäre ein schönes Zeichen von Treue gewesen.

So mussten beide das Paradies verlassen und sich von ihrer Hände Arbeit ernähren. Bei der Gelegenheit beschloss Gott, dass auch deren Nachkommen die begangene Sünde zu büßen hätten. So hat Gott auch für uns Menschen die Arbeit erfunden, was doch eine sehr harte Strafe nur wegen eines lang verjährten Diebstahls eines einzigen Apfels darstellt. Man kann diese Strafe für uns Menschen durchaus als lebenslänglich bezeichnen, beginnt sie doch schon mit der erzieherischen Vorbereitung im Kindergarten und endet erst, wenn wir das Rentenalter erreicht haben.

Wir Menschen haben zumindest zu Lebzeiten keine Chance, wieder ins Paradies zu kommen, weil Gott eine strenge Bewachung davor gesetzt hat. Als Trost für uns Menschen möge Jesus' Zusage gelten, dass uns am Ende aller Tage bei entsprechendem Verhalten doch noch die Gelegenheit zur Rückkehr in das Paradies gegeben werden soll. Nur heißt es, solange durchzuhalten. Sollten wir anlässlich des Jüngsten Gerichts auch Adam und Eva begegnen, wäre das eine gute Gelegenheit, deren Vergehen und die Folgen für uns noch einmal anzusprechen.

Offensichtlich gilt dieses Paradiesverbot nicht für Moslems, die in dieser Beziehung eine Sonderrolle zu spielen scheinen. Wie soll man sich sonst erklären, dass ein islamistischer Selbstmordattentäter angeblich für seine Tat mit der Gesellschaft von zweiundsiebzig Jungfrauen im Paradies belohnt werden soll? Sollte Gott etwa vergessen haben, dass er das Paradies als einen Ort der Harmonie geschaffen hatte? Oder war er etwa der Meinung, dass die ehemaligen Terroristen nach Erledigung ihrer Mordtaten zu lammfrommen Wesen mutieren würden? Um eine gewisse Ordnung einzuhalten, sind Cherubine von Gott als Wache vor dem Paradiestor platziert. Vom Eingangstor aus dem Treiben im Garten tatenlos zuzusehen, muss für diese eine besonders anstrengende Aufgabe gewesen sein. Wenn Gott seinen Engeln gegenüber nicht so streng gewesen wäre, hätte er ihnen zumindest erlauben können, sich in verdienstvoller Weise um die Damen zu kümmern, sobald die ehemaligen Attentäter ihrer überdrüssig geworden wären. Vielleicht als Trost für so entgangene Vergnügen wurden die Cherubine wegen ihrer Zuverlässigkeit und Standhaftigkeit zu Gottes Leibwache ernannt und, wie das Neue Testament berichtet, im Laufe der Jahre sogar zu Engeln befördert.

Viele Jahre später berichtet Jesus in einem Gleichnis von nur zehn Jungfrauen, die auf ihren Bräutigam warten, sich aber nicht einig waren, wie sie ihm am besten gefallen könnten. Beim Vergleich mit dem Angebot an einen heutigen Terroristen kann man sehen, dass die Ansprüche im Laufe der Zeit doch grösser geworden sind. Uns Normalsterblichen bleibt leider nichts anderes übrig, als uns zu Lebzeiten einen Ersatz für das uns vorenthaltene Paradies zu suchen. Da passt es in die heutige Zeit, dass viele, d. h. die, die es sich leisten können, zum Beispiel ihr Geld in einem »*Steuerparadies*« verstecken oder in einem »*Einkaufparadies*« einkaufen gehen. Dieses zeigt doch deutlich unseren Wunsch nach dem Paradies, so wie man sich eine Oase in der Wüste herbeisehnt.

Zum Glück für Adam hatte Gott ihm damals nicht erzählt, dass es auch weitere Völker geben würde, die zahlreicher und mächtiger wären als Adams Nachfolger. Das haben denn auch die Israeliten später in Ägypten und anderen Regionen schmerzlich erfahren müssen. Mit diesem Wissen hätte Adam seinen Anspruch, gemeinsam mit Eva die einzigen Menschen zu sein, aufgeben müssen und wahrscheinlich die Orientierung über ihre Besonderheit vollends verloren.

Könnte es sein, dass Gott während des Aufenthalts von Adam und Eva im Paradies weitere Menschen schuf, die sich außerhalb des Paradieses schneller als Adam und Eva vermehrten? Es wird ja nicht gesagt, wie lange sich Adam und Eva im Paradies aufhalten durften. Vielleicht gab es tatsächlich Mitmenschen und Adam hatte diesen gegenüber lediglich das Privileg, von Gott mit dessen Geist ausgestattet zu sein, indem er diesen Adam in die Nase blies. Damit würde er sich in der Tat von eventuellen Mitmenschen abheben, zwar nicht als erster seiner Art, sondern als erster wegen dieser Auszeichnung privilegierter Mensch. Insofern wäre die Berichterstattung im Alten Testament durchaus nachvollziehbar. Oder könnten Moses und seine Mitautoren als Chronisten der alttestamentarischen Geschichte schlicht das Zeitgefühl verloren haben und es sich zum Beispiel bei den Leuten aus Nod eventuell um Verwandte von Adam handelte? Vielleicht kam Kain erst in einem biblischen Alter auf die Idee, zu heiraten? Dann könnten sich Adams Verwandte bereits lange vor Kains Reise in Nod niedergelassen und sich dort ganz im Sinne Gottes schnell vermehrt haben.

Die Autoren des Alten Testaments waren bekanntlich Menschen. So könnte es sein, dass diese bei der Beschreibung der Entstehung der Menschheit auf für sie nachvollziehbare und begreifliche Ereignisse zurückgriffen und unerklärliche Dinge einfach wegließen. Möglicherweise kam es ihnen dabei gar nicht auf eine korrekte Beschreibung, sondern vielmehr auf den Hinweis auf Gott als ordnende Macht an, der hinter allem steht, was auch heute noch direkt oder indirekt die Grundlage unseres Glaubens ist ohne dass wir deshalb eine wissenschaftliche Korrektheit vernachlässigen müssen. Trotzdem können solche Überlegungen verwirrend sein, wenngleich den Autoren eine gewisse literarische Freiheit zugestanden werden dürfte. Kein Wunder, dass Moses bei solchen Gedankenspielen die Übersicht verlor und vermutlich deshalb beschloss, auf eventuelle Korrekturen seiner Berichterstattung zu verzichten.

Was für ein Schock muss es für Adam gewesen sein, als Gott ihm offenbarte, dass es in der Nachbarschaft tatsächlich noch andere Menschen gab. Waren er und Eva doch bis dahin im Glauben gewesen, mit ihren Kindern die einzigen Menschen auf der Welt zu sein. Woran man erkennen kann, dass das heutige selbstherrliche Verhalten der Menschen durchaus kein modernes Phänomen ist. Tatsächlich aber müssen die Menschen in Nod bereits so zahlreich gewesen sein, dass sie ein Volk bildeten, während sich Adams Familie zunächst auf vier Mitglieder beschränkte. Die Leute von Nod müssen ihnen ähnlich gewesen sein, sonst hätte Kain dort wohl schwerlich eine Frau gefunden, die ihm gefiel.

Adam und Eva bekamen wie von Gott verlangt, ein Kind nach dem anderen. Mit den ersten beiden, Kain und Abel, hatten sie allerdings großes Pech. Weil Kain meinte, Abel würde ihm vorgezogen werden, erschlug er ihn. Auf Gottes Geheiß musste sein Vater ihn daraufhin des väterlichen Hofes verweisen und Kain auffordern, sich abseits der häuslichen Umgebung niederzulassen und dort selbst für seinen Lebensunterhalt zu sorgen. Ein bisschen Mitleid jedoch hatte Gott mit ihm und setzte ihm vorsichtshalber ein Zeichen auf die Stirn, das ihn vor möglichen gewalttätigen Fremden schützen sollte. Man konnte nicht wissen, wie Kains neue Landsleute auf einen Mord reagieren würden. Vielleicht wurde dort mit einem Mörder nur kurzer Prozess gemacht, um sich die Kosten einer langen Haftstrafe zu ersparen. Zum Glück stellte sich jedoch heraus, dass der Mord an seinem Bruder Abel sich offensichtlich nicht bis hierher herumgesprochen hatte, sodass es dieser besonderen Vorsichtsmaßnahme Gottes nicht bedurft hätte.

Um das göttliche Gebot zur Vermehrung seines Volkes zu befolgen, aber auch aufgrund des ihm von Adam vererbten Drangs, bedurfte auch Kain einer Frau. Das war allerdings nicht so einfach. Da Eva die bis dahin einzige ihm bekannte Frau im Lande war, wäre ihm nichts anderes übriggeblieben, als seine eigene Mutter zu schwängern. Heute ist die Inzucht strikt verboten, damals wurde das wohl nicht so streng geahndet. So durfte später Abraham seine Halbschwester heiraten und wurde trotzdem von Gott zum Stammvater nachfolgender Generationen ernannt. Und auch die Töchter Lots konnten sich ungestraft über ihren Vater hermachen.

Adam hatte Kain sicherlich von seiner ersten Frau Lilith erzählt, die nach ihrem Verweis aus dem Paradies zu den Dämonen überwechseln musste und sich dort ein neues Leben aufgebaut hatte. Den Kontakt zu diesen sollte Kain tunlichst meiden. Besser sei es dagegen, sich in die Fremde zu begeben und dort nach einer Frau zu suchen. Ob Gott ihm das Land Nod als Ziel der Reise genannt hatte, ist nicht bekannt. Auf jeden Fall wählte Kain die Richtung dorthin, wo er tatsächlich andere Leute fand. Und was noch wichtiger für ihn war, hier lebten Frauen, die ihm durchaus gefielen und dass es eine größere Auswahl an heiratswilligen Damen gab. Also vergaß er die Dämonen und fand hier Bleibe und Frau. Schon bald zeigte sich, dass seine Entscheidung richtig gewesen war und er sich zahlreicher Nachkommen erfreuen konnte.

Adams und Kains weibliche Nachkommen waren offensichtlich so attraktiv, dass sogar mancher Engel der Legende nach an ihnen Gefallen fand. Wenn das so stimmen sollte, könnte man zu dem Schluss kommen, dass zumindest einige der Engel männlich gewesen sein müssten und einen Drang zur Weiblichkeit hatten. Da Gott seine Engel nach unseren Vorstellungen eigentlich als geschlechtslose Himmelswesen geschaffen hatte, müssten ihm diese Verbindungen nicht gefallen haben, zumal es angeblich Riesen waren, die hieraus entstanden. Hierbei stellt sich dann allerdings die Frage, wie die Engel als vergeistigte Himmelsbewohner eine solche Zeugung überhaupt schaffen konnten. Was später aus diesen Riesen geworden ist, entzieht sich unserer Kenntnis. Vielleicht war der spätere Goliath, von dessen unseliger Niederlage gegen David noch zu berichten ist, eines ihrer letzten Exemplare.

Im Nachherein wäre es vielleicht einfacher gewesen, wenn die von Jesus erwähnten zehn auf ihren Bräutigam wartenden Jungfrauen oder noch besser die zweiundsiebzig Jungfrauen, die zur Belohnung von islamischen Selbstmordterroristen im Paradies zur Verfügung stehen, auch Adam und seinen Söhnen aus dem Dilemma der Frauenknappheit geholfen hätten. Kain hätte dann nicht in einem fremden Land nach einer Frau suchen müssen. Aber Gott hatte da seine eigenen, für uns kleine Geister nicht nachzuvollziehende Überlegungen gehabt.

Auch im späteren Verlauf der Geschichte hatten die Israeliten ihre Probleme mit dem immer noch fortbestehenden Frauenmangel, weil Gott ihnen inzwischen verboten hatte, sich ihre Frauen bei den Nachbarvölkern zu suchen, da diese ihre eigenen Götzen hatten und sich nicht als Anhänger Gottes verhalten wollten. Es sei denn, es handelte sich um Sklavinnen, die dann ohnehin keine Rechte wie eine Ehefrau geltend machen konnten.

Wie das Alte Testament berichtet, wurden die Leute unendlich alt und konnten so nach Kräften zu der Vermehrung der Menschheit beitragen. Der bekannte Patriarch Methusalem erreichte das stolze Alter von neunhundertneunundsechzig Jahren. Noah zum Beispiel wurde mit fünfhundert Jahren noch Vater: eine unvorstellbare Leistung! Dieses lässt sich anhand der in den Büchern Moses akribisch geführten Ahnentafeln nachverfolgen, was an die in der Pferdezucht gebräuchlichen »Zuchtbücher« erinnert. In erster Linie wurde dabei nämlich die väterliche Abstammung dokumentiert. Die Aufzählung der Mütter oder gar der Töchter hätte wohl den Rahmen dieser Verzeichnisse gesprengt, weswegen man, von Ausnahmen abgesehen, auf deren Dokumentierung verzichtete.

So füllte sich die Erde stetig, was auch heute noch der Fall ist. Die Chinesen haben vor einigen Jahren erkannt, dass es bei ihnen so nicht weitergehen kann, und machten eine reduzierte Anzahl von Geburten zum Staatsziel. Dagegen hält man in anderen Regionen, insbesondere in Afrika, von diesem Denken nicht viel, weswegen die Menschheit weiter wächst und unsere Wissenschaftler nach Möglichkeiten suchen, mit dieser Entwicklung umzugehen. Schon heute ist nämlich abzusehen, dass die Zahl der Menschen auf der Erde eines Tages so groß werden wird, dass deren Ernährung zu gewaltigen Problemen führt. Und dieser Versorgungsnotstand wird durch die befürchtete Klimaveränderung noch verschlimmert.

Wie so häufig, wurden die Menschen auch damals schon immer übermütiger und zunehmend weniger gottesfürchtig. Eine solche Unvernunft wollte Gott auf Dauer nicht hinnehmen. Er hatte nämlich im Laufe der Jahre erkennen müssen, dass das menschliche Herz von Jugend an böse sei und sich wohl auch nicht ändern würde, wie er mit Bedauern Moses gegenüber äußerte. Um die Menschen trotzdem einigermaßen im Griff zu behalten, musste er wie bereits gesagt des Öfteren drastische Maßnahmen ergreifen. Das begann bekanntlich mit der Vertreibung Adams und Evas aus dem Paradies, wobei Gott vergeblich gehofft hatte, dass sich diese die Bestrafung für ihren Ungehorsam merken und als warnendes Beispiel an ihre Nachkommen weitergeben würden.

So war es verständlich, dass Gott mit der Entwicklung seines früheren Schaffens nicht zufrieden sein konnte und deshalb eines Tages beschloss, die so fehlerhaft ausgestatteten Menschen zu vernichten und noch einmal von vorn anzufangen. Obwohl bei den Tieren kein abfälliges Verhalten ihm gegenüber zu vermuten gewesen sein dürfte, mussten auch sie das gleiche Schicksal erfahren.

Gott hatte seinen Vertrauten Noah als gestandenen Bauern kennengelernt, dem er trotzdem die Führung eines Schiffes durchaus zutraute. So gab er ihm die Baupläne für ein größeres Schiff und verpflichtete ihn zu dessen Bau. Nach Fertigstellung sollte Noah alle möglichen Tiere beiderlei Geschlechts auf dieses Schiff laden. Um die von Gott beabsichtigte Vermehrung seines Volkes nicht zu gefährden, wurde Noah darüber hinaus verpflichtet, seine eigene Familie mitzunehmen, was auch geschah. Da eine längere Reise vorgesehen war, sollte auch an ausreichend Proviant gedacht werden. Kaum war das Schiff vom Stapel gelaufen, beladen und seeklar gemacht, begann es wochenlang ununterbrochen zu regnen. So heftig, dass keiner der Passagiere sich auf dem Schiffsdeck aufhalten konnte und jegliche Navigation unmöglich war. Als Noahs fliegende Kundschafter endlich melden konnten, dass der Regen aufgehört hätte, konnte nun nach langer Zeit wieder Land betreten werden. Pflanzen waren dem Vernehmen nach nicht mit an Bord und hatten die Überschwemmungen in alter Umgebung offensichtlich mit Erfolg überstanden.

Allerdings musste Noah feststellen, dass, soweit man sehen konnte, er und die seinen die letzten ihres Volkes auf der Erde waren. Nachdem die Seefahrt ein glückliches Ende genommen hatte, meinte Gott, nun sei es genug der Strafe, und nahm sich vor, künftig die Erde und alles auf ihr zu schonen. Als Zeichen dieses Versprechens setzte er dem Bericht nach den Regenbogen an den Himmel. So konnten sich denn Noah und die übrigen Überlebenden unbesorgt der von Gott geforderten Vergrößerung ihrer Familie widmen. Um dem nachzuhelfen, ließ Gott zum Beispiel auch Noah bei bester Gesundheit einige hundert Jahre alt werden. Auch in diesem Fall wurden seine Nachkommen in dem in der Bibel dokumentierten »Zuchtbuch« wiederum ohne Nennung der Damen festgehalten. Dieser Zuwachs an Noahs Nachkommen nahm allerdings im Laufe der Zeit einen solchen Umfang an, dass Gott der Meinung war, das Problem der Überbevölkerung lösen zu müssen. Praktischerweise senkte er deshalb das Alter der Menschen herab. Was allerdings nicht viel half, wurde doch seine Absicht durch eine erhöhte Produktivität in der zur Verfügung stehenden Lebenszeit mehr als ausgeglichen. Hinzu kommt, dass die moderne Medizin heutzutage versucht, die Menschen wieder älter werden zu lassen, was aus Gottes Sicht ebenfalls als kontraproduktiv gelten mag.

Auch wir könnten die Schönheit des Regenbogens bewundern und dabei auf eine sorgenfreie Zukunft hoffen. Schade nur, dass dieses Versprechen Gottes nicht zu einer Änderung menschlichen Verhaltens geführt hat, wie sich später herausstellen sollte. Dass, wie behauptet, am Ende eines solchen Bogens ein Schatz versteckt sei, konnte allerdings bis heute nicht bewiesen werden. Auch ist bislang nicht von einem solchen Schatzfund berichtet worden. Die wissenschaftlichen Erkenntnisse sprechen allerdings gegen eine solche Vermutung. Wie dem auch sei, wir müssen wohl zugeben, dass uns dieser wunderbare Anblick eines Regenbogens anscheinend nicht davon abhält, auf eine Naturkatastrophe zuzusteuern.

Ob auch weitere Völker von dieser Vernichtung durch die Sintflut betroffen waren, ist nicht berichtet. Wissenschaftler vermuten, dass die angrenzenden Regionen nicht an der großen Überschwemmung zu leiden hatten, weil die als Strafe Gottes gedachte Sintflut sich hauptsächlich auf das Siedlungsgebiet seines Volkes beziehen sollte. Diese Ereignisse waren auch dem späteren babylonischen König Gilgamesch aus dem benachbarten Mesopotamien zu Ohren gekommen. Er meinte daraufhin, wenn Noah die Sintflut überlebt hatte, müsste doch auch für ihn das Erreichen einer Unsterblichkeit möglich sein. Es stellte sich allerdings heraus, dass ihm ein ähnlicher Erfolg versagt war.

Noah hatte sich, obwohl Bauer, als tüchtiger Seemann erwiesen. Trotzdem nahm er nach seiner Landung sogleich seine alte Tätigkeit wieder auf. Um seine Entbehrungen während der langen Schifffahrt leichter vergessen zu können, kam ihm die Idee, dass ein Weingenuss dazu beitragen könne. Da dieser zu der damaligen Zeit jedoch nicht einfach zu kaufen war, legte er sich einen eigenen Weinberg an und wurde somit zum ersten Winzer der Geschichte. Zum Glück hatte er einige Weinpflanzen zur Hand, denen selbst die lange Nässeperiode nicht geschadet hatte. Noahs reichlicher Genuss des eigenen Weines lässt auf dessen gute Qualität schließen, führte auf der anderen Seite aber manchmal zu peinlichen Situationen, was sein Sohn Ham schmerzlich zu spüren bekam. Er fand Noah vor, als dieser wieder einmal unbekleidet seinen Rausch ausschlief. Sich nichts dabei denkend, erzählte er seinen Brüdern davon, wofür er zur Strafe aus heute unverständlichen Gründen von seinem Vater mit der Leibeigenschaft bestraft wurde. Manche Moralvorstellungen von damals unterscheiden sich eben von den heutigen, wenngleich man das von unserem sonstigen Verhalten nicht behaupten kann.

Zwischen Noahs Entschluss, Winzer zu werden und der Umsetzung seiner Pläne lagen allerdings noch einhundertundfünfzig Jahre, bis die Felder trocken genug waren, um darauf arbeiten zu können. Wegen ähnlicher klimabedingter Wetterunbilden muss auch der heutige Bauer immer wieder Verzögerungen bei der Feldbestellung in Kauf nehmen, wobei diese natürlich erheblich kürzer sind als zu Noahs Zeit. Wären unsere heutigen Politiker zur Zeit der Sintflut doch nur dabei gewesen! Sie hätten schon damals das Ergebnis einer Klimaveränderung am eigenen Leibe erleben können! Allerdings ist zu vermuten, dass Noah gar nicht erst auf die Idee gekommen wäre, Politiker als Mannschaft oder als Passagiere an Bord seines Schiffes zu nehmen, selbst, wenn es sich um Verwandte gehandelt und er von ihnen einen ordentlichen Fährlohn erhalten hätte.

Wie man sich denken kann, hielt die Erinnerung an die Ereignisse der Sintflut nicht ewig vor. Viele Jahre später wurden Noahs damalige in der Metropole Babylon ansässigen Nachkommen wieder einmal übermütig. Diese waren Gottes überdrüssig und behaupteten, man könne auch ohne seine Hilfe in den Himmel gelangen. Man müsse nur einen Turm bauen, der bis dorthin reicht. Unter Einsatz ihrer in aller Welt angesehenen Handwerker fingen sie daher, ohne Zeit zu verlieren, mit dem Vorhaben an. Der Baufortschritt war im Gegensatz zu heutigen Bauwerken so zügig, dass Gott befürchtete, die Babylonier könnten es tatsächlich schaffen, in seine Himmelswohnung einzudringen. Um seine Ruhe im Himmel bangend, sann er deshalb einige Zeit nach, wie dieses zu verhindern sei. Nun war es so, dass damals alle Menschen, egal aus welchem Lande, eine gemeinsame Sprache nutzten, um sich zu verständigen. Nach einigem Sinnen erkannte Gott, dass das die Wurzel allen Übels sei. Er beendete umgehend diese Verständigungsmöglichkeit und wies jedem Volk eine eigene Sprache zu. Wegen der daraus resultierenden Probleme der Kommunikation war an eine Koordination der Arbeiten nicht mehr zu denken. So fiel die Gemeinschaft der Handwerker auseinander und die Arbeiten an dem Bauwerk wurden eingestellt. Gott hatte nun zumindest in dieser Beziehung seine Ruhe.

Welches Sprachgewirr diese Maßnahme damals in Babylon verursacht hatte, können wir unschwer nachvollziehen, wenn wir zum Beispiel im Poolbereich eines Hotels auf einer spanischen Insel versuchen, einer der in den verschiedensten Sprachen geführte Unterhaltung zu folgen. Aus heutiger Sicht allerdings scheint das moderne, auf Fremdsprachen ausgerichtete Schulsystem ein richtiger Schritt zu sein, um die Völker in unserer globalisierten Welt vielleicht wie damals wieder einander näher zu bringen. Das muss für uns Menschen ja nicht gleich bedeuten, mit Hilfe unserer immer höher werdenden Wolkenkratzer in den Himmel gelangen zu wollen. Allerdings ist zu vermuten, dass Gott sich dieses wie damals in Babylon auch nicht gefallen lassen würde.

Um nun wieder einen kompetenten Vertreter auf Erden zu haben, ernannte Gott Abraham für diese Aufgabe. Allerdings musste dieser auf sein Geheiß die Heimat verlassen und sich eine neue Bleibe suchen. Der Weg führte ihn nach Kanaan, wo jedoch bereits Leute lebten, die erst einmal vertrieben werden mussten. Deren Führer war ein Enkel Noahs und somit ein entfernter Verwandter von Abraham, was diesem bei der Suche nach einer neuen Bleibe allerdings nicht viel half.

Wegen des ständigen Ärgers mit den Einheimischen konnte Abraham dort auf Dauer nicht sesshaft werden und zog es vor, weiterzuziehen. Schließlich suchte er Asyl in Ägypten und erkaufte dort sein Bleiberecht, indem er seine Frau als seine vermeintliche Schwester dem dortigen Pharao überließ. Wenn dem nämlich bekannt gewesen wäre, dass es sich bei der Dame in Wirklichkeit um Abrahams Frau handelte, so fürchtete dieser, würde der Pharao ihn wahrscheinlich umbringen lassen, um sich der Konkurrenz zu entledigen und der Dame zu bemächtigen. Der Pharao erkannte jedoch, woran auch immer, die List und verwies ihn des Landes, um einer Bestrafung durch Gott als Beschützer Abrahams zu entgehen. Abraham brauchte das nicht zu bereuen, durfte er als Belohnung für seine schnelle Abreise doch seine Frau und reichliche Schätze als Geschenk des Pharaos mitnehmen. Nebenbei bemerkt: Sarah war tatsächlich Abrahams Halbschwester!

Er erkundete die Umgebung und kam zu dem Schluss, es noch einmal zu versuchen, sich in Kanaan niederzulassen, zumal ihm Gott dafür jegliche Unterstützung zugesagt hatte. Zugute kam ihm dabei, dass sich die dort ansässigen Völker untereinander bekriegten und zu beschäftigt waren, um sich um ihn und seine Leute zu kümmern. Obwohl an diesen Streitigkeiten nicht unmittelbar beteiligt, war Abraham mit der Führung seiner eigenen Leute so beschäftigt, dass er entgegen üblicher Gewohnheiten versäumte, rechtzeitig für Nachwuchs zu sorgen. Einmal klappte es trotzdem. Allerdings war die Mutter eine seiner Sklavinnen, was wiederum seine Frau Sarah erzürnte. Um Ruhe zu schaffen, verhalf Gott ihr nun ebenfalls zu einem Kind, obwohl Abraham zu diesem Zeitpunkt bereits dreiundsiebzig Jahre alt war. Abraham und Sarah bekamen einen gehörigen Schreck, als Gott ihnen beiden darüber hinaus so viel Nachkommenschaft prophezeite, dass diese mit der Anzahl der Sterne am Himmel konkurrieren könnten. So dauerte es nicht lange, bis Sarah mit ihrem Sohn Isaac den Anfang machte. Dieser sollte später noch eine bedeutende Rolle spielen, wobei auch der uneheliche Sohn der Sklavin von Gott nicht vergessen wurde.

Abraham musste sich einer strengen Prüfung unterziehen. Um seine Zuverlässigkeit zu testen, wurde er von Gott aufgefordert, seinen Sohn als Opfer darzubringen. In seinem Obrigkeitsgehorsam war Abraham wirklich im Begriff, Ernst zu machen, wurde jedoch kurz vor der Ausführung von Gott gestoppt. In Anerkennung seiner bedingungslosen Gefolgschaft wurde er von Gott honorig belohnt und zum Stammvater späterer Völker ernannt.

Voraussetzung für Gottes Wohlwollen war allerdings der von ihm geforderte schmerzliche, noch heute bei Juden und Moslems praktizierte Brauch der Beschneidung. Mit dieser Maßnahme wollte Gott seine Gefolgschaft kennzeichnen und den Anspruch auf sein Eigentum, wie er das Volk Israel bekanntlich bezeichnete, dokumentieren. Wie man jedoch normale Kleidung vorausgesetzt, einen Glaubensbruder als solchen erkennen konnte, steht nicht geschrieben. Eher wäre doch als Alternative denkbar gewesen, jedem Gefolgsmann ein Ohr abzuschneiden. Oder hat Gott möglicherweise gemeint, die Beschneidung sei ein potenzsteigerndes Mittel, um den geforderten Beitrag zur Vergrößerung seiner Anhängerschar zu leisten? Zum Glück gewährte Gott die Gnade, von einer Beschneidung der Frauen abzusehen. Den Frauen einiger Völker moslemischen Glaubens ist diese Gnade allerdings bis heute nicht zuteil geworden.

Zu dieser Zeit machten auch Verwandte Abrahams von sich reden. In der Nachbarschaft zu seinem Land lagen die Städte Sodom und Gomorra. Deren Bewohner führten ein wildes Leben, mit dem sich Gott nicht zufriedengeben konnte. Als drastische Maßnahme beschloss er daher, die Städte mit all seinen Bewohnern zu zerstören. So kam es! Nur Abrahams Neffe Lot, den es dahin verschlagen hatte, und dessen engere Familie wurden verschont. Denn Lot hatte nach aufreibenden Verhandlungen mit Gott das Glück, als einziger den Status eines Gerechten unter allen Sündigen zu erhalten. Das konnte er unter Beweis stellen, als er den Gesandten Gottes in seinem Haus Schutz bot. Als die Bewohner der Städte die Übergabe der Gesandten verlangten, um sich mit ihnen zu vergnügen, blieb Lot nichts anderes übrig, als ihnen seine beiden Töchter anzubieten. Das allerdings konnte von Gott gerade noch verhindert werden.

Lot konnte mit seiner Familie fliehen, musste jedoch seine Frau, wegen eines Vergehens zur Salzsäule erstarrt, zurücklassen. Zu allem Übel litten seine Töchter besonders unter dem herrschenden Männermangel und traten in unmoralischer Weise die Vertretung ihrer Mutter an. Lot konnte nichts dafür, wurde er doch von ihnen stark unter Alkohol gesetzt. Ein peinliches Vergehen, dass nicht ohne Folgen blieb.

Um einem solchen Schicksal zu entgehen, schien es Abraham doch besser, nach dem Tode seiner Frau erneut zu heiraten und noch einmal eine große Schar an Kindern zu zeugen. Sein Sohn Isaac machte es ihm nach, sodass deren Nachkommen mittlerweile große Gebiete des Landes besiedelten. Dabei hatte Isaac es nicht einfach, im eigenen Volk eine passende Frau zu finden. So bediente er sich eines wegen seines guten Geschmacks bekannten Heiratsvermittlers, der dann mit Gottes Hilfe eine für Isaac passende Frau von weit herholte. Über die Honorierung für diese Vermittlung gibt es keine Auskünfte. Allerdings müsste es sich bei diesem Berufszweig angesichts der im Lande herrschenden Frauen-knappheit um eine durchaus lukrative Angelegenheit gehandelt haben.

Isaacs Frau Rebekka gebar Zwillinge, die sich später darüber stritten, wer denn nun der Erstgeborene sei. Dieses wurde bei einer Mahlzeit mit einem Linsengericht entschieden und Esau war der Übervorteilte, was sein Vater in seinem hohen Alter erst bemerkte, als es zu spät war. Als Esau merkte, welche Rechte er wegen eines Tellers Linsen aufgegeben hatte, war es mit der Freundschaft der beiden Brüder vorbei. Da mit dieser gemeinen Tat seines Bruders der Frieden im Hause Isaac verständlicherweise gestört war, musste sein Bruder Jakob flucht-artig das Haus verlassen.

Seine Flucht sollte ihn zu seinem Onkel Laban führen. Das schien ihm schon deswegen von Vorteil zu sein, weil er Heiratsgelüste verspürte und gehört hatte, dass dort die Frauen für einen günstigen Brautpreis zu haben seien und er sich die Vermittlungsgebühr wegen des Direktkon-taktes sparen könne. Jacob hatte sich nur mit dem Nötigsten versehen auf die Flucht begeben. So musste er versuchen, sich mit seinem zu-künftigen Schwiegervater anders zu einigen. Ob der Handel, den Jakob nun mit seinem Onkel abschloss, sich für ihn tatsächlich als günstig er-wies, schien zunächst fraglich. Denn als Brautpreis für seine Angebetete Rachel wurde er zu sieben Jahren lohnfreiem Dienst verpflichtet. Zu allem Überfluss musste er aufgrund einer perfiden Täuschung zunächst Labans Schwester zur Frau nehmen. Jacob hatte den Schwindel erst gemerkt, als er am Morgen nach der Hochzeitsnacht die neben ihm liegende Dame erkannte. Für seinen Schwiegervater war das ganz normal, galt doch auch bei ihm das kaufmännische Prinzip: *das Ältere muss zuerst raus!* Das konnte Jakob nicht gefallen, hatte er sich doch schon bei deren ersten Begegnung in Rachel verliebt. Um sie nun doch noch zu bekommen, musste er sich bei seinem Onkel für weitere sieben Jahre lohnfreie Arbeit verpflichten, was er in blinder Liebe sofort akzeptierte. So kam Jakob zu zwei Frauen und später zu einer erheblichen Kinderschar.

Er machte das Beste daraus. Als er aber seinen Onkel nach Ablauf seiner Dienstzeit zu verlassen gedachte, wollte dieser seinen tüchtigen Mitarbeiter nicht gehen lassen. Jakob musste noch einmal für eine weitere, dieses Mal unbestimmte Zeit dort bleiben. Er sollte in dieser Zeit beweisen, dass er auch ohne Hilfe seines Onkels in der Lage war, seine beiden Frauen und ihre Kinderschar standesgemäß zu versorgen. Inzwischen war Gott auf Jacob aufmerksam geworden und entschädigte ihn für die auch aus seiner Sicht ungerechte Behandlung durch seinen Schwiegervater und für den entgangenen Lohn mehr als reichlich. Obwohl wegen seines Alters nicht mehr richtig wanderlustig, wollte Jakob den Seinen unbedingt seine Heimat zeigen. Aus Furcht vor seinem Schwiegervater wartete er ab, bis dieser für längere Zeit auf Reisen war. Als diese Gelegenheit kam, machte er sich mit seinen Frauen und Kindern sowie seinem ganzen Besitz auf den Weg nach Hause. Dort angekommen, kam es zu einer Versöhnung zwischen den Brüdern und einem schönen Happy End.

Gott bestimmte, dass das Land Kanaan Jakob und seinen Leuten gehören solle. Bei den dort bereits ansässigen Stämmen hielt sich die Freude darüber verständlicherweise in Grenzen. Jakob kostete dieses Geschäft etwa fünfhundert Stück Vieh, die Gott als Opfer verlangte. Für ihn war das kein Problem, hatte er in all den Jahren letztlich doch gut verdient. Ein gutes Beispiel dafür, dass der Verzicht auf einen kurzfristigen Gewinn bei entsprechender Beharrlichkeit zu einem größeren Erfolg führen kann.

Während seiner Reise wurde Jacob bei einer Flussüberquerung von einem Mann belästigt, der einen Ringkampf mit ihm begann. Er wehrte sich nach Kräften, musste letztlich aber klein beigeben, als sein Gegner ihm die Hüfte verrenkte. Deswegen konnte Jakob sein Leben lang nicht mehr beschwerdefrei laufen. Wenn er doch nur gewusst hätte, dass Gott sein Gegner war, hätte er den Kampf vermieden und auch in Zukunft ohne Hüftschmerzen gehen können. Weil Jakob sich bei diesem Ringkampf so tapfer gewehrt hatte und auch ansonsten ein ordentlicher Mann war, durfte er sich bis zu seinem Lebensende als sein Vertrauter betrachten. Erstaunlich, dass Gott dabei den damaligen Verrat Jacobs an seinem Bruder offensichtlich vergessen oder der Tat keine besondere Bedeutung beigemessen hatte.

Warum Gott ausgerechnet Jacobs Zuverlässigkeit auf diese Art und Weise prüfen wollte, bleibt uns verschlossen. Vielleicht war er wie damals bei Abraham der Meinung, mit der Forderung dessen Sohn als Treuebeweis ihm gegenüber zu opfern, überzogen zu haben. Auf jeden Fall hatte Jakob Gottes wegen nun nicht nur die Schmerzen der Beschneidung, sondern auch die des Hüftschadens zu ertragen, was ihn veranlasste, Gott gegenüber besonders gehorsam zu sein, um eventuelle weitere Unannehmlichkeiten zu vermeiden. So stieg Jakob in die Stammväterelite auf, zu der bislang nur Abraham und Isaac gehörten. Weitere Persönlichkeiten wie Adam, Kain und Noah sowie später auch David bildeten deren Reserve.

Jakob hatte 12 Söhne, die sich durchaus durchzusetzen wussten. Als eine ihrer Schwestern von Ortsansässigen vergewaltigt wurde, mussten sich die Täter als Wiedergutmachung allesamt beschneiden lassen. Das stellte sich für die Betroffenen leider als gemeine Hinterlist heraus. Denn als diese sich wegen der Schmerzen als Folge der Beschneidung nicht wehren konnten, wurden sie allesamt von den gekränkten Brüdern erschlagen.

Einer der Söhne Jakobs war Josef. Wegen dessen väterlicher Bevorzugung wurden seine Brüder eifersüchtig und beschlossen, ihn zu töten. Da keiner sich traute, diesen Mord zu begehen, warfen sie ihn in einen trockenen Brunnen und machten sich aus dem Staub. Zu seinem Glück wurde er von einer Karawane gefunden, die ihn mit nach Ägypten nahm und dort als Sklaven verkaufte.

Als solcher machte er mit Gottes Hilfe und großem Geschick eine erstaunliche Karriere, die ihn letztlich aufgrund einiger geglückter Traumdeutungen und Ratschläge zum Generalbevollmächtigten des Pharaos machte. Sein Hauptgeschick lag auf dem Gebiet der Landwirtschaft, mit der er die Versorgung nicht nur der Ägypter sicherstellte. Dem Pharao verschaffte Joseph mit seinem Können sogar eine Monopolstellung im Handel mit landwirtschaftlichen Produkten. Während einer längeren Dürrezeit konnte er auf Vorräte zurückgreifen, die er in früheren Jahren vorsorglich hatte anlegen lassen. Diese wurden dann allerdings zu Preisen verkauft, die von den Kaufinteressenten nach einiger Zeit nicht mehr aufzubringen waren. Josef jedoch war unerbittlich, was die von ihm verlangten Zahlungen für seine Güter anbelangte.

Dem Pharao war das egal, war er doch der eigentliche Profiteur dieser Handelspolitik. So dauerte es nicht lange, bis die Ägypter mit Ausnahme der verschonten Priesterschaft ihre Freiheit und Selbständigkeit gegen Nahrungsmittel eintauschen mussten und dadurch verarmten und landlos wurden. Alles Land und die zu Leibeigenen gewordenen Untertanen gehörten nun dem Pharao, der aufgrund der kaufmännischen Gewieftheit Josefs einer der reichsten Männer der damaligen Zeit wurde. Davon profitierte natürlich auch Josef, der nun im Lande weitgehend das Sagen hatte.

Man sieht sich im Leben immer zweimal. Das mussten Josefs Brüder erfahren, als auch in ihrem Land eine Hungersnot herrschte und sie nach Ägypten zum Getreidekauf reisen mussten. Josef gab ihnen das gewünschte Getreide, wobei er es sich jedoch nicht nehmen ließ, seine Brüder tüchtig zu ärgern. Er hatte sie erkannt, sie aber wussten nicht, wer er war. Die Brüder mussten sich, weil Ihnen nichts anderes übrigblieb, seinem Spiel beugen. Nach einer Reihe solcher Schikanen gab sich Josef letztlich zu erkennen und schickte seine Brüder, die nun ein gehörig schlechtes Gewissen hatten, nach Hause, um ihren Vater Jakob nach Ägypten zu holen und sich dort niederzulassen. So geschah es. Hier ließ es sich mit Josefs Unterstützung prächtig leben, was durch eine großzügige Landzuteilung durch Josef begünstigt wurde. So lebte die Familie dort in Glück und Frieden bis zu seinem Tod.

Für uns Menschen ist es nicht zu fassen, warum Gott seine Hand über Josef hielt. Ermöglichte er damit doch dessen skrupelloses Verhalten gegenüber den Ägyptern, die seinetwegen die Bestreitung ihres Lebensunterhaltes gegen ein Sklavendasein tauschen mussten. Für uns wäre es verständlich gewesen, wenn Josef stattdessen mit der Verteilung der angehäuften Vorräte an das Volk dieses vor solch einem harten Schicksal bewahrt hätte. Leider hat Josefs Handeln auch heutzutage Nachahmer gefunden. Die Ausnutzung eines Monopols gilt zwar als moralisch verwerflich, hält aber diejenigen, die über ein solches verfügen, nicht davon ab, dieses auch auszunutzen. Selbst Staaten schrecken nicht davor zurück, ihre wirtschaftliche und sonstige Überlegenheit ins Spiel zu bringen. Sollte Gott ein soziales Verhalten der Menschen im Umgang miteinander gewollt haben, muss mit Bedauern festgestellt werden, dass er sich auch mit dieser Absicht bei den Menschen nicht oder nur zum Teil durchsetzen konnte.

Die Wanderung

Leider starb der zu seinen Lebzeiten zu den Freunden Josefs gehörende Pharao und die Ägypter hatten nicht vergessen, dass es Josef war, dem sie ihre seit der damaligen Dürrezeit bestehende Leibeigenschaft zu verdanken hatten. Das sollte sich nun rächen. Der Nachfolger des verstorbenen Pharaos erklärte die Israeliten kurzerhand zu Fremdarbeitern, die ihren Beitrag zum Wohle Ägyptens beizutragen hätten. Nach damaliger Gesetzgebung musste man ihnen dazu nur den Bürgerstatus nehmen und damit zu Sklaven machen. Obwohl damals schon sehr zahlreich, beugten sich die Israeliten diesem Schicksal widerstandslos, was ihnen viele Jahre später mit Sicherheit nicht passiert wäre. Wahrscheinlich hatten sie nicht mit einer solchen Kehrtwendung der pharaonischen Politik gerechnet oder diese nicht ernst nehmen wollen.

Zu dieser Zeit war denn auch die erste Judenverfolgung zu beklagen. Der neue Pharao befahl nämlich angesichts der bedrohlich zunehmenden Anzahl seiner Fremdarbeiter, alle männlichen Neugeborenen der Israeliten zu töten. Einer der glücklich Überlebenden war Moses, der aufgrund eines genialen Streichs seiner Schwester von der Tochter des Pharaos beim Baden gefunden wurde. So hatte er das Glück, von der sich nach einem Kind sehnenden Pharaotochter aufgenommen zu werden. Er kam an den Königshof, wo er eine einem Prinzen gebührende Ausbildung erhielt. Moses war jedoch kaum erwachsen, als er sich, obwohl ägyptisch erzogen, seiner Herkunft erinnerte und sich auf Gottes Geheiß auf die Seite der unterdrückten Israeliten schlug. Er verließ den Königshof, zog zu ihnen und wurde bei seinen neuen Leuten Schafhirte. Man stelle sich vor: ein Prinz als Schafshirte, was Anfangs auch den Israeliten suspekt vorkam.

Moses machte mit Gottes Unterstützung eine steile Karriere. Er begann wie gesagt als Findelkind in einem fremden Land, stieg danach über den Umweg als adoptierter Prinz zum Schafhirten auf, wurde

Gottes Kontaktmann für dessen Leute, Verhandlungsführer um die Freilassung seiner Landsleute aus Ägypten, deren Anführer bei dem Umzug nach Israel, Militärstratege und letztlich Oberrichter des Volkes. Diese Aufgaben hat er entgegen aller Widerstände mit Bravour gemeistert, obwohl ihm eine so umfassende und vielseitige Ausbildung selbst am Hofe des Pharaos nicht vergönnt gewesen war.

An diesem Beispiel kann man erkennen, zu welchen Leistungen ein Mensch fähig sein kann, wenn ihm eine Unterstützung durch wohlwollende Dritte oder gar durch Gott persönlich gewährt wird. Weil man sich einer solchen Hilfestellung jedoch nicht immer sicher sein kann, sollte eine fundierte Ausbildung trotzdem nicht schaden. Moses wäre da ein gutes Beispiel für unsere Kinder, wenn diese keine Neigung verspüren, zur Schule zu gehen. Nur wissen die meisten dieser Kinder wahrscheinlich nicht, wer Moses überhaupt war.

Anfangs war er als vermeintlicher Ägypter bei den Israeliten nicht willkommen. Aber Gott half ihm. Als Moses eines Tages seine Schafe hütete, bekam er einen gehörigen Schreck, als vor ihm ein Busch brannte, ohne jedoch Schaden zu nehmen. Eine Stimme (das war die Stimme Gottes, was Moses schnell kombinierte, obwohl zu dem damaligen Zeitpunkt im Umgang mit Gott nicht besonders vertraut) sagte ihm, er solle sich bei dem Pharao um die Freilassung der Israeliten bemühen.

Zunächst fühlte Moses sich dieser Aufgabe nicht gewachsen. Nach anfänglichem Zögern und Gottes Drängen aber ging er in Begleitung seines redegewandten Bruders zum Pharao und stieß dort, wie erwartet, auf gehörigen Widerstand. Nach mehreren erfolglosen Verhandlungsrunden, deren Ereignisse der Pharao für bloße Zaubertricks hielt, zu denen auch seine eigenen Zauberer fähig waren, entschied sich Gott, drastischere Maßnahmen zu ergreifen. Weil Moses nicht so richtig weiterkam, schaltete Gott sich selbst in die Verhandlungen ein und gab Moses Anweisungen, deren Grausamkeit das Lesen der Bibel eigentlich erst ab achtzehn Jahren erlauben sollte. Selbst dann dauerte es weitere Zeit, um den Pharao von der Aussichtslosigkeit seines Widerstandes zu überzeugen. Erst, als dessen eigene Hofzauberer nicht mehr mithalten konnten, musste sich der Pharao nach hartnäckigem Zögern und vielen schlaflosen Nächten geschlagen geben und das Volk Israel ziehen lassen. Seine Abschiedsworte waren sinngemäß: *Macht bloß, dass ihr verschwindet!!* Angesichts der haarsträubenden Ereignisse, die er und sein Volk während der Verhandlungen erleben mussten, war er so froh über den Abzug der Israeliten, dass er ihnen sogar Abschiedsgeschenke mit auf den Weg gab.

Trotz aller Freude über ihre Freilassung aus Ägypten erhob sich bei den Israeliten bald ein großes Geheule. Gott hatte nämlich wie schon zu Abrahams Zeiten entschieden, dass ein richtiger israelitischer Mann, auch zur Unterscheidung von den Ägyptern und anderen Völkern, sich vor Beginn der Reise die Vorhaut beschneiden lassen müsse. Als Gegenleistung hatte Gott versprochen, dass er ihnen als Ersatz für Ägypten ein Land zuweisen würde, »*in dem Milch und Honig fließen*«. Obwohl man in Ägypten eine solch schmerzhafte Behandlung nicht erfahren musste, wurde dieser Handel von den Israeliten zähneknirschend akzeptiert. Das Versprechen einer solchen Heimat und die Befreiung von dem Sklavenjoch waren natürlich verlockend.

Die heutigen Israelis fragen sich allerdings des Öfteren, ob ihr Land angesichts des ständigen Ärgers mit den Arabern bzw. Palästinensern tatsächlich das versprochene Land sei. Auch die mit neidischem Blick betrachteten benachbarten Ölvorkommen würde man gern gegen die Vorräte an Milch und Honig im eigenen Land tauschen.

Gott ließ den Israeliten durch Moses mitteilen, dass er einen unbedingten Gehorsam erwarte und sie als sein erwähltes Volk und damit als sein Eigentum ansehen würde. Das kannten die ehemaligen Sklaven schon aus ihrer Zeit in Ägypten und fragten sich, worin denn nun die versprochene Verbesserung ihrer Lebensbedingungen bestehen sollte. Die von Gott eingeführte Kennzeichnung als Israelit war auch nicht gerade das, was man als Kind unter väterlicher Betreuung versteht. Wider besseres Wissen hieß es damals wie heute noch, dass früher alles besser war! Schnell sollte sich herausstellen, dass Gott es mit dem Gehorsam ernst meinte und die Nichtbeachtung seiner Gebote und die wiederholten Aufstände gegen ihn mit teilweise drastischen Maßnahmen beendete. Deshalb konnten die Israeliten nach ihrer Meinung bei solchen Gelegenheiten auch nicht erkennen, worin denn der Vorteil eines von Gott erwählten Volkes bestehen würde.

Statt des direkten Weges, der entlang des Mittelmeeres durch Feindesland geführt hätte, wählte Gott den sicheren aber anstrengenden Weg durch die Wüste, auch um eine mögliche Verfolgung durch die Ägypter zu erschweren. Außerdem dachte er sich wahrscheinlich, dass eine solche Prüfung zur Läuterung seiner Leute und deren Bindung an ihn beitragen würde. Trotzdem bedurfte es schon einer großen Überzeugungskraft von Moses, seine Leute, die diese Wüstenwanderung überhaupt nicht gut fanden, bei der Stange zu halten und weiter ziehen zu lassen. Damit die Israeliten sich auf dem Weg in ihr neues Land nicht in der Wüste verliefen, zog Gott in Gestalt einer großen Wolke, die er nachts durch eine Feuersäule ersetzte, vor ihnen her. Josephs Brüder, die, wie wir wissen, mehrfach im Jahr den kurzen Weg nach Ägypten nahmen, wurden als Händler von der dort lebenden Bevölkerung nicht als gefährlich angesehen und waren ihres Lebens sicher. Die Israeliten aber kamen in so unüberschaubar großer Anzahl, dass schon der bloße Gedanke an deren mögliche Gefährlichkeit bei den dort bereits Ansässigen Ängste vor einer Eroberung ihres Landes verursachen musste.

Der Pharao bereute bald die Freilassung seiner Fremdarbeiter und machte sich mit einem Heer an deren Verfolgung. Als die Israeliten davon hörten, erstarrten sie vor Angst und Schrecken. Zum Glück fiel Gott rechtzeitig ein, wie er damals auf der Erde Wasser geschaffen hatte. Dieses Mal machte er es umgekehrt. Er teilte das Wasser in dem zu durchquerenden Gewässer, sodass die Israelis trockenen Fußes hindurch ziehen konnten. Die Ägypter, die das sahen, freuten sich zu früh. Denn als sie den gleichen Weg nehmen wollten, ließ Gott das Wasser wieder zurückfließen. Anstatt den Israelis gefährlich zu werden, ertranken sie mit Mann und Maus.

Der Jubel der Israeliten über diese großartige Hilfe durch Gott hielt jedoch nicht lange vor. Nach mehr als vierhundert Jahren Sklaverei waren sie verständlicherweise keine großen Wanderungen mehr gewohnt. Nach zwei Tagen wurden ihnen die Füße schwer, und erste Klagen laut. Als dann aber nach zwei weiteren Tagen das Wasser knapp wurde, wollten die ersten wieder nach Ägypten umkehren. Zum Glück hatte Moses seinen Wanderstab dabei. Als er diesen auf Gottes Geheiß gegen einen Felsen schlug, verwandelte der sich in eine Quelle. Das Problem der Wasserversorgung war damit gelöst und die Wanderung konnte fortgesetzt werden. Aber als dann auch noch die Essensvorräte ausgingen, drohte eine offene Rebellion. Dieses konnte Gott zum Glück verhindern, indem er die Wanderer für die weitere Zeit in der Wüste mit einem Honigbrot, »Manna« genannt, versorgte. Dieses an sich schmackhafte Gericht wurde ihnen allerdings nach kurzer Zeit zu eintönig. Jetzt aber hatte Gott kein Erbarmen. Während der ganzen Zeit der Wanderung gab es nichts Anderes zu essen, von gelegentlichen Wachteln einmal abgesehen. Und diese Wanderung sollte immerhin 40 Jahre dauern. Deshalb können wir davon ausgehen, dass die Israeliten es nicht erwarten konnten, endlich in ihrer neuen Heimat anzukommen; auch der zu erwartenden besseren Verpflegung wegen.

So verlief die Wanderung durch die Wüste, abgesehen von den geschilderten Widerspenstigkeiten der Israeliten, weitgehend friedlich, bis sich ihnen eines Tages ein Wüstenstamm entgegenstellte. Nun zeigte sich auch auf kriegerischem Gebiet, was Gottes Hilfe ausmacht. Er hatte nämlich Moses angewiesen, dass dieser während des Kampfes eine Hand hochhalten solle. Solange Moses dieses tue, könnten die Feinde seinen Leuten nichts anhaben. Nun war Moses ja auch nicht mehr der Jüngste, weswegen ihm das Handhochhalten trotz aller Anstrengung nach einiger Zeit schwerfiel. Als Gott das bemerkte, schickte er zwei Leute zur Hilfe. Diese hielten Moses Arm so lange hoch bis die Feinde geschlagen davonziehen mussten.

Zum Glück hatte sein Schwiegervater bemerkt, dass Moses vor lauter Arbeit vergessen hatte, seine Frau und seine beiden Söhne mit auf die Wanderung zu nehmen. Er setzte alle auf einen Esel und reiste ihm im Eiltempo nach. Bei ihm angekommen, sah er selbst, welche Arbeit Moses jeden Tag zu erledigen hatte. Wie ein Firmensanierer mahnte er daher sogleich verschiedene Rationalisierungsmaßnahmen zur Erleichterung dieser Arbeit an. Unter anderem empfahl er Moses, geringere Vergehen im Rahmen einer menschlichen Rechtsprechung zu urteilen, ohne jedes Mal gleich Gott zur Hilfe zu rufen. Auch forderte er die Schaffung zusätzlicher Richterstellen, was Moses wegen der erkennbaren Arbeitsentlastung sofort akzeptierte.

Auch heute noch gilt Moses' Erfolgsrezept, Arbeit zu delegieren, ohne dabei den Überblick zu verlieren. Nur kann nicht jeder Chef werden, schon gar nicht mit einer solchen Machtbefugnis wie sie Moses hatte.

Endlich erreichten die Israeliten die Sinai-Wüste als Zwischenziel, wo Gott sich auf einem Berg niedergelassen hatte. Um die Menschen auf ihr zukünftiges Leben vorzubereiten und ein für alle Mal klarzustellen, wer das Sagen hat, hielt er es für notwendig, ihnen bei dieser Gelegenheit entsprechende Verhaltensregeln zu verkünden. Seiner Meinung nach war die von ihm erwartete Läuterung des Volkes bislang nicht zu erkennen; auch würde es bei ihnen immer noch an dem ihm gebührenden Respekt fehlen. Moses erwies sich dabei wie immer als treuer Gehilfe Gottes und diente ihm als Sprachrohr, weil Gott beschlossen hatte, sich auch weiterhin selbst nicht in Persona zu zeigen. Er rief deshalb Moses zu sich auf den Berg und schrieb ihm seine Gesetze auf. Aus Mangel an Papier nutzte er dazu Steintafeln zur Niederschrift. Das erforderte verständlicherweise eine wesentlich längere Zeit. Als Moses daher nach fast sechs Wochen immer noch nicht zurück war, wurden die am Fuße des Berges auf ihn Wartenden unruhig und fragten sich, ob das Ganze mit Gott möglicherweise nicht doch ein Schwindel sei und Moses sich aus dem Staub gemacht haben könnte. Ohnehin klagten sie fortwährend über die Ihnen auferlegten Verordnungen und das eintönige Essen.

Die Tatsache, dass man es nicht mit Gott direkt zu tun hatte, sondern immer nur mit Moses als dessen Sprecher vorliebnehmen musste, führte dazu, dass man wie die anderen Völker doch lieber einen Gott zum Ansehen und Anfassen haben wollte. Dieser, so hofften sie, würde ihnen größere Freiheiten einräumen und weniger streng mit ihnen umgehen. So nahmen die Israeliten ihr aus der Schatztruhe des Pharaos stammendes und ihnen als Abschiedsgeschenk überlassenes Gold und schufen daraus ein Götzenbild, wobei sich ausgerechnet der ältere Bruder von Moses, der Priester Aaron, als Anführer betätigte. Als Landbevölkerung mit der Viehwirtschaft vertraut, wählten sie ein Kalb als Bild für ihren Götzen.

Als Moses endlich zurückkam und ansehen musste, was während seiner Abwesenheit geschehen war, zerschmetterte er vor Wut über solches Tun das Götzenbild und die mühselig beschrifteten Steintafeln. Gott wollte eigentlich alle Abtrünnigen zur Strafe vernichten, wovon Moses ihn jedoch abhalten konnte. Er meinte, es müssten doch einige übrig bleiben, um endlich das versprochene Land in Besitz zu nehmen. Auch sollte man den Ägyptern nicht die Freude gönnen, wenn sich Gottes Bemühungen um die Befreiung des Volkes letztlich als vergeblich herausstellen sollten. Das überzeugte Gott und er ließ einen Teil der Israeliten übrig, nachdem die Priesterkaste, an die Durchführung von Opferungen gewohnt, die Scharfrichterfunktion übernommen und auf sein Geheiß bereits eine große Anzahl der Leute hingerichtet hatte. Diese Tätigkeit trug sicherlich nicht zu einem harmonischen Miteinander zwischen Priestern und Volk bei. So bediente sich später der Vatikan doch lieber eines großzügig besoldeten amtlichen Scharfrichters, anstatt durch einen ihrer Kirchenfürsten selbst tätig zu werden. Erstaunlicherweise behielt Aaron trotz seiner Eigenschaft als Anführer der Aufrührer sein Leben und sein Amt als Priester. Über diese Begnadigung wunderte sich Aaron selbst wohl am meisten. Heute macht man das genauso: die Kleinen hängt man, die Großen lässt man laufen!

Auf Bitten von Moses beschloss Gott, bei dem restlichen Volk noch einmal Gnade walten zu lassen. Um einen erneuten Versuch zu deren Bekehrung zu unternehmen, wies Gott Moses an, mit neuen Tafeln zu ihm zu kommen. Nach deren Beschriftung mit den 10 Geboten gab er Moses mit auf den Weg, diese Tafeln von nun an besonders sorgfältig aufzubewahren, was allerdings die Babylonier bei der späteren Eroberung von Jerusalem nicht daran hinderte, sich der Truhe, in der die Tafeln aufbewahrt wurden, zu bemächtigen und die Spuren zu deren Verbleib nachhaltig zu beseitigen. Für diesen Augenblick waren die unten am Berg Versammelten jedoch nur froh, dem Schicksal ihrer getöteten Verwandten entkommen zu sein, und hörten geduldig zu, wie Moses ihnen aus den neuen Tafeln vorlas.

Angesichts der unendlich vielen, später nicht nur auf Steintafeln festgelegten Vorschriften Gottes, die die Israeliten zu befolgen hatten, und der drastischen Strafen bei deren Nichtbefolgung war es für sie schon schwer, ein fröhliches Gemüt zu behalten. Die bloße Androhung derartiger Strafen würde auch heute noch selbst den Widerspenstigsten veranlassen, eine gebückte und demutsvolle Haltung einzunehmen. Man muss jedoch anerkennen, dass die Israeliten sich wiederholt große Mühe bei der Einhaltung der Vorschriften gaben, wenn auch nicht immer mit dem gewünschten Erfolg und auf längere Dauer. Es scheint in der menschlichen Natur zu liegen, nicht zu begreifen, warum ein Gehorsam einem Gott gegenüber überhaupt notwendig sei, der es nicht einmal für notwendig erachtet, sich seinem Volk in Persona zu zeigen. Man könne doch auch ganz gut leben, ohne ständig zur Ordnung gerufen zu werden. Auf der anderen Seite wollte man jedoch auf die Wohltaten Gottes lieber nicht verzichten.

Früher war es den Priestern ausdrücklich erlaubt, ja es wurde von ihnen sogar erwartet, zu heiraten und für den nötigen Nachwuchs der Priesterschaft zu sorgen. Vielleicht hat sich die katholische Kirche gerade umgekehrt zur Ehelosigkeit ihrer Priester und sonstigen Würdenträger entschlossen, um deren Beitrag zur Vermeidung der Überbevölkerung der Erde zu gewährleisten. Außerdem könne man sich, so ihre Meinung, ohne familiäre Ablenkung ganz seiner kirchlichen Diensterfüllung widmen. Jesus war auch in dieser Beziehung mit gutem Beispiel vorangegangen. Aber schon bald nach Verkündung des Zölibats merkte man, wie schwer doch die Einhaltung dieses Gebotes wegen der Hintanstellung menschlicher Bedürfnisse ist. So wird bereits im Mittelalter von beträchtlichen Kinderscharen hoher Geistlicher berichtet. Auch die aktuellen Missbrauchsvorwürfe innerhalb der katholischen Kirche werfen die Frage auf, ob eine Änderung dieser Vorschrift nicht zu einer verbesserten Moral der Amtsträger führen könnte.

Gott legte großen Wert auf das Verbot der Homosexualität und wollte nicht, dass Frauen Hosen und Männer Frauenkleider tragen, was unsere heutige Gesellschaft vergessen zu haben scheint. Stattdessen ist heute immer mehr in Mode gekommen, dass eine Heirat Gleichgeschlechtlicher durchaus als normal angesehen und der Ehe von Mann und Frau gleichgestellt wird. Nun war es allerdings bekanntlich so, dass Gott Wert darauf legte, dass sich sein Volk nach Kräften vermehren sollte. Dieser Aufforderung wäre die Duldung der Homosexualität natürlich zuwider gewesen. Heute allerdings könnte man fast meinen, Gott hätte sich sein Verbot noch einmal anders überlegt.

Die immens vielen von Gott erlassenen Verordnungen auf ein Minimum von zehn Geboten zu reduzieren, war eine Meisterleistung. Gott und Moses als sein Gehilfe hatten es geschafft, diese Gebote mangels Papiers auf Steintafeln zu verewigen und sich wegen der damit verbunden Schwierigkeiten einzuschränken. Die Umsetzung dieser Gebote in unserer heutigen Rechtsprechung war allerdings wesentlich schwieriger und führte nicht nur wegen der Menge des reichlich zur Verfügung stehenden Schreibmaterials zu einer regelrechten Schwemme an Gesetzen. Leider gilt das auch für die aktuelle Steuergesetzgebung. Was waren das für Zeiten, als der damalige Abgabenbetrag mit nur zehn Prozent festgelegt wurde? Allerdings darf man nicht vergessen, dass diese Abgabe quasi als Kirchensteuer durch die von Gott geforderten Opferungen noch beträchtlich erhöht wurde. Heute dagegen wird das Steuerinkasso vom Staat durchgeführt, und an die Kirchen weitergeleitet. Die heutige Kirchensteuer ist allerdings nur von Christen, Juden und weiteren Religionsgemeinschaften zu zahlen, während zum Beispiel Muslime und aus der Kirche Ausgetretene von dieser Abgabe befreit sind. Für zusätzliche Spenden besteht wegen der Höhe der Steuerlast nur ein geringes Verständnis. So darf es nicht verwundern, dass so mancher der heutigen Seelsorger sich an die alten Zeiten erinnert, wenn er nach Beendigung des Gottesdienstes den Klingelbeutel leert.

Kopfschüttelnd hatte Gott mitansehen müssen, wie sein Aufenthalt auf dem Berg von den Menschen genutzt wurde, sich seiner Aufsicht zu entziehen, und entschied der besseren Kontrolle wegen, sich zukünftig direkt bei ihnen aufzuhalten. Hierzu befahl er, ihm ein Zelt zur Verfügung zu stellen und dieses auf dem Rest der Wanderung mitzuführen. Insbesondere auch, um darin die Gebotstafeln von Moses aufzubewahren. Wie bei Noahs Schiffbau erwies Gott sich auch hier als genialer Organisator, der die Planung insbesondere der Inneneinrichtung bis ins kleinste Detail vorschrieb. Sogar die besten Künstler wurden persönlich von ihm ausgesucht. Die benötigten Materialien wurden aus durchaus nachzuvollziehenden Überlegungen zu den von den Israeliten zu erbringenden Opfergaben erklärt. Man stelle sich einmal vor, was das für ein durch die Wüste ziehendes Nomadenvolk bedeutet, ein tragbares Zelt dieser Größenordnung und daneben den Viehbestand für die weiteren von Gott erwarteten Opferungen mit sich zu führen, von der eigenen Verpflegung einmal abgesehen.

Gottes Haus bedurfte selbstverständlich einer besonderen Pflege.

So wurde Moses Bruder Aaron nach seiner Begnadigung von Gott zum Oberpriester befördert und zusammen mit seinen Söhnen mit dieser Aufgabe betraut. Dazu gehörte insbesondere, Gottes Zelt in Ordnung zu halten., was während der Reise aus logistischen Gründen nicht immer ganz einfach war. Auch dessen Auf- und Abbau mussten zügig vonstattengehen, um die Wanderung nicht unnötig zu verzögern. Daneben hatten sie sicherzustellen, dass die von Gott geforderten Opferungen den Vorschriften entsprechend erbracht wurden. Das setzte eine gehörige Fachkenntnis voraus, weil die Zeremonien wegen ihrer Verschiedenheit äußerst kompliziert waren und Gott genaue Bestimmungen für die geeigneten Opfertiere erlassen hatte. So hatten Kamele und die als unrein geltenden Schweine das Glück, nicht zu diesen zu gehören. Praktischerweise hatte Gott eingesehen, dass man auf die Dienste der Kamele in der Wüste nur schlecht verzichten konnte. Und Schweine wären, weil für den Wüstenaufenthalt nicht geeignet, nur schwer zu beschaffen gewesen.

Als Entschädigung für ihren Dienst profitierten die Priester von der dem restlichen Volk auferlegten Opferbereitschaft, die einen erheblichen Teil ihres Tierbestandes und sonstigen Vermögens aufzubringen hatten, was eigentlich für den Start im Neuen Land vorgesehen war. Die Priester selbst waren von diesen Abgaben befreit. Möglicherweise entsprachen die für eine Opferung und den Verzehr unwürdig befundenen Tiere nicht ihrem Geschmack. Das galt anscheinend auch für Hasen, denen heute im Gegensatz zu damals bei der Begegnung mit einem Jäger nicht einmal mehr Zeit für ein Stoßgebet bleibt. Die späteren Christen wollten partout nicht auf einen richtigen Schweinebraten verzichten und erklärten das Schwein als durchaus genießbar. Juden und Moslems können das überhaupt nicht nachvollziehen. Die während der Wüstenwanderung erteilte Erlaubnis Gottes, auch Fisch essen zu dürfen, mutete angesichts des Aufenthaltes in der Wüste etwas seltsam an.

Warum Gott immer wieder und bei jeder passenden Gelegenheit

auf die Darbringung von Opfern und die korrekte Einhaltung der vorgeschriebenen Zeremonien drängte, ist nur schwer zu ergründen. Vielleicht wollte er damit zeigen, dass nicht nur er für seine Kinder sorgen würde, sondern umgekehrt auch die Kinder ihrerseits ihren Beitrag für ihn zu leisten hätten. Als Zeichen dafür, dass er nicht auf ein tägliches Essen angewiesen war, begnügte er sich mit dem Rauch der Opfertiere. Das Fleisch dagegen war den Priestern zu deren Verzehr vorbehalten, was ihren Beruf auch heute noch für manche attraktiv gemacht hätte. Die heutigen Seelsorger haben es in dieser Beziehung nicht so gut, müssen doch auch sie wie andere Bürger für ihren Unterhalt selbst sorgen und darüber hinaus noch ihren Anteil vom Lohn an Steuern entrichten.

Eines Tages gab Gott endlich das Kommando zum Weitermarsch in die neue Heimat. Diese war allerdings bereits von anderen Völkern bewohnt, die verständlicherweise kein Interesse daran hatten, ihr Land freiwillig den Israeliten zu überlassen. Sie mussten die gewaltige Menge der Invasoren als eine Völkerwanderung empfinden, die darauf abzielte, sie zu vertreiben und ihnen das Land zu nehmen. Es galt also, sich nach Kräften zu wehren, was jedoch angesichts Gottes Unterstützung der Israeliten von vornherein aussichtslos war, wie sich bald herausstellen sollte.

Also musste man sich seitens der Israeliten auf einen Eroberungskrieg gefasst machen. Zu diesem Zweck sorgte Gott dafür, dass jeder wehrfähige Mann sein eigenes Schwert bekam und sich in abgehaltenen Manövern in der Kriegsführung übte. Davon ausgenommen waren die Priester und deren Angehörige. Diese wurden als Transportkompagnie eingeteilt, die sich hauptsächlich um Gottes Zelt zu kümmern hatten. Vor dem Weitermarsch überwachten sie noch eine besonders umfassende von Gott angeordnete Spendenaktion, was zur Marscherleichterung der Spender auf der weiteren Wanderung entscheidend beitrug.

Im Alten Testament wird von tausenden Kriegern der Israeliten berichtet, die zudem unter Gottes Schutz standen. Adam, Abraham, Noah und Jakob wären stolz gewesen, wenn sie geahnt hätten, wie groß ihre Nachkommenschaft inzwischen geworden war, wenngleich man sich eine solche Größe des Heeres in damaliger Zeit nur schwer vorstellen kann und Archäologen ein solche bestreiten. Als ihnen jedoch von der gewaltigen Mannschaftsstärke ihrer Gegner berichtet wurde, hatte selbst angesichts der eigenen Stärke keiner mehr Lust, ein solches militärisches Wagnis einzugehen. Ein voraus geschickter Erkundungstrupp hatte herausgefunden, dass es sich wie prophezeit bei dem vor ihnen liegenden Land, tatsächlich um das Land handele, in dem wie von Moses wiedergegeben, *Milch und Honig fließen*. Trotzdem fragten sich die Israeliten, warum Gott sie eigentlich den weiten Weg hierhergebracht hatte, wenn sich letztlich herausstellen sollte, dass alle Mühen umsonst gewesen seien. Moses' Erfahrung als Heerführer wurde massiv in Frage gestellt, worüber er sich bei Gott beschwerte. So könne man dem Gegner nicht Paroli bieten, zumal dieser sein eigenes Land verteidigte und er davon ausgehen musste, nichts Gutes von den Eroberern erwarten zu können.

Als die Israelis sich nach dem zweiten Weltkrieg anschickten, sich in Palästina niederzulassen und einen eigenen Staat zu gründen, mögen die damals dort bereits Einheimischen ebenso gedacht haben, Diese hatten allerdings nicht viel Zeit, darüber nachzudenken, weil die Invasoren nicht im Sinn hatten, sich bei ihnen zu integrieren. Vielmehr war es ihre nicht zu verkennende Absicht, sich gemäß der vor Ewigkeit erteilten göttlichen Anweisung das Land unter Ausschaltung jeglicher Konkurrenz anzueignen.

Gott, der die Israeliten mit so viel Mühe fast an das Ziel ihrer Wanderung gebracht und auf das zukünftige Leben vorbereitet hatte, wollte das Zögern seiner Leute natürlich nicht gefallen. Er sah sich also gezwungen, erneut hart durchzugreifen. So ließ er alle Mitglieder des Erkundungstrupps, die er in das neue Land geschickt hatte und die nach ihrer Rückkehr das restliche Volk mit ihren Berichten über die unglaubliche Stärke des Gegners in Unruhe gebracht hatten, als vermeintliche Unruhestifter kurzerhand umbringen. Und einige weitere Aufmüpfige dazu. Gott war über die Disziplinlosigkeit derart aufgebracht, dass er auch den Rest des Volkes sterben lassen wollte. Auch dieses Mal schaffte es Moses, Gott bei dessen Ehre zu packen, indem er erneut darauf hinwies, welche Schadenfreude über diesen Misserfolg insbesondere bei den Ägyptern herrschen würde. Das überzeugte Gott und er wandelte sein Urteil dergestalt um, dass nur diejenigen ihr Leben lassen mussten, die er seinerzeit aus Ägypten geführt hatte. Warum ausgerechnet diese den Zorn Gottes auf sich geladen hatten, bleibt sein ewiges Geheimnis. Wahrscheinlich hatten diese ihn mit ihrem Zögern besonders enttäuscht, hatte er sich doch größte Mühe gegeben, sie aus der Sklaverei zu befreien, damit sie sich in Israel niederlassen konnten, und deswegen gerade von ihnen eine gewisse Dankbarkeit erwartet. Der Rest war ja erst später geboren und kannte die frühere Sklaverei nur vom Hörensagen. Dieser konnte deshalb auf Gottes Geheiß weiterziehen, musste zur Strafe jedoch wieder zurück Richtung Rotes Meer, was wiederum einen beträchtlichen Umweg bedeutete. Vielleicht, weil Gott immer noch davon ausging, dass eine Läuterung der Leute eben noch weitere Zeit benötige.

Gottes Handeln ist schon erstaunlich und für uns unbegreiflich. Auf der einen Seite half er seinen Gefolgsleuten, wenn immer diese in Not waren und Mut und Hilfe brauchten. Auf der anderen Seite aber konnte er in seinem Zorn auch Strafen aussprechen, deren Strenge für uns unvorstellbar ist, wenn es galt, die gehorsame Verehrung seines Volkes ihm gegenüber zu sichern. Allein die bloße Anordnung solcher Strafen würde nach unserem heutigen Verständnis als unmenschlich gelten. Eigentlich hätten die Israeliten aus leidsamer Erfahrung wissen müssen, dass jedes Vergehen oder Zweifeln sofort zu harten Strafen führen würde. Zu ihrem Leidwesen vergaßen sie allerdings, dass Gott alles sieht!

Das galt selbst dann, wenn die Leute ihre Klagen an Moses richteten, nicht bedenkend, dass der diese gleich an Gott weitergab, was dann in der Regel postwendend zu einer Bestrafung führte. Diese Aufmüpfigkeit der Menschen muss so tief verankert gewesen sein, dass selbst noch so harte Strafen nichts daran ändern konnten. Gott hatte schon Recht, als er vor einiger Zeit Moses gegenüber meinte, dass der Mensch aus seiner Sicht der Dinge von Natur aus widerspenstig sei, was die Menschen sicherlich anders gesehen haben. War das vielleicht die Erkenntnis, etwas übersehen zu haben, als er die Menschen schuf? Aber wie sonst wäre die Selbstherrlichkeit des menschlichen Handelns zu erklären? Im Nachherein betrachtet, könnte es sich durchaus um einen Konstruktionsfehler gehandelt haben, den hoffentlich entweder Gott eines Tages behebt oder der durch die Evolution wieder repariert wird. Warten wir es ab; wenn uns nur die Zeit dafür bliebe!

Nun ist bekannt, dass andauernde Bestrafung als Gegendruck eine Aufsässigkeit nach sich zieht. Gleiches gilt auch umgekehrt. So ergab sich eine Wechselwirkung zwischen dem Verhalten des Volkes und der auf dem Fuße folgenden Bestrafung durch Gott. Moses versuchte mehrfach erfolglos, dieser Spirale ein Ende zu setzen. Es ist schwer, Gott in dieser Beziehung zu verstehen, war ihm doch bekannt, dass die Israeliten stets dazu neigten, die Möglichkeit einer Bestrafung außer Acht zu lassen. Und sei es, dass man sich einen anderen Gott suchte, der hoffentlich gnädiger mit ihnen umging. Aber gerade das war in Gottes Augen ein nicht wiedergutzumachendes Vergehen.

War es da nicht menschlich verständlich, dass sich die Leute wieder zurück nach Ägypten sehnten? Dort lebten sie zwar als Sklaven und führten ein hartes Leben, hatten sich aber hieran nach den vielen Jahren solchen Daseins durchaus gewöhnt. Nun erlebten sie trotz der versprochenen Befreiung erneut eine Drangsalierung, was in ihren Augen im Vergleich zu dem Zustand in Ägypten nicht die erhoffte Verbesserung war. Wozu also dieses mühselige Leben in Angst und Schrecken? Und was nützte es ihnen da, das eigene frühere Sklavendasein gegen die Rolle eines zukünftigen Sklavenhalters zu tauschen, wenn man sich der Einheimischen erst einmal bemächtigt hatte? Trotz allen Murrens blieb den Israeliten aber nichts anderes übrig, als sich auf Gottes Geheiß wieder der Wolke folgend in Richtung Ziel in Marsch zu setzen.

In der Negev Wüste kam es zum Zusammenstoß mit den dort ansässigen Stämmen, der mit einem glänzenden Sieg für die Israeliten endete. Dabei entwickelte Moses, der sich ständig mit Gott über das jeweils weitere Vorgehen abstimmte, Führungsqualitäten, die ihn in diesem Eroberungsfeldzug immer mehr zu einem erfolgreichen Feldherrn werden ließen.

Wenn bei den Friedensverhandlungen mit den ansässigen Königen nicht eine bedingungslose Kapitulation des Gegners erreicht werden konnte, wurde eben bis zum bitteren Ende weitergekämpft und dabei Sieg um Sieg errungen. Dass es dabei nicht immer zimperlich zuging, mussten insbesondere die einheimischen Frauen erfahren, auf welche die während der Wüstenwanderung an Entbehrungen leidenden Krieger ein besonderes Auge geworfen hatten. Um dem für die Zukunft vorzubeugen, befahl Gott, auch alle fremden Frauen als Sklavinnen zu fangen oder sie gleich zu töten, statt sich mit ihnen einzulassen. Andere Beuten, die ein unvorstellbares Ausmaß annahmen, wurden von ihm nicht reglementiert.

Als sie am Jordanfluss ankamen, nahte Moses' Ende. Wegen einer bei ihm schon lange in Vergessenheit geratenen Verfehlung hatte Gott beschlossen, Moses dürfe vom naheliegenden Berg aus einmal einen Blick auf die neue Heimat werfen, jedoch nicht lebend dorthin gelangen. Bei dem beanstandeten Vorfall handelte es sich, wie wir uns erinnern, um Folgendes: Während der Wanderung herrschte wieder einmal Wassermangel. Gott hatte Moses daher bekanntlich angewiesen, mit dessen Wanderstab gegen einen Felsen zu schlagen, der sich daraufhin in eine Quelle verwandeln würde. Moses machte das, versäumte aber, seine Bewunderer darauf hinzuweisen, dass er dieses Wunder nur in Gottes Auftrag und mit dessen Hilfe erledigt habe.

Gott fühlte sich deswegen in seiner Ehre verletzt und entschloss sich zu der vorerwähnten Strafe. Dabei hätte Moses nach unserem Verständnis angesichts seiner unbestrittenen Verdienste als Statthalter Gottes und erfolgreicher Kriegsherr doch wohl dessen Gnade verdient. Aber Gott sah das anders. Er verübelte Moses auch, dass er seinerzeit nicht in der Lage gewesen war, seine Leute nach der Erkundung des neuen Landes zum Weitermarsch zu bewegen. Man hätte sich den unnötigen Ärger ersparen können.

In seiner bewegenden Abschiedsrede an das Volk ließ der nunmehr 120- jährige Moses das Geschehen der letzten Jahre noch einmal Revue passieren und mahnte zum wiederholten Male eindringlich an die strikte Einhaltung der Gebote und Verordnungen und deren Weitergabe an ihre Kinder und Kindeskinder. Auch erinnerte er daran, dass ihre Verehrung nur und ausschließlich Gott gehören dürfe. Dann, so Moses, würden die Israeliten ein großes, mächtiges und weises Volk werden und bleiben. Kein Wunder, dass seine Zuhörer solche Worte gerne hörten. Im Hinblick auf eine geordnete Staatsführung konnte Moses sich die Führung seines Volkes mit der Schaffung eines Königtums durchaus vorstellen. Gott hätte gegen die Schaffung einer solchen Obrigkeit nichts einzuwenden, solange man nicht wieder auf die Idee käme, diese Freiheit mit der Hinwendung zu irgendwelchen Götzen auszunutzen. Zum Abschluss seiner Rede ermutigte er das Volk noch einmal, keine Furcht vor den starken Gegnern zu haben, die ihnen nun gegenüberstanden, sondern auf Gottes Hilfe zu vertrauen. Danach übertrug er seine Vollmachten auf seinen Nachfolger Josua und begab sich auf Gottes Geheiß auf den naheliegenden Berg, um von dort aus noch einmal das versprochene Land zu sehen und dann zu sterben.

Auch diese Episode verdeutlicht, wie grausam Gott sein kann. Ein Mann wie Moses, der sein Leben lang loyal in seinen Diensten gestanden und der oft genug als Puffer zwischen den aufmüpfigen Israeliten und ihm zu vermitteln hatte, musste am Ende seines Lebens mit ansehen, dass ihm die Erreichung seines Lebenswerkes nicht vergönnt war. Trotz aller verständlichen Bitten Moses' blieb Gott bei seinem Urteil, dass Moses den Jordan nicht überqueren dürfe. In bekannter Loyalität versah Moses seinen Dienst trotzdem getreu bis an sein Ende, wozu auch die umfangreiche Einarbeitung seines Nachfolgers gehörte. Mit seinen Bestrafungen machte Gott auch bei Moses Bruder Aaron, obwohl Oberpriester des Volkes, keine Ausnahme. Auch Aaron durfte nicht mit in die neue Heimat und musste ebenfalls vorher sterben. Zu Aarons Leidwesen hatte Gott dessen Rolle im Zusammenhang mit der Verehrung des *Goldenen Kalbes* nicht vergessen, als er und Moses mit der Ausarbeitung der Gesetze beschäftigt waren. Insofern kann man die Berechtigung dieser Bestrafung nachvollziehen. Bei Moses hätte es einen zu verehrenden Götzen nicht gegeben.

Beider Vergehen lagen so lange zurück, dass es nicht verwunderlich war, dass Moses und Aaron davon ausgingen, Gott hätte diese vielleicht vergessen. Zu ihrem Schrecken mussten sie jedoch feststellen, dass Gott alles sieht und nichts vergisst! Vor seinem Tode erhielt Aaron von Gott noch den unangenehmen Auftrag, dafür zu sorgen, dass als Zeichen des Paktes mit Gott noch einmal eine umfassende Beschneidungsaktion durchzuführen war. Die Männer, die aus Ägypten fliehen konnten, wurden bekanntlich bereits allesamt beschnitten, überlebten jedoch nicht die Wüstenquerung. Während dieser Zeit der Entbehrungen wollte Gott den Männern weitere Unannehmlichkeiten ersparen, waren doch die eintönige Nahrung und die Strapazen der Wüstenwanderung schon schlimm genug. Also mussten nun auch die Männer ran, die bis jetzt noch davongekommen waren. Dieses war nach Gottes Willen absolute Voraussetzung, um sich in dem neuen Land niederzulassen. Abraham, längst verstorben, hatte seinerzeit mit der eigenen Beschneidung den Pakt zwischen Gott und seinem auserwählten Volk besiegelt. Die Aufrechterhaltung dieser Tradition, die auch heute noch unter Juden und Moslems gilt, war also eine letzte Voraussetzung für die Besiedelung des neuen Landes.

Zum Nachfolger Moses' wurde Josua bestimmt, der sich als von

Gott begnadigter damaliger Kundschafter und später im Kampf gegen die Einheimischen besonders hervorgetan hatte. Er hatte sich nach seiner Befreiung aus der Sklaverei bereits in Ägypten auf die Wanderung begeben und hatte das Glück, wegen seiner erworbenen Verdienste von der Vernichtung der ehemaligen ägyptischen Sklaven durch Gott verschont zu bleiben. Ähnlich wie bei dem zwischenzeitlich verstorbenen Aaron hatte Gott ihn aus uns unverständlichen Überlegungen trotz der Verfehlungen von Bestrafungen ausgenommen.

Josua knüpfte lückenlos an das Wirken von Moses an, indem er dessen Aufzählung aller Gebote und Verordnungen vorsichtshalber noch einmal wiederholte und ihre Befolgung dem Volk dringend nahelegte. Dabei wäre es doch durchaus ausreichend gewesen, sich kurzzufassen. Wegen der dauernden Wiederholungen in der Vergangenheit hätte er davon ausgehen können, dass jeder seiner Landsleute diese Vorschriften mittlerweile schon im Schlaf aufsagen konnte. Im neuen Land aber sollte keiner behaupten können, wegen der Hitze in der Wüste etwas vergessen zu haben. Auch wollte Gott damit sichergehen, dass die Ermahnungen angesichts der jetzt herrschenden Freude über das Erreichen des lang ersehnten Zieles nicht in Vergessenheit gerieten. Josua schien diese Gelegenheit geeignet, sein Volk von seiner eigenen Kompetenz für das neue Amt zu überzeugen. Heute würde ein solcher Führer in seiner Antrittsrede erst einmal verkünden, was er in Zukunft alles besser zu machen beabsichtige. Das wäre für Josua mit Moses als Vorgänger allerdings schwierig gewesen.

Angekommen

Das Volk durfte also nicht gleich über den Jordan setzen, sondern musste sich zunächst die Ansprache Josuas bis zu deren Ende anhören. Wichtig waren ihm dabei auch die von Gott erteilten Anweisungen, wie mit der Bevölkerung des Landes umzugehen sei. Dass diese nichts Gutes zu erwarten hatten, lag auf der Hand, denn deren vollständige Vernichtung gehörte zu den Aufgaben der israelitischen Krieger. Nur so, meinte Gott, sei das versprochene ungestörte Leben seiner eigenen Leute in der neuen Heimat gewährleistet. Gott hatte wegen ihrer Verehrung fremder Götter kein Erbarmen mit den dort bereits Ansässigen und befahl, das ganze Volk zu vernichten, um sich ein für alle Mal ihrer Konkurrenz zu entledigen. Die Feldherren der Israeliten wurden deswegen nach ihrer Rückkehr vom Feldzug noch einmal zurückgeschickt, um auch die Frauen der Besiegten umzubringen. Nur die Jungfrauen sollten leben gelassen und im Zuge der Verteilung der Kriegsbeute als Sklavinnen verkauft werden.

Für einen normal Denkenden ist es nur schwer möglich, Gottes Anordnungen und sein hartes Vorgehen gegen die rechtmäßigen Besitzer des eroberten Landes zu verstehen. Vielleicht hatte er eine alte Rechnung mit ihnen zu begleichen oder hielt sein eigenes Volk trotz seiner Unterstützung für zu schwach, um sich gegen die Konkurrenz im Lande auf Dauer durchzusetzen. Vielleicht auch meinte er, die Aufsässigkeit seiner eigenen Leute noch schwerer unter Kontrolle halten zu können, wenn diese von den Fremden Unterstützung bekämen. Nach unserem Verständnis hätte er doch lieber sein Image als *grausamer Gott* durch das eines Verständnisvollen ersetzen sollen, um unserer Vorstellung von einem *lieben Gott* zu entsprechen. Für uns Menschen ist es müßig, der Sache weiter auf den Grund zu gehen, denn Gottes Wege sind unergründlich. Trotzdem hatten die Israeliten denn auch bald vergessen, wem sie ihr ungestörtes Leben zu verdanken hatten.

Der heutige Umgang der Israelis mit ihren arabischen Mitbewohnern ist nicht mit dem damaligen Vorgehen zu vergleichen. Dennoch kommt man manches Mal nicht umhin, auch die aktuellen Verhältnisse mit einem Kopfschütteln zu betrachten.

Der unter Führung von Rubens stehende Stamm meinte, die Gegend um das östliche Jordantal, in der sie sich im Augenblick aufhielten, würde durchaus ihren Vorstellungen entsprechen. Man könne doch genauso gut hierbleiben, anstatt weiter zu ziehen. Josua war im Grunde damit einverstanden, bestand aber darauf, dass zumindest ihre Krieger seinem Heer auch weiter angehören sollten. Man könne sich eine militärische Schwächung gerade in diesem Augenblick nicht erlauben. Frauen und Kinder könnten sich dagegen bis zur Rückkehr ihrer Männer und Väter bereits in ihrem neuem Land einrichten. Nach vollständiger Eroberung der Gebiete westlich des Jordans könnten die Krieger des Rubensstammes wieder zurück zu ihren Familien ziehen. So geschah es denn auch.

Für die Verteilung des eroberten Landes stellte Gott noch einmal klar, dass dieses sein alleiniges Eigentum sei. Deshalb könne es nicht verkauft, sondern nur in Erbpacht vergeben werden. Da er auch das Volk der Israeliten als sein Eigentum ansah, war sein Vorgehen insofern nur logisch.

Dieses Beispiel jedoch als Begründung der Kirchen für die verbreitete Verweigerung einer Veräußerung ihres Grundbesitzes anzuwenden, erscheint dagegen doch sehr weit hergeholt. Vielmehr wird es sich bei dieser Handhabung wohl um ein Relikt der mittelalterlichen Kirchenpolitik handeln, die sich um einen möglichst großen Landbesitz bemühte.

Nach der Eroberung des Landes wollte Gott dessen Verteilung in seiner Hand behalten und entschied sich zu einer Verlosung an die einzelnen Stämme. Die wiederum konnten sich dann selbst um die Unterverteilung an die Stammesangehörigen kümmern. Zur Teilnahme an der Verlosung der Ländereien waren nur die Männer zugelassen. Was die Berücksichtigung der Frauen anbelangte, zeigten sich allerdings erste Anzeichen einer Gleichberechtigung. Sofern vaterlos oder verwitwet, sollten die Frauen den gleichen Landanteil erhalten, der auch ihrem verstorbenen Vater oder Ehemann zugestanden hätte. Die Voraussetzung hierfür war allerdings, dass sie nur wieder innerhalb des eigenen Stammes heirateten, um damit dessen ihm zugedachten Landanteil nicht zu schmälern. So zu Landbesitz gekommen, wurden die Damen also zu attraktiven Heiratskandidatinnen, war durch diese Regelung doch die Erbringung einer ordentlichen Mitgift gesichert.

Das Volk der Israeliten beschäftigte sich derweil im Anblick des vor ihnen liegenden Flusses mehr mit dem Problem, wie man dieses Hindernis überwinden könne. Während der langen Wüstenwanderung hatte das Erlernen des Schwimmens verständlicherweise keine besondere Priorität gehabt. So beneidete man Rubens und seinen Stamm, denen das Überqueren des Flusses erspart blieb. Allerdings war die Schadensfreude groß, als Josua entschieden hatte, dass zumindest auch deren Krieger dieses Wagnis eingehen mussten. Nur die frisch verheirateten Krieger durften, wie auch in späteren Kriegszeiten, bis zu ihrem ersten Hochzeitstag zu Hause bleiben. Ob dieses Privileg, wie vermutet werden kann, zu einer Heiratswelle führte, ist nicht berichtet.

Zunächst versuchte ein Stoßtrupp der wagemutigsten Krieger das Abenteuer der Flussüberquerung. Sie kamen tatsächlich ohne große Probleme in der am anderen Ufer liegenden Stadt Jericho an. Aus nicht näher überliefertem Grunde kehrten sie zunächst im Haus der stadtbekannten Hure Rahab ein, wo sie allerdings von einer vorbeikommenden gegnerischen Patrouille vermutet wurden. Rahab, bekannt für ihr großes Herz, versteckte die Israeliten und führte die Jerichoer in die Irre. So konnten die Mitglieder des Stoßtrupps unbemerkt davonkommen und die für die Eroberung der Stadt notwendigen Informationen sammeln. Für ihre tatkräftige Unterstützung wurde der Dame Rahab zugesichert, sie und ihre Familie bei dem erwarteten Gemetzel zu verschonen.

Endlich informierte Gott die Seinen, wie er sich die Flussüberquerung vorstellte. Die Priester sollten mit dem Altar vorweg gehen. Dann würde Gott mit Hilfe einer flussaufwärts liegenden unsichtbaren Mauer das Wasser solange aufstauen, bis auch der Letzte des Volkes am anderen Ufer angelangt war. Die Israeliten waren dankbar für dieses Meisterwerk, wussten sie doch, dass ein solches Vorhaben schon einmal funktioniert hatte. Wie auch seinerzeit bei der Flucht aus Ägypten wurde die Trockenlegung des Flusses als Wunder angesehen, was auch die letzten Zweifler überzeugte, dass Josua wirklich Gottes Sprachrohr sei und über umfassende Befugnisse verfügte. Er wurde von da an als würdiger Nachfolger von Moses angesehen.

Nun war man endlich im versprochenen Land, was die dort ansässigen Völker angstvoll befürchtet hatten. Diese Befürchtungen sollten aber im Laufe der nächsten Zeit noch übertroffen werden, denn die Israeliten kannten auf Gottes Geheiß kein Pardon mit ihren Feinden. Als Erstes musste die Stadt Jericho dran glauben. Statt diese in einem Frontalangriff zu stürmen, hatte Gott den Befehl ausgegeben, sie mit allen Kriegern zunächst einmal eine Woche lang weitläufig zu umkreisen, um dann am siebenten Tag ein großes Geschrei und Trompetenschall zu erheben. Und richtig, dadurch fielen zur Verwunderung der Jerichoer die Stadtmauern um und die Israeliten hatten freien Zutritt in die Stadt. Wie versprochen, wurden nur die Hure Rahab und ihre Familie verschont, die fortan friedlich unter den Israeliten lebten.

Bei der Eroberung der nächsten Stadt erwies Josua mit Hilfe Gottes sein strategisches Geschick. Während seine Leute vorgaben, vor der Verfolgung durch die Städter zu fliehen, eroberten seine im Hinterhalt liegenden Krieger die Stadt. Als die Städter das merkten, war es zu spät. Die Stadt war nun in Händen der Israeliten und wurde wie üblich von ihnen geplündert. Die Nachricht über das Vorgehen der Israeliten und deren Unbesiegbarkeit sprach sich wie ein Lauffeuer herum und verbreitete Angst und Schrecken im Lande. So blieb den Königen der nächsten Ortschaften nichts anderes übrig, als sich miteinander zu verbünden und gemeinsam gegen die Eindringlinge vorzugehen. Als Kriegstaktik konzentrierte Josua sich genialer Weise darauf, zunächst diese Könige gefangen zu nehmen und in einer Höhle einzusperren. Danach hatte er ein leichtes Spiel mit ihren Kriegern.

Nun wurden Josuas Krieger langsam aber sicher kampferprobt, hatten sie doch bereits auf dem Weg in das gelobte Land solche Ereignisse überstehen müssen. Dennoch war Gottes Hilfe erforderlich, um gegen die teils übermächtigen Feinde bestehen zu können. So eroberten sie einen Ort nach dem andern, bis sie Israel vollständig in ihrer Hand hatten.

Es war, wie von Gott befohlen, ein grausamer Kriegszug. Alle Männer, die sich ihnen in den Weg stellten, wurden getötet, Frauen und Kinder gerieten in die Sklaverei, alles Hab und Gut der Besiegten wurde als Beute genommen und unter den Israeliten verteilt. Damit konnten sie die für die Kriegsführung notwendige Logistik sicherstellen, und brauchten nicht wie bei ihrer Wüstenwanderung von *Manna* allein zu leben. Verständlich, dass die Völker, die das Land seit Urzeiten besiedelt hatten, nun überhaupt nicht einsehen wollten, auf dieses Recht verzichten zu müssen. Ungerecht behandelt fühlten sich insbesondere die Kanaaniter, die seinerzeit doch Stammvater Abraham Unterkunft und Asyl in ihrem Land gewährt hatten. Aber so ist das nun mal im Leben: Undank ist der Welten Lohn!

Wie gesagt hatte Gott keine Gnade mit den bisher nur alleinigen Bewohnern im Lande. Diese waren daher nach Beendigung der Kampfhandlungen, wie man sich denken kann, in der absoluten Minderheit. Quasi als Wiedergutmachung hatte Gott entgegen sonstiger Gewohnheit entschieden, dass die Überlebenden ihre eigenen Götter behalten durften, solange sie sich mit diesen begnügten. Streng geahndet sollte jedoch werden, würden sie versuchen, seine eigenen Leute zu bekehren. Dieses würde einen schlechten Einfluss auf seine Israeliten haben, womit er, wie sich später wiederholt herausstellte, durchaus Recht haben sollte. Sein Volk waren die Israeliten, für dessen Wohlergehen er sich verantwortlich fühlte. Sie waren ohnehin nur schwer zu führen und mussten nun nicht auch noch von Fremden Unterstützung erhalten, für die Gott sich nicht zuständig fühlte.

Manche Stämme ließen sich gar nicht erst auf einen Kampf mit den Israeliten ein und unterwarfen sich freiwillig. In der Regel gelobten sie dann, den Glauben an Gott anzunehmen; wenn sie denn überhaupt das Glück haben sollten, als Überlebende diese Entscheidung treffen zu können. Den Besiegten wurde dann das Leben geschenkt, und sie kurzerhand zu Sklaven gemacht, wobei sich die ehemaligen Feinde der Israeliten gewiss eine gnadenvollere Behandlung gewünscht hätten.

Das erinnert stark an spätere Missionarstätigkeiten zum Beispiel in Südamerika, wo die dortigen Indios ebenfalls nichts zu lachen hatten. Auch sie wurden gezwungen, einen ihnen fremden Glauben anzunehmen und verloren trotzdem all ihr Hab und Gut.

Es ist ja durchaus verständlich, dass Gott seinen Leuten so zur Seite stand, aber hätte er bei deren Feinden nicht manches Mal Gnade walten lassen können, anstatt so brutal gegen sie vorzugehen? Vielleicht wären sie ja tatsächlich dauerhaft zu bekehren gewesen. Nun, für ein solches Tun hatte Gott im Augenblick keine Zeit, war er doch damit beschäftigt, seinem Volk bei der Einrichtung der neuen Heimat zu helfen. Den Gedanken einer Missionierung anderer Völker musste er deswegen zunächst zurückstellen.

Den Israeliten sollte diese Unterstützung durch Gott nur Recht sein, wären sie anderenfalls ihren Gegnern wohl nicht gewachsen gewesen. So konnten sie ihren Feldzug fortsetzen und einen Ort nach dem anderen einnehmen. Die Priester konnten, wie von Gott befohlen, nun an die Verlosung der neuen Stammesgebiete gehen. Sie selbst durften jedoch nicht daran teilnehmen und blieben landlos, wodurch ihre Neutralität in dem Losverfahren gewährleistet werden sollte.

Was das Land Kanaan anbelangte, änderte Gott im Andenken an Abraham seine Meinung und entschied, dem dortigen Volk das Land zu belassen und nicht in die Verteilungsmasse einzubeziehen.

Allerdings mussten sich die Kanaaniter den Israeliten unterwerfen und Abgaben leisten. Vorsichtshalber hatte man sie allerdings militärisch soweit geschwächt, dass keine Gefahr von ihnen mehr drohte und sie problemlos zur Steuerzahlung herangezogen werden konnten. Die Ausnahme, die Gott in ihrem Fall machte, hatte ihren Grund darin, dass Abraham seinerzeit als Fremder hier in Kanaan gelebt hatte und von seinen neuen Landsleuten gut behandelt worden war. Da Gott Abraham bekanntlich als Stammvater der Israeliten bestimmt hatte, galten die Kanaaniter quasi als Verwandte. Allerdings weigerten diese sich standhaft, ihren Baal-Kult aufzugeben, anstatt Gott anzubeten. Eine Freiheit, die Gott ihnen entgegen seiner sonstigen Gewohnheiten zumindest bis auf weiteres zugestand.

Bei einem Ausflug in die Gegenwart fallen einem die aktuellen Flüchtlingsbewegungen ein. Diese haben sich zwar nicht in kriegerischer Absicht auf den Weg nach Europa gemacht. Vielmehr liegt der Grund für diese Flucht darin, dass in ihren Herkunftsländern Kriege geführt werden und teilweise bittere Armut herrscht. Auch die dort häufig schon als normal angesehene Korruption trägt ihren Teil zu der Verarmung der Bevölkerung bei. Diese Not lässt die Flucht in ein fremdes Land so attraktiv erscheinen, dass selbst größte Gefahren und die Ungewissheit vor dem, was einen in dem fremden Land erwarten könnte, nicht abschreckend wirken. Angesichts der großen Zahl der Aufenthalt begehrenden Flüchtlinge befürchten die Gastländer, durch sie wirtschaftlichen und sozialen Schaden zu nehmen. Bei der einheimischen Bevölkerung verursacht die große Zahl der Fremden sowie deren Gewohnheiten und Aussehen Argwohn und Widerstand, zumal diese wegen ihrer Besonderheiten nach landläufiger Meinung *»nicht zu uns passen«* oder *»als, wenn wir nicht schon genug Probleme hätten!«* So geraten die Flüchtlinge zwischen die Fronten, ohne etwas dafür zu können. Dieses alles unter einen Hut zu bringen, gehört heutzutage zu einer der am schwersten zu lösenden Aufgaben unserer Gesellschaft, von der Abwendung der Klimaveränderung einmal abgesehen.

Die Art der Landverteilung per Losverfahren erwies sich als genialer Schachzug Gottes, um einen späteren Zwist unter seinen Gefolgsleuten zu vermeiden. Dieses und das Fehlen bedrohlicher Feinde waren denn auch die Grundlage für den Frieden, der jetzt im Lande herrschte. Auch Ruben und seine Krieger konnten nun nach getaner Arbeit wieder zu ihren Familien auf der anderen Seite des Jordans zurückkehren.

Bevor sich die einzelnen Stämme auf den Weg in das ihnen zugeloste Land machten, hielt Josua nochmals eine Ermahnung für angebracht, um späteren Übertretungen vorzubeugen. Nachdem auch das erledigt war und jeder Stamm seines Weges zog, konnte Josua im Alter von einhundertundzehn Jahren beruhigt sterben. Auch Joseph, dessen Gebeine sie aus Ägypten mitgeführt hatten, fand nun seine letzte Ruhestätte.

Jetzt jedoch galt es zunächst, die Sesshaftwerdung der Israeliten zu unterstützen. Das war notwendig, hatten doch die benachbarten Völker den wachsenden Wohlstand in Israel bald neidisch zur Kenntnis nehmen müssen. So meinten diese, sich dort quasi zum Ausgleich der durch die Israeliten erlittenen Niederlagen ihren Anteil an deren Wohlstand aneignen zu können, womit der Frieden im Land einen Dämpfer erhielt. Es gelang ihnen wiederholt, große Zerstörungen in Israel anzurichten und sich dort sogar ihre Sklaven zu holen. Später machten beispielsweise auch die Römer es ihnen gleich und brachten ganz Israel unter ihre Gewalt. Mit dieser Situation hatte sich viele Jahre später Jesus auseinander zu setzen.

Die von Gott gewollte Abgrenzung seines Volkes von anderen Völkern zeigt, wie sehr er sich zu der damaligen Zeit darauf konzentrierte, seinem Volk einen Sonderstatus zu geben. Dafür hatte er bestimmte Vorstellungen, denen unbedingt zu folgen war. So hatte er seinem

Volk strikt verboten, sich mit den Fremden zu verbrüdern oder gar zu vermischen. Allerdings schienen die fremden Damen den männlichen Vertretern der Israeliten manchmal attraktiver zu sein als die eigenen. Wie bei so manchem Mann, verloren auch die Israeliten des Öfteren den Kopf und verstießen damit gegen Gottes Gebot. Als sie dann auch noch aus Zuneigung zu ihrer neuen Dame anfingen, deren Götter zu verehren, war Gottes Schmerzgrenze erreicht, und es folgte wie üblich die zu erwartende Strafe.

Irgendwann schien auch dieses nicht mehr zu nutzen, sodass Gott eines Tages resignierte, was die Akzeptanz der fremden Damen anbelangte. So wurden diese von ihm, wie schon damals bei Abraham, versuchsweise zunächst als Nebenfrauen oder Haremsdamen geduldet, später jedoch wahrscheinlich angesichts des immer noch andauernden Frauenmangels auch offiziell zu möglichen Ehefrauen erklärt.

Die Bibel berichtet in diesem Zusammenhang von der jungen Frau Ruth. Auch sie war eine Ausländerin, die sich nach dem Tode ihres Mannes bei ihrer Schwiegermutter in Israel niederließ. Dort angekommen, mussten sich die beiden Frauen verständlicherweise um ihre zukünftige Versorgung kümmern. Die Schwiegermutter kannte zum Glück einen unverheirateten Großbauern, bei dem sich Ruth zunächst als Erntehelferin verdingte. Nachdem der Bauer nicht nur wegen ihrer Tüchtigkeit ein Auge auf sie geworfen hatte, beschloss die Schwiegermutter, diesen mit weiblicher List zur Heirat mit Ruth zu bewegen, was auch bald gelang. Dass es sich bei dem Heiratskandidaten um einen Verwandten handelte, störte die Damen nicht. Diesen wiederum störte nicht, dass es sich bei seiner Frau um eine Ausländerin handelte, weil auch Gott offensichtlich ein Auge zudrückte.

Wenn es dem Esel zu gut geht, geht er aufs Eis tanzen. Wie nicht anders zu erwarten, fanden die Israeliten bald nicht nur Gefallen an den fremden Damen, sondern auch an deren Göttern. Wohl einsehend, dass seine bisherige Handhabung des Problems auf Dauer nicht helfen würde, hatte Gott den Einfall, es einmal anders zu versuchen. Er war nämlich zu der Erkenntnis gekommen, dass nicht die Heiden für die Abtrünnigkeit seiner Leute verantwortlich waren, sondern dieses in dem Wesen seiner eigenen Leute begründet war. In seiner grenzenlosen Weisheit ließ er daher die Heiden versuchsweise in ihrem Handeln ungeschoren, um zu sehen, wie seine Leute nun reagieren würden. Würden sie bei der gewonnenen Freiheit auf dem richtigen Wege bleiben oder sich von ihm abkehren?

Diese Frage wollte Gott in einem Feldversuch beantwortet wissen. Der Versuch scheiterte allerdings kläglich, weil die Israeliten, wie eigentlich auch zu erwarten war, bald Gott vergaßen und sich vollends den Abgöttern der Heiden zuwandten. Wahrscheinlich meinten sie, in dem neuen Land auf diese Weise besser leben zu können, als immer wieder von Gott gemaßregelt zu werden. Dieser Irrtum wurde schnell klar, als die üblichen Strafen nachgeholt wurden. Die Idee, sich mit den anderen Göttern zu vertragen und mit denen eine Konkurrenzschutzklausel zu vereinbaren, schien Gott nicht zu gefallen, weil er dann seinen Alleinstellungsanspruch gefährdet sah.

Das Leben im Lande

Mit der Ankunft seines Volkes in Israel hatte Gott nun seine Versprechen eingelöst, die er den von ihm ernannten Stammvätern gegeben hatte; nämlich deren Nachkommen in ein Land zu führen, in dem sie ein friedliches Leben führen konnten. Ob er sich damals gedacht hatte, dass es so schwer werden würde, dieses Versprechen einzulösen? Vorsichtshalber hatte er denn auch nicht davon gesprochen, wie lange dieses friedliche Leben denn andauern würde. Seit der Befreiung aus der ägyptischen Gefangenschaft bis zu der Ansiedelung im gelobten Land waren viele Jahre vergangen, in denen sich die ihm Schutzbefohlenen trotz strenger Behandlung immer wieder als störrisch und unbelehrbar verhalten hatten. Dabei hatten auch seine Stellvertreter auf der Wanderung, Moses und Josua, ihr Bestes gegeben und sich in Erfüllung ihres Auftrages verschlissen. Hätten die Israeliten doch nur Gottes Prinzip erkannt, wonach Glaube und Treue ihm gegenüber zu ihrer Segnung führen, Untreue dagegen zu Unglück und Vernichtung! Gottes Pakt mit den Menschen war schon immer an diese Bedingungen geknüpft gewesen, wahrscheinlich aber hatte Adam es versäumt, dieses Wissen an seine Nachfolger weiterzugeben. Er hätte es wissen sollen, hatten er und Eva doch am eigenen Leib erfahren müssen, wie Gott mit denen umgeht, die glauben, sich ihm widersetzen zu können.

Man bedenke, dass Gott, wie die Bibel sagt, die Schöpfung von Himmel und Erde und aller Pflanzen und Lebewesen einschließlich der Menschen in nur sechs Tagen schaffte und er sich am siebenten Tag nur einen Tag Pause gönnte, um sich zu erholen. Die Wanderung des Volkes von Ägypten nach Israel dauerte dagegen vierzig Jahre, in denen die Wanderer nicht für einen Augenblick aus den Augen gelassen werden durften. So gab es immer wieder Situationen, in denen sich das Volk aufmüpfig zeigte und lieber wieder nach Ägypten umkehren wollte. Daran kann man ermessen, welch schwere Aufgabe Gott sich mit der Führung seines Volkes aufgeladen hatte. Deshalb ist durchaus nachvollziehbar, dass Gott sich nun nach getaner Arbeit erst einmal für einige Zeit zurückziehen wollte und die Israeliten allein ließ. Während dieser vermeintlichen Abwesenheit Gottes vergaßen letztere ihn bald und wandten sich verstärkt den Abgöttern der Heiden zu. Vielleicht waren sie auch nur froh, zumindest für eine Zeit Gottes Überwachung entgehen zu können.

Jeder Mensch braucht eine Führung. Die Arbeiter auf dem Bau haben einen Vorarbeiter, die Angestellten einer Bank einen Vorstand, die Bevölkerung eines Landes hat eine Regierung und die katholische Kirche einen Papst. Selbst ganz alltägliche Gemeinschaften, wie zum Beispiel eine Sportmannschaft, haben einen Trainer, der den Erfolg dieser Mannschaft verantwortet und die Gemeinschaft zusammenhält. Nun stellt sich allerdings umgekehrt die Frage, was ein Vorarbeiter, ein Bankvorstand, oder eine Regierung ohne deren Untergebene oder Mitarbeiter machen würden. Ein Papst ohne eine Gefolgschaft von Gläubigen würde sich wie auch seine Kollegen in anderen Chefetagen wohl recht einsam fühlen.

Diese Erfahrung hatten jetzt auch die Israeliten gemacht, als Gott sich für eine Zeit aus seiner Führungsrolle zurückzog, die Menschen nun ohne göttliche Beaufsichtigung waren und die herrschende Ordnung durcheinandergeriet. So mancher wünschte sich deshalb bald Gottes starke Hand zurück und verstand nicht, warum er sich überhaupt zurückgezogen hatte. Man habe schließlich, von einigen Ausnahmen abgesehen, doch immer alles getan, was er verlangte. Schon damals litt man offensichtlich an subjektiver Wahrnehmung, wobei uns dieses Denken bekannt vorkommen sollte. Es kam, wie es kommen musste. Gott blieb nichts anderes übrig, als seinen vorübergehenden Ruhestand aufzugeben und sich erneut in das Leben der Israeliten einzumischen.

Wenn es gerade nicht die Fremden waren, gegen die man sich wehren musste, hielt man sich wahrscheinlich mangels anderer Betätigungsmöglichkeit mit andauernden internen Streitereien beschäftigt. Dabei hätten sie mit ihren jeweiligen Feinden selbst schon genug Probleme gehabt. Es war eine unruhige Zeit, in der im Lande fast jeder mit jeden des Stammesbundes stritt und kämpfte. Wovon die Auseinandersetzung zwischen dem Bruderstamm Benjamin und den übrigen Israeliten der verlustreichste war und sogar zur Teilung des Landes führte. Benjamin hatte sich schon bei der damaligen Zuteilung des Landes über die seiner Meinung nach bestehende Ungerechtigkeit beschwert und sich auch später als Unruheherd erwiesen, was sein Vater Jacob schon in Benjamins Jugend erkannt hatte, aber anscheinend nicht ändern konnte.

Morden und Ermordung und die daraufhin als notwendig angesehene Blutrache gehörten bei den Israeliten offensichtlich zu deren Alltag. Deshalb ließ Gott das Strafrecht reformieren. Die Strafen für Mörder zum Beispiel wurden verschärft. Fahrlässige Mörder dagegen hatten die Chance, der Blutrache zu entgehen, indem man ihnen im Land besondere Schutzzonen einrichtete. Ähnliches hatte Gott bereits bei Kain praktiziert, als er ihm nach dessen Vertreibung vom elterlichen Hof den Schutz vor Übelmeinenden gewährte, indem er ihm ein besonderes Zeichen auf die Stirn malte. Nach heutigem Rechtsempfinden allerdings würde Kains Verbrechen an seinem Bruder nicht unbedingt als fahrlässig bezeichnet werden können.

Es kam, wie es kommen musste: die Folge war ein Bruch zwischen beiden Reichen. Neben den üblichen Kriegen gegen Fremde wurde es jetzt leider die Zeit heftiger Bürgerkriege, obwohl Gott strikt angeordnet hatte, dass sich die Brudervölker nicht zu bekriegen hätten. Allerdings waren die Nordreich-Israeliten der Meinung, dass Gott für sie nicht mehr zuständig sei, und vertrauten lieber ihren Götzen, was ihr Übriges zu einer fortgesetzten Unruhe im Lande beitrug. Die Kämpfe wogten hin und her, auch wegen der Praktizierung der Blutrache. Teilweise wurden von der einen oder anderen Partei sogar fremde Mächte zu Hilfe gerufen, die zu allem Überfluss von der Südreichpartie mit einem Teil des Gott gehörenden und in der Schatzkammer des Tempels aufbewahrten Goldes bezahlt wurden.

In Israel war man inzwischen der Empfehlung Moses gefolgt, ein Königsamt zu schaffen. Diese Könige führten in der Regel ein gefährliches Leben und mehrere von ihnen versuchten, dieses Amt mit Mord, Intrigen, sonstiger Gewalt und teilweise mit Hilfe ehrgeiziger Mütter zu erreichen. Trotz der von Moses seinerzeit erlassenen und mit Gott abgestimmten Anweisung, das Königsamt nur in Erbfolge zu besetzen, drängte fast alles, was irgendwie Rang und Namen im Volk hatte, zu dieser Ehre. Von einem demokratischen Prozess konnte wegen der diktatorischen Haltung der meisten dieser Könige nicht gesprochen werden. So traf auch auf sie die klassische Regel zu: *»Hochmut kommt* *vor dem Fall*«. Denn ihre Regentschaft war oft nur von kurzer Dauer, wobei die Hoffnung der Bevölkerung, mit einem neuen König würde alles besser werden, sich häufig als Trugschluss erweisen sollte.

Teilweise hatte Gott bei der Königsauswahl seine Finger im Spiel. Er bediente sich dabei mehrerer Propheten als Sprachrohr. Anders als früher hatte er seit geraumer Zeit gleich mehrere Priester für dieses Amt auserkoren. Wenn der Wunsch nach einer solchen Ernennung durch Gott aus welchen Gründen auch immer nicht erfüllt wurde, war es für manchen der Interessenten für dieses Amt kein Problem, sich selbst zum Propheten zu ernennen. Es wird von bis zu vierhundert Propheten berichtet, die abwechselnd oder auch gleichzeitig zu Wort kamen. Es gab sogar eine Prophetenschule, in der man dieses Amt erlernen konnte. Bei der Menge an Propheten ließ es sich nicht vermeiden, dass darunter auch falsche waren. Diese hatten die Angewohnheit, aufs eigene Wohl bedacht, schlechte Nachrichten so umzugestalten, dass der Adressat sie für die in seinen Augen vermeintlich positive Information belohnte. Gefährlich war das für die Propheten insofern nicht, als der Empfänger der Botschaft meist bereits vor Entdeckung der Falschmeldung tot war.

Die Prophezeiung funktionierte auf folgende Weise: wenn Gott jemandem, meist waren dies die jeweils amtierenden Könige, etwas mitteilen wollte, erschien er dem zuständigen Propheten im Traum und erteilte seine Order. Dieser beeilte sich dann, den Traum sogleich an den ihm benannten Adressaten weiterzuleiten. Was der daraus machte, war dann nicht mehr Sache des Propheten. Zu seinem Glück, denn nicht alle so informierten Personen folgten den Anweisungen und gingen auch weiterhin ihre eigenen Wege.

Von einem besonderen Wettstreit, in den die Propheten verwickelt waren, ist folgendes zu berichten: Der Gott besonders getreue Prophet Elias hatte es sich auf Gottes Geheiß vorgenommen, seine Landsleute von dessen Alleinherrschaft zu überzeugen. Zu diesem Zweck lud er den amtierenden König, dessen Propheten und seine eigenen Kollegen zu einem Wettstreit ein. Bei den Prophetenkollegen von Elias handelte es sich um eine neue Generation, weil der König alle seine Vorgänger wegen derer vermeintlichen Unfähigkeit hatte umbringen lassen. Die Unfähigkeit bestand darin, dass ihre Prophezeiungen nicht den Vorstellungen des Königs entsprachen. Ein Fehler, der angesichts der Ausbildung zum Propheten aus seiner Sicht nicht hätte geschehen dürfen.

Elias ließ bei diesem Wettstreit je einen Holzstapel auf dem Altar Gottes und auf dem Altar des Götzen *Baal* aufbauen. Die Propheten beider Parteien sollten dann mit Gebeten ihren Gott oder Götzen dazu bringen, die Holzstapel zu entzünden. Die Propheten «Baals» hatten großzügiger Weise den Vortritt und versuchten ihr Bestes, jedoch ohne Erfolg. Elias dagegen goss erst einmal mehrere Eimer Wasser auf seinen Stapel, um einen noch größeren Effekt zu erreichen. Danach bat er Gott, seinen Stapel zu entzünden, was auch sogleich geschah. Die *Baal*- Propheten hatten nicht viel Zeit, sich über ihren Misserfolg zu ärgern, wurden sie doch zur Strafe für ihr Versagen auf Befehl des Königs sofort hingerichtet.

Gott war mit dem Ergebnis dieses Wettkampfes so zufrieden, dass er die zu der Zeit im Lande herrschende Dürre umgehend beendete. Den Landesherrn hielt dieses jedoch nicht davon ab, Elias als für den Misserfolg vermeintlich Schuldigen mit dem Befehl verfolgen zu lassen, ihn sofort zu töten. Gott wollte seinen getreuen Propheten jedoch nicht verlieren und half ihm bei dessen Flucht. Elias aber fühlte sich dem Stress nicht mehr gewachsen und bat Gott um seine Ablösung, was dann auch geschah. Die anwesenden Prophetenschüler konnten ungläubig zusehen, wie ihr Meister Elias mit einem Feuerwagen gen Himmel fuhr.

Gott schien es wichtig, das Ruder wieder in die Hand zu nehmen. Vielleicht hat er sich gefragt, was er an der Stelle eines Vorgesetzten machen würde, dem seine Gefolgschaft den Dienst verweigert. Um zunächst wieder Ordnung zu schaffen, griff er daher erneut ein, als die Streitereien zu arg wurden. Irgendwann meinte er nämlich, nun sei es genug, und hatte Einsehen mit seinen Leuten, von denen viele sich nun ernsthaft nach einem geruhsamen Leben sehnten. Um sich wieder in Erinnerung und auch die Widerspenstigsten zur Vernunft zu bringen, setzte er ein Zeichen, indem er ihnen vor Augen führte, wie er in alten Zeiten für Ruhe im Lande gesorgt hatte. Hierfür hatte er Gideon als Gehilfen auserkoren. Gideon war Richter und wollte seine Ernennung zum Oberkommandierenden seines Volkes zunächst nicht glauben. Er forderte von Gott einen Beweis für die Ernsthaftigkeit der Beförderung und erklärte sich erst danach bereit, das Amt zu übernehmen. Nachdem ihn Gott von der Bedeutung der neuen Aufgabe überzeugt hatte, vernichtete Gideon als erstes den Altar *Baals* und zerstörte die in der Stadt aufgestellten Abbilder des Götzen. Verständlicherweise weckte das den Unmut seiner Landsleute, die umgehend seinen Tod forderten. Diese galt es zur Ordnung zu bringen, wofür ihm Gott eine Streitmacht von lediglich dreihundert Elitesoldaten zur Verfügung stellte. Eine verschwindend kleine Streitkraft angesichts der gegnerischen Stärke. Es hätten sehr wohl mehr Krieger herangezogen werden können. Die wurden von Gott allerdings als untauglich eingestuft und sollten sich, falls notwendig, als Reserve zur Verfügung halten.

Schon bald stellte sich heraus, dass es dieser weiteren Krieger nicht bedurfte, weil Gott Gideon eine Kriegslist zeigte, wodurch die Feinde die Nerven verloren und flohen. Nun konnte Gideon seine angeblich als untauglich bezeichnete Reserve in den Kampf schicken und die fliehenden Feinde vernichten. Zum Dank wollten seine Anhänger ihn zu ihrem König machen, was aber von ihm in aller Bescheidenheit abgelehnt wurde. Ihm war durchaus bewusst, dass nicht er, sondern Gott selbst den Sieg errungen hatte und er nur in dessen Vertretung gehandelt hatte.

An diesem Beispiel wird wieder einmal deutlich, dass auch der Unterlegene erfolgreich sein kann, wenn er mit kühlem Kopf und vor allem mit Gottes Hilfe ans Werk geht. Nach Beendigung seiner Mission strebte Gideon danach, seinen Führungsposten niederzulegen.

Angesichts seines treuen Dienstes war Gott bereit, ihn in Ehren zu entlassen und ihm den gewünschten Status als Privatier zu gewähren. Allerdings konnte auch Gideon nicht verhindern, dass die Israeliten nach seinem Tod wieder zu Götzenverehrern wurden.

Führer wie früher Moses oder Josua, die als sein Nachfolger in Fragen gekommen wären, waren nicht zur Stelle. Den Priestern traute man trotz dauernder Opferungen nur zögerlich zu, die Verbindung zu Gott herzustellen. So kamen die Leute auf die Idee, dass ein neuer König diese Aufgabe übernehmen könne. Die Idee, König zu sein, gefiel dem Schurken Abimelech. Er war zwar nur der Sohn einer Magd, war aber konkurrenzlos, nachdem er seine siebzig Brüder hatte ermorden lassen. So ließ er sich zum König krönen. Als solcher konnte er sich viele Jahre halten, indem er sorgfältig bei der Beobachtung seiner Gegner war und diese rechtzeitig töten ließ, bevor es zu einem Aufstand gegen ihn kommen konnte. Letztlich aber ereilte auch ihn sein Schicksal, als eine Frau ihm einen großen Stein an den Kopf warf, wovon er sich nicht wieder erholen konnte.

Während unter Abimelech einigermaßen Ruhe und Frieden im Lande herrschten, nahmen die Unterdrückungsversuche durch fremde Völker bald wieder zu. Also wandten sich die Israeliten in ihrer Not wieder einmal an Gott, um seine Hilfe zu erbitten. Dieses Mal hatten sie die Rechnung ohne den Wirt gemacht. Gott ließ ihnen entgegen seiner früheren Gewohnheit nämlich mitteilen, dass sie sich doch Hilfe bei ihren Götzen holen und ihn in Ruhe lassen sollten. Diese von Gott möglicherweise als erzieherische Maßnahme angesehene Entscheidung erscheint angesichts der Tatsache, dass er sich seit Anbeginn mit dem Widerstand seiner Gefolgsleute auseinander zu setzen hatte, aus menschlicher Sicht durchaus verständlich. Dass aber ausgerechnet Gott so reagieren könnte, ist angesichts seiner Allmacht und seiner früheren Bemühungen, die er sich mit seinem Volk gemacht hatte, unbegreiflich. Wie sehr müssen die Menschen ihm mit ihrem Verhalten doch zugesetzt haben. Moses hätte es vielleicht in seiner diplomatischen Vorgehensweise Gott gegenüber geschafft, ihn zumindest zu einem Kompromiss zu bewegen, wie damals, als er sämtliche Wüstenwanderer töten lassen wollte. Nur war ein Moses leider nicht mehr zur Stelle. Aber auch ohne einen solchen Gnadenakt hätte Gott eigentlich eine Abkehr der Menschen von ihrem Verhalten erwarten können.

Weil es mit den Königen nicht so richtig klappte, machte Gott den ehemaligen Hilfspriester Samuel zu seinem Stellvertreter auf Erden. Eines Tages rief er ihn bei seinem Namen, um ihm diese Ernennung mitzuteilen. Samuel begriff erst beim vierten Ruf, dass er gemeint war. So unwahrscheinlich erschien ihm, dass Gottes Wahl ausgerechnet auf ihn fallen würde. Als Samuels Ernennung in der Bevölkerung bekannt wurde, waren die Israeliten gleich bereit, ihn zu ihrem König auszurufen. Samuel aber war ein ehrlicher Mann und hielt den Leuten mit drastischen Worten vor Augen, was von ihm als König zu erwarten sei. Mit so einer Regentschaft hatten sie nicht gerechnet und vergaßen schnell ihr Angebot. Da Samuel nun nicht mehr König werden sollte, wies Gott Samuel an, Saul statt seiner zum König zu salben. Über diese Ehre war Saul überrascht, gehörte er doch dem nicht gerade beliebten und als Baal-Verehrer bekannten Stamme Benjamins an. In der Annahme, nun auch auf himmlische Hilfe hoffen zu können, wandte er sich an Samuel, um von ihm einen Dienst zu erbitten. Er hatte nämlich seine Esel verloren und konnte sie nicht wiederfinden. Dieser Suche nahm sich Samuel mit Erfolg an, woran man sehen kann, dass ein Prophet im eigenen Land doch etwas gilt. So wurde Saul von Samuel nicht nur bei dem Erlangen der Königswürde, sondern auch bei dem Auffinden seiner Esel geholfen.

Nun bestand das Problem allerdings darin, dass niemand Saul dessen Königswürde glauben wollte. Da hatte Gott den genialen Einfall, zum Schein auch weitere Bewerber um das Amt losen zu lassen. Natürlich bekam Saul das Glückslos und wurde nun auch offiziell König. Dieses Amt war allerdings ziemlich unbedeutend, sodass Saul seiner Tätigkeit als Bauer zunächst auch weiter nachgehen konnte. Als eines Tages aber die Israeliten angegriffen wurden, zeigte er seine ganze Führungskraft und besiegte als genialer Feldherr die Gegner mit einem eilends zusammengestellten Heer. Angesichts dieses Sieges wurde Saul von nun an im ganzen Volke Israel als König akzeptiert.

Unsere heutigen Majestäten berufen sich in der Regel darauf, Kaiser oder König von Gottes Gnaden zu sein, während bei Saul und manchem seiner Nachfolger die Ernennung durch Gott mit Hilfe seiner Propheten durch die Bibel bekundet ist. Ob unsere heutigen Majestäten eine derartige Ernennung von sich behaupten können, darf bezweifelt werden. Keine ihrer noch so langen Abstammungsnachweise reicht auch nur annähernd auf eine Beauftragung durch Gott zurück. Die Dänen hatten in dieser Beziehung Glück gehabt, weil in einem Krieg eine Fahne vom Himmel auf sie fiel, was von ihnen angesichts der drohenden Niederlage als himmlische Botschaft gewertet wurde, und sie mit erneutem Mute die Gegner nun ihrerseits besiegten. Verständlich, dass dieses Ereignis auch das Ansehen des dänischen Königs stärkte und nicht zu Unrecht auch heute noch im Andenken an das damalige Ereignis besungen wird. Häufig hat sich ein früherer Kriegsherr trotz fehlender göttlicher Eingebung den Titel angeeignet, der dann mit großer Selbstverständlichkeit weitervererbt wurde, solange das Volk sich dem nicht widersetzte oder bis kriegerische Ereignisse der Monarchie ein Ende setzten. Von »Gottes Gnaden« kann auch zu »Gottes Ungnaden« führen.

Das musste später auch Saul erfahren, als er wegen eines vermeintlich kleinen Fehlers von Gott gerügt wurde. Bevor er sich endgültig zur Ruhe setzte, musste der Prophet Samuel Gott noch einen Dienst erweisen. Er wurde von ihm nach Bethlehem geschickt, um den dort lebenden Schafshirten David zum König zu ernennen. Bevor es jedoch dazu kam, hatte David noch eine besondere Bewährungsprobe zu bestehen. Sauls Heer wurde von Goliath, einem riesigen Krieger der Philister, aufgefordert, jemanden zum Zweikampf gegen ihn zu benennen. Dieser

Zweikampf sollte über Sieg oder Niederlage der Heere entscheiden. Da kein Israelit es wagte, gegen Goliath anzutreten, meldete David sich freiwillig. Er weigerte sich jedoch, die viel zu schwere Rüstung anzulegen, und nahm statt der gebräuchlichen Waffen nur seine Schleuder, ein Paar Steine und seinen Hirtenstab mit. Natürlich wurde er von Goliath nicht als ernsthafter Gegner angesehen. Wie kann man sich doch täuschen! Kaum hatte David sich Goliath genähert, schoss er diesem mit seiner Schleuder einen Stein an den Kopf, sodass er auf der Stelle umfiel. Um sicher zu gehen, nahm David dessen Schwert und schlug ihm den Kopf ab. Während sein Heer die Philister nun ausrauben konnte, war dieser Kopf die Kriegsbeute, die David mit nach Hause brachte.

Wegen seiner Tat wurde nun auch David zum König ernannt. Jetzt gab es solcher zwei im Lande, Saul und David, was zu einem Zwist in der Familie Sauls führte. Vater Saul wollte sich möglichst der mit David aufgetretenen Konkurrenz entledigen, während seine Tochter und sein Sohn dieses zu verhindern suchten. Das führte zu einer echten Freundschaft zwischen den jungen Leuten, was David später vor allerlei Gefahren bewahren und ihm die Königstochter als Gattin bescheren sollte. Natürlich mit Hilfe Gottes, der ihn beschützte, was auch wegen der ständigen Verfolgung durch Saul erforderlich war.

Die Geschichte hatte ein schönes Happy End: normalerweise hätte Gott einen von beiden Königen mit dem Tode bestraft und so aus dem Wege geschafft. In diesem Fall wäre es wahrscheinlich Saul gewesen. Saul und David aber vertrugen sich wieder und Saul erkannte David als alleinigen König an. So lebten beide fortan in Frieden miteinander. Ein Beweis, wie gnädig Gott den Beteiligten war, solange diese ihm gehorchten. Allerdings musste Sauls Tochter, nunmehr als Davids Gattin, bald mit ansehen, dass David einen Hang zur Vielweiberei hatte. Er hatte sich auch sonst verändert. Aus dem braven jungen Mann, der eigentlich der Musik und anderen Musen zugetan war, war ein Räuber geworden, der sich sogar mit den Feinden der Israeliten verbündete und nicht nur der Gerechtigkeit wegen sogar bereit war, die

Obrigkeiten seines Landes zu bekämpfen. Ob er damit dem Robin Hood als Vorbild diente, wird von den Chronisten des Mittelalters allerdings nicht berichtet.

David wurde jedoch, vielleicht auf Druck Gottes, bald eines anderen Sinnes und schloss Frieden mit dem Volk. Er ließ sich in Judäa nieder und wurde nun offiziell zum König auch des südlichen Teiles Israels ernannt. Allerdings waren Sauls Nachkommen mit dieser Entwicklung nicht einverstanden und erhoben ebenfalls einen Anspruch auf den Königsthron. Da das Davids wegen nun in Judäa nicht mehr möglich war, setzten sich die Saulaner im sogenannten Nordreich fest und ernannten dort Sauls Sohn zum König. Damit war Israel wieder in zwei Königsreiche aufgeteilt und von der von Gott beschworenen Einigkeit nichts mehr übrig. Stattdessen ließen die beiden Könige ihre Untertanen in einer langen Serie von Kriegen gegeneinander kämpfen, weil die Söhne Sauls einfach nicht lockerlassen wollten. In den Kriegswirren war Davids Lieblingsfrau, Sauls Tochter, ihm leider abhandengekommen. Voraussetzung für eine Versöhnung mit dem Saul-Clan, der sich ihrer bemächtigt hatte, war daher deren Rückgabe an ihn.

Irgendwann hatten die Stammesführer der Israeliten im Nordreich genug von den ewigen Streitereien und baten David, doch auch ihr König zu werden. David nahm das Angebot trotz des verständlichen Protestes der Saulaner an und so herrschte er über ganz Israel. Deshalb musste eine neue Hauptstadt her und so kam wegen seiner zentralen Lage Jerusalem ins Gespräch. Diese Stadt, bei der es sich angeblich nur um ein unbedeutendes Bergdorf gehandelt haben soll, wurde dann auch der neue Königssitz von David.

In seiner neuen Position bemühte David sich zum Leidwesen seiner Gemahlin, seine Macht mit einer intensiven Heiratspolitik auszubauen. Mittlerweile waren es angeblich schon sechs Damen, die den Titel »Ehefrau« führen durften und zu seinem Harem gehörten. Die weiteren dort weilenden Damen durften diesen Titel allerdings nicht führen. David hatte sich in dieser Beziehung ein Beispiel an Gottes früheren Vertrauten Abraham genommen, der auch diverse, seiner Hauptfrau unterstellten, Nebenfrauen hatte. Eine ähnliche Heiratspolitik wurde in der Folgezeit zu einer gern praktizierten Methode des Adels, um sich auf diese Weise eine Länder übergreifende Verwandtschaft zu schaffen und somit auf dem Wege zukünftiger Erbschaften den eigenen Wohlstand zu mehren. Weiter hatte diese Politik auch das Ziel, den Ausbruch von Streitigkeiten zu verhindern, was allerdings nicht immer gelang. Gott war wohl auch mit Rücksicht auf die Entbehrungen der israelitischen Männer in der Pionierzeit und wegen der Notwendigkeit der Vergrößerung seines Volkes mit der praktizierten Vielweiberei einverstanden, hatte aber wie auch David seine Probleme damit, die vorprogrammierten Zwistigkeiten zwischen den zahlreichen Damen unter Kontrolle zu halten.

Neben der beträchtlichen weiteren Aufstockung seines Harems gehörte zu Davids Aufgaben auch die Überführung des Gottesaltars und allen religiösen Zubehörs nach Jerusalem, sowie natürlich auch der Bau eines Tempels. Gott hatte sich während der Wanderung aus Ägypten mit einem Zelt zur Unterbringung seines Altars begnügen müssen und spürte nun das Verlangen nach einer besseren Unterkunft. David, der die Aufgabe erhielt, dafür zu sorgen, meinte, dass er bei der Gelegenheit auch für sich selbst einen standesgemäßen Palast bauen könne. Vorsichtshalber fragte er Gott um dessen Erlaubnis, die ihm gnädiger Weise erteilt wurde, was David allerdings so interpretierte, dass er dem Bau seines Palastes den Vorzug geben dürfe.

Mit dem Umzug nach Jerusalem war allerdings keine Ruhe im Lande eingekehrt, denn die Nachbarvölker versuchten immer wieder, sich des Reiches zu bemächtigen. So fair und tolerant David als König im Umgang mit seinen eigenen Leuten war, so grausam unterdrückte er seine Gegner, bis er endlich Ruhe vor ihnen hatte. Er hatte während seiner Zeit als Räuber doch einiges gelernt. So befand sich Israel während seiner Regentschaft im dauernden Krieg mit wechselnden

Gegnern. Und immer waren Davids Leute die Sieger, was ihm bald den Ruf des Unbesiegbaren einbrachte.

Schwierigkeiten hatte David jedoch mit seinem ungeratenen Sohn Absalom. Der Ärger mit ihm begann, als dieser seine Stiefschwester vergewaltigte, was David überhaupt nicht gut fand. Absalom wurde unverzüglich ins Exil geschickt, wo er bald eine ihm aus seiner Sicht zustehende Führungsrolle anstrebte. So dauerte es nicht lange, bis er es dort im Ausland geschafft hatte, König zu werden. Kaum nachdem er diese Würde erlangt hatte, organisierte er einen Aufstand gegen seinen Vater. Dieser bekam einen solchen Schreck, dass er spontan beschloss, aus seiner Hauptstadt Jerusalem in die Wüste zu flüchten, um so einen Kampf gegen seinen Sohn zu vermeiden. Dort zog er nun geschützt von seiner Leibwache umher, immer aus Furcht, sein Sohn könne ihn erreichen und zum Kampf fordern. Der aber hatte anderes im Sinn. David hatte nämlich in seiner Eile den gesamten Harem zu Hause gelassen. Das nutzte nun Absalom, um seinen Vater zu kränken, indem er sich in aller Öffentlichkeit mit dessen Damen vergnügte. Als wenn das noch nicht genug wäre, strebte er auch weiterhin nach der vollständigen Vernichtung seines Vaters und startete mit starker Mannschaft eine Verfolgungsjagd. Diesen Kampf gewann aber, wie kann es anders sein, natürlich David! Seine Leute fingen Absalom, als dieser von seinem Maultier gefallen war und deswegen nicht schnell genug fliehen konnte. Sie töteten ihn, was David dermaßen traf, dass er fast verzweifelte. Soweit hatte er nun doch nicht gehen wollen. Vielleicht hatte Gott das Geschehen inszeniert, um den Menschen einmal wieder zu zeigen, welcher Undank einem widerfahren kann. Hatte doch auch er seit Anbeginn der Menschheit erfahren müssen, wie schnell sein väterliches Wohlwollen vergessen wurde.

Diejenigen, die David gerade noch bekämpft hatten, eiferten nun nach seiner Rückkehr angesichts möglicher Rache um dessen Gunst. Ganz Judäa und Israel huldigten ihm noch einmal als ihren König und geleiteten ihn in einem Triumphzug nach Jerusalem. So schnell kann die Stimmung umschlagen, wenn die alte Autorität ihre Macht eingebüßt hat und sich ein neuer Diktator nach der Ablösung seines Vorgängers als Heilsbringer feiern lässt.

Was mögen nur die Damen aus Davids Harem wegen ihrer kollektiven Untreue gedacht haben, als ihr rechtmäßiger Herr und Gebieter wieder vor ihnen stand? Zum Glück für sie war David nicht nachtragend. Nur die in seiner Abwesenheit eifrigsten Damen ließ er in einen gesonderten Harem bringen, wo sie bis an ihr Ende eingesperrt blieben, um ähnliche Vorkommnisse zukünftig zu vermeiden.

Um einen Überblick über die Entwicklung seines Volkes zu erhalten, befahl Gott David, eine Volkszählung durchzuführen. David war sofort damit einverstanden, würde er doch in diesem Zusammenhang auch eine Musterung seiner waffenfähigen Männer durchführen können, was angesichts des andauernden Kriegszustandes von großem Interesse war. So wurden seine Heerführer mit dieser nicht leichten Aufgabe betraut. Nach einer neun Monate mit aktiver Reisetätigkeit verbundenen Volkszählung wurden ihm zu seiner großen Freude eine sagenhafte Anzahl an Kriegern gemeldet. Diese gewaltige Mannschaftsstärke sollte man jedoch nicht mit heutigen Verhältnissen vergleichen, weil damals mangels datengestützter Methoden sicherlich ungenauer gezählt wurde als heute, obwohl in heutiger Zeit abgehaltene Volkszählungen auch nicht immer fehlerfrei ablaufen und teilweise zu verfälschten Ergebnissen führen. Dazu kam damals, dass wegen der andauernden Kriegswirren die Übersicht schon einmal verloren gehen konnte, was man auch von der Jahrhunderte langen Verzögerung der biblischen Berichterstattung vermuten kann. Trotzdem war die Veröffentlichung dieser gigantischen Kriegerzahl geeignet, die Feinde zu einem vorsichtigen Verhalten zu veranlassen. Vielleicht aber hatten die mit der Zählung beauftragten Heerführer gedacht, je mehr Soldaten, desto grösser auch die Aussicht auf eine eigene Beförderung. An einer Zählung von Frauen und Kindern bestand wegen ihrer militärischen Untauglichkeit kein Interesse. Wenn man sich vor Augen hält, dass es damals wesentlich weniger Krieger waren, die den Jordan überquerten, um das gelobte Land zu erobern, wird einem deutlich, dass sich in Sachen Volksvermehrung doch einiges getan hatte.

Es wird berichtet, dass es sich um ein gewaltiges und straff organisiertes Heer handelt, dessen Größe die der heutigen israelischen Armee in den Schatten stellen würde. Um die Belastung dieser Truppe möglichst gering zu halten, sollte jeder Krieger eigentlich nur einige Monate im Jahr zum Einsatz kommen, was sich jedoch angesichts der mächtigen Feinde häufig genug als Wunschtraum herausstellte. Kaum war der Bauer wegen des ihm zustehenden Fronturlaubs zu Hause, musste er wieder los. Da nützten auch die strategischen Einsatzplanungen des Militärs wenig. Es sei denn, der Bauer konnte sich erlauben, seine kriegstauglichen Mitarbeiter zu schicken, oder er war frisch verheiratet. In diesem Fall wurde ihm ein zwölfmonatiger Heimaturlaub gewährt.

Die berichtete Zahl der Israeliten wäre noch größer gewesen, wenn Davids Zähler nicht einen Fehler gemacht hätten, der das Ergebnis erheblich verfälschte. Sie hatten Frauen und Kinder, die Priester sowie die unter zwanzigjährigen schlicht nicht mitgezählt, weil diese bekanntlich vom Militärdienst befreit und damit für David nicht von Interesse waren. Die beiden jenseits des Jordans lebenden Stämme waren ebenfalls nicht erfasst worden, wohl weil diese anscheinend nicht bereit waren, außerhalb ihres Gebietes Kriegsdienste zu leisten. Gott jedoch war verärgert über die schlechte Ausführung seiner Anweisung. Er hätte sich gewünscht, auch über die Größe der restlichen Bevölkerung Bescheid zu erhalten, wenngleich das Wissen über die zur Verfügung stehende Streitmacht wegen der immer wieder aufmupfenden Feinde für ihn ebenfalls von Interesse war. Insbesondere hätte er gern auch über die Anzahl der Frauen und Kinder Bescheid gewusst, um das Ergebnis seines Auftrages an Adam und Eva: »Seid fruchtbar und mehret euch!« und seine »Sandkornprophezeiung« an Abraham und die anderen Stammväter zu überprüfen. Insofern sah er die Volkszählung als eine Erfolgskontrolle an. Da hätte die Zahl der Israeliten gern grösser sein können.

Eine solch lasche und einseitige Befehlsausführung bei der Zählung konnte Gott also nicht hinnehmen. David musste für seine Unzuverlässigkeit bestraft werden. Da Gott dabei allerdings nur halbherzig vorging, bot er David gnädiger Weise an, sich seine Strafe selbst aussuchen zu dürfen. Wie auch heute noch lässt man die Großen laufen und die Kleinen hängen! So betrafen die drei von Gott zur Auswahl angebotenen Strafen in erster Linie das Volk: Hunger, Krieg oder Pest. Kriege gab es ohnehin genug, und die knappe Versorgung war man gewohnt. Wie sollte sich dabei überhaupt ein normales Leben führen lassen? Als wenn das noch nicht genug sei, wählte David von den angebotenen Strafen die Pest. Wie häufig in Kriegszeiten blieben der König oder andere Anführer ungeschoren, während das Volk dagegen große Opfer beklagen musste. Irgendwann empfand aber David selbst, dass das ungerecht sei, und bat Gott, der Pest ein Ende zu bereiten. So geschah es, nachdem ihm in Erwartung seiner Gnade wie bei solchen Gelegenheiten üblich große Opfer gebracht worden waren.

Angesichts der berichteten Zahlen stellt sich dem aufmerksamen Betrachter die Frage, wie das überhaupt auch ungeachtet der fehlerhaften Ermittlung angehen kann. Nun, die Krieger waren wie gesagt zwischen den Kämpfen immer mal wieder zu Hause und es gab interessantere Beschäftigungen, als in den Ferien Ackerbau und Viehzucht zu betreiben. Hierzu trug sicherlich auch die noble Geste Gottes bei, die frisch Verheirateten während der ein Jahr dauernden Flitterwochen zu Hause zu lassen. Manche Drückeberger allerdings hatten sich dem Wehrdienst entzogen, weil sie es fertigbrachten, bei der erlaubten Vielweiberei mehrere Frauen zu haben und diese nach und nach zu heiraten. Wahrscheinlich haben auch die damaligen Chronisten übertrieben, weil deren Berichte dadurch wesentlich interessanter wurden. Derartige Übertreibungen in den biblischen Schilderungen können aber auch auf mangelhafte mathematische Kenntnissen der Chronisten zurückzuführen sein. Wenngleich man diese Zahlenangaben deshalb nicht wörtlich nehmen sollte, scheint dieses auch heute noch durchaus üblich, wenn es darum geht, die Aufmerksamkeit der Leser zu wecken und einem Ereignis eine besondere Bedeutung zukommen zu lassen.

Die Versorgung im Lande erwies sich als ernstes Problem. Neben den Kriegern und deren Angehörige mussten auch die Priester versorgt werden, was angesichts der andauernden Kriegsgeschehen nicht leicht war. Man kann davon ausgehen, dass dieser Beruf wegen der damit verbundenen Freistellung vom Militärdienst und der gesicherten eigenen Versorgung durchaus erstrebenswert war. Das Tempelpersonal soll sage und schreibe tausende Personen umfasst haben, wobei auch hier die Berechnungen wahrscheinlich eine nicht unerhebliche Fehlerquote beinhalten. Ob die Bauern die Versorgung der Priester mit Opfertieren mit Freude sahen, mag bezweifelt werden, zumal sie sicherlich nur einen symbolischen Preis für ihre Tiere bekamen. Was dann noch übrig blieb, reichte knapp für die Versorgung der Zivilbevölkerung. Dass war nicht gerade das, was man sich unter einem Leben in einem Land, in dem Milch und Honig fließen, vorgestellt hatte, zumal Frauen und Kinder wegen des ständigen Militärdienstes der Bauern die Feldarbeit verrichten mussten; oder es wurde nichts mit der Ernte!

Was den jeweils aktuellen Überblick über die Größe der Bevölkerung anbelangte, kam erschwerend hinzu, dass diese sehr schnell wuchs. Bereits Adam und Eva leisteten ihren Beitrag zur Vergrößerung des Volkes, wobei eines ihrer Kinder jedoch bereits in jungen Jahren ermordet wurde. Weitere Söhne und Töchter müssen so zahlreich gewesen sein, dass die Chronisten mit der Namensgebung nicht mehr nachkamen. Das war angesichts der langen Lebensdauer Adams von angeblich über neunhundert Jahren auch nicht weiter verwunderlich. Außerdem hatte er das Glück, dass Eva mit ihm zusammen alt wurde, was aber mit Gottes Hilfe deren Fähigkeit nicht beeinträchtigte, Nachwuchs zu zeugen. Auch Abraham hielt sich an Gottes Anweisung, für zahlreiche Nachkommen zu sorgen, und zeugte zwar wenige eheliche, dafür aber wesentlich mehr uneheliche Kinder. Bei Noah übernahmen es in erster Linie seine Söhne, Gottes Gebot nachzukommen. Weil auch spätere Generationen diesen Auftrag zur Zufriedenheit Gottes erfüllten, war das gewaltige Anwachsen des Volkes nicht weiter verwunderlich. Vielleicht diente die als Zeichen des Bundes mit Gott praktizierte Beschneidung neben Hygienegründen auch zur Stärkung des Hormonsystems, was das rasante Ansteigen der Bevölkerung erklären würde.

Sicherlich empfinden die jüdischen Männer wie auch ihre muslemischen Leidensgefährten die Beschneidung nicht gerade als Wohltat, wenngleich man das nicht zugeben würde. Auch die Philister müssen so gedacht haben, als König Saul als Mutprobe von dem Heiratskandidaten für eine seiner Töchter einen Brautpreis von einhundert Vorhäuten seiner philistischen Gegner verlangte. Ob der Kandidat dieses schaffte und was Saul mit der Mitgift vorhatte, wird allerdings nicht berichtet. Auf jeden Fall muss das eine oder andere Mittel so gewirkt haben, dass sich zum Beispiel David und insbesondere dessen Sohn Salomon einen Harem unvorstellbarer Größe zulegten. Man kann auch übertreiben!

Auf jeden Fall hat der Bevölkerungszuwachs im Laufe der Zeit immer rasantere Ausmaße angenommen. Wenn das heute so weiterginge, würde dieses zu einer Überbevölkerung der Erde führen. Trotzdem gilt Kinderreichtum in einigen Ländern immer noch als erstrebenswert. In anderen Ländern dagegen versucht man, den Bevölkerungszuwachs mit teilweise strikten Methoden einzudämmen. Dadurch ergibt sich ein Ungleichgewicht auf der Erde, was eines Tages zu erheblichen Konflikten unter den Völkern führen könnte. Um dieses zu vermeiden, wäre es auch deswegen dringend erforderlich, dass die Menschen sich Gedanken darüber machen, ob so viele Nachkommen auch ohne die Folgen der Klimaveränderung überhaupt noch eine gesicherte Lebensgrundlage auf Erden haben werden.

David wurde langsam alt und bettlägerig und beschloss, sein Königsamt aufzugeben. Da sein Sohn Absalom für diesen honorigen Posten wegen seines damaligen Verhaltens nicht mehr in Frage kam, hatte David seinen weiteren Sohn Adonia als Thronfolger vorgesehen. Dieser konnte jedoch den Rücktritt seines Vaters nicht abwarten und erklärte sich vorzeitig gegen dessen Willen selbst zum König. Das wiederum rief die ehrgeizig nach Macht strebende Mutter des mit David gemeinsamen Sohnes Salomon auf den Plan. David hatte ihr nämlich bereits vor langer Zeit versprochen, ihn zu seinem Nachfolger zu bestimmen. Auf ihr Drängen hin konnte David sich an das Versprechen erinnern und bestimmte also Salomon zum König. Das Problem war nun, dass Adonia nicht zum Rücktritt bereit war und es nun erneut zwei Könige im Lande gab. Als Adonia von Salomons Ernennung hörte, bekam er einen gehörigen Schreck und rannte um sein Leben, um sich vor Salomon in Sicherheit zu bringen. Diese Angst war nicht nötig, weil Salomon sich schon hier als weiser Mann zeigte, der seinem Bruder auf der Stelle dessen Tun vergab. Damit war auch David als beider Väter zufrieden.

So starb David denn in Frieden, nicht ohne seinem Sohn Salomon noch die notwendigen Ratschläge für ein gesittetes Leben und eine weise Herrschaft mit auf den Weg zu geben. Verständlicherweise vermied er dabei, auf seine frühere Betätigung als Räuber hinzuweisen.

Ein Mann wie David verdient einen Nachruf, weswegen man sich noch einmal dessen wesentliche Lebensstationen und -ereignisse in Erinnerung rufen sollte: Auf den damaligen jugendlichen Schafhirten wurde man aufmerksam, als er den wesentlich stärkeren Goliath im Zweikampf besiegte. Er war damals schon von Gott zum König ernannt worden, was aber keiner wissen durfte; der damalige König Saul schon gar nicht. Um die Zeit zu überbrücken, bis seine Königswürde dann auch offiziell bekannt gegeben werden konnte, betätigte er sich zunächst einmal als Anführer einer großen Räuberbande und als Wohltäter des Volkes. Da Saul ihn trotz hartnäckiger Verfolgung nicht zu fassen bekam, stieg David in seiner Hochachtung und er gab ihm seine Tochter zur Frau. Aus wohl falsch verstandener Dankbarkeit seinem Schwiegervater gegenüber fing David an, diesen mit allen zur Verfügung stehenden Mitteln zu bekämpfen. Da der Erfolg nicht ausblieb, war es logisch, dass David nach Ermordung mehrerer potentieller Konkurrenten nun auch offiziell alleiniger König wurde, ein Amt, das er viele Jahre innehatte. In dieser Zeit schuf er Ordnung im eigenen Reich und sorgte als erfolgreicher Kriegsherr dafür, dass sich die angrenzenden Völker ruhig verhielten.

Während Gott wegen der andauernden Bauarbeiten am Tempel immer noch in einem Zelt wohnte, hatte David sich zwischenzeitlich einen gewaltigen Palast gebaut und Jerusalem zur Hauptstadt gemacht. Zum Leidwesen seiner Frau, Sauls Tochter, waren die Räumlichkeiten für seinen großen Harem das Prunkstück des Palastes. Hier pflegte er seinen Damen auf der Harfe Lieder vorzutragen, wofür er eine besondere Gabe hatte. Was bis heute noch keinem Sänger gelang, ist die Tatsache, dass seine Psalmen über so lange Zeit auch heute noch zu der Hitliste der kirchlichen Gesänge zählen. Davids Nachkommen haben allerdings nichts mehr davon, wären doch eventuelle Tantiemeansprüche schon lange verjährt.

In all den Jahren und trotz aller Verfehlungen Davids hielt Gott seine Hand über ihn, obwohl er sich doch an die bei der Zählung seines Volkes gemachten Fehler Davids hätte erinnern müssen. Aber die dafür ausgesprochene Strafe war zum Glück von David mit Hilfe des Volkes bereits verbüßt. Warum Gott David trotz dessen reichlicher Verfehlungen zu seinem Schützling machte und treu zu ihm hielt, ist für uns angesichts seiner üblichen Vorgehensweise nicht begreiflich und gehört wohl zu seinen großen Geheimnissen. Vielleicht brauchte Gott einen so tatkräftigen Vertreter auf der Erde, dem er auch verzieh, wenn dieser wieder einmal vom Pfad der Tugend abwich. Diese Wertschätzung ging sogar so weit, dass Gott den Zimmermann Josef als einen Vertreter des Hauses Davids zum Ehemann von Jesus' Mutter Maria bestimmte. Damit hatte Gott dafür gesorgt, dass Jesus einen makellosen Stammbaum erhielt, was natürlich nur eine menschliche Spekulation sein kann!

Nun also war Salomon als Davids Nachfolger König. Dessen Weisheit sollte sich bald überall im Lande herumsprechen. Er verstand es, lückenlos die Erfolge Davids fortzusetzen. Schon bei seiner ersten Gerichtsverhandlung, bei der es um die Zuordnung eines Babys zu seiner richtigen Mutter ging, fällte er ein weises Urteil. Wie ein Lauffeuer verbreitete sich diese Begebenheit und damit der Ruf Salomons als weiser Mann. Er war wie sein Vater David sehr gebildet und der Dichtkunst, der Musik und vielen Wissenschaften zugetan. Auch die von seinem Vater begonnenen Eroberungszüge setzte er fort, und hatte bald ein Reich geschaffen, dessen Größe damals seinesgleichen suchte. Diese Übermacht wurde anders als bei David von den Betroffenen akzeptiert, sodass Ruhe im Lande herrschte und reichliche Steuereinnahmen hereinkamen. Diese jährlichen Abgaben waren aber auch erforderlich, um den gigantischen Haushalt, den sich Salomon leistete, zu unterhalten. So wurde Salomon unglaublich reich, wozu auch die Königin von Saba mit ihren Geschenken beitrug. Sie wäre nicht abgeneigt gewesen, sich bei Salomon niederzulassen, wenn da nicht dessen umfangreicher Harem gewesen wäre und sie befürchten musste, eines Tages dortselbst zu landen. Wie vor ihm David, neigte nämlich auch Salomon zur Vielweiberei. Der Harem seines Vaters nahm sich gegen seinen bescheiden aus.

Obwohl sein Palast nicht nur wegen der vielen Damen aus allen Nähten platzte, war an dessen Vergrößerung zunächst nicht zu denken. Erst musste Davids Versprechen an Gott eingehalten werden, diesem in Israel die gewünschte Unterkunft zu bauen. In seiner Verehrung für Gott beschloss Salomon daher, unverzüglich mit den vorübergehend ruhenden Bauarbeiten am Tempel fortzufahren und es dabei an nichts mangeln zu lassen. Alles sollte nur vom Besten sein. So hoffte Salomon, trotz der Verspätung der Bauarbeiten Gott dazu bewegen zu können, nun endgültig seinen künftigen Wohnsitz bei seinem Volk zu nehmen.

Davon versprach er sich, mit Gottes Nähe seine eigenen Landsleute und die angrenzenden Völker leichter in Schach halten zu können.

Das Zedern- und Zypressenholz für den Palast wurde im Libanon, das wegen dieser Vorkommen berühmt war, eingekauft. Die in Massen dorthin geschickten Holzfäller leisteten ihre Arbeit so wirkungsvoll, dass von den schönen Wäldern fast nichts mehr übrigblieb. Nur in den Bergen, von denen der Transport wohl doch zu schwierig gewesen wäre, waren noch Restbestände zu finden, die sich auch bis heute nicht wieder erholt haben. Eine Reise dorthin würde einem bildlich vor Augen führen, wohin die rigorose Abholzung ganzer Waldgebiete führen kann. Aber ein solches Bewusstsein war Salomon trotz aller seiner Weisheit nicht gegeben. Insofern ist er als Vorbild für die moderne naturnahe Forstwirtschaft oder als Vorreiter in Sachen Umweltschutz leider nicht geeignet.

Weiter wurden Steinblöcke in unvorstellbarer Menge benötigt, wofür alle irgendwie verfügbaren Arbeiter sowie zahlreiche Experten aus den angrenzenden Ländern rekrutiert wurden. Keine unserer heutigen Großbaustellen ist jemals mit so vielen Arbeitern besetzt worden, wenngleich die Vermutung naheliegt, dass auch in diesem Fall die darüber gemachten Angaben nicht unbedingt der Wahrheit entsprechen. Auch alles, was als Künstler Rang und Namen hatte, wurde zu den Bauarbeiten herangezogen. Das war für diese eine reizvolle Aufgabe, wurden ihnen doch für ihre Arbeiten jede Menge an Gold, Edelsteinen und anderen wertvollen Materialien zur Verfügung gestellt.

Heutzutage werden Baulichkeiten dieser Größenordnung in der Regel wesentlich teurer als vorausgeplant. Früher dagegen konnte man mit exakten Kalkulationen aufwarten und bei Unterschreitung der Berechnungen sogar Rücklagen bilden. So wurden die nicht verbauten Kostbarkeiten in einer separaten Schatzkammer des Tempels für einen späteren Verwendungszweck deponiert. Auch die Bauzeit war rekordverdächtig. Bei dem Einsatz so vieler Arbeiter dauerten die Arbeiten am Tempel nur sieben Jahre, bis der Bau fertig war und von Gott zu dessen

Zufriedenheit in Besitz genommen werden konnte. Hieran können wir uns heute nur ein Beispiel nehmen. Früher wäre ein solches Bauvorhaben bereits fertiggestellt, während bei uns die Gerichte immer noch über die Proteste der Bevölkerung gegen das Vorhaben verhandeln.

Zur Einweihung waren alle Stammesoberhäupter der Israeliten erschienen und begleiteten den Umzug des bisher in einem Zelt untergebrachten Altars in den Tempel. Als alles ehrfürchtig auf Gottes Erscheinen wartete, füllte sich dieser mit einem Mal mit einer dichten Wolke. Zur Enttäuschung der Anwesenden war es auch jetzt nicht möglich, Gott in Persona zu Gesicht zu bekommen. Salomon nutzte trotzdem die Gelegenheit, ihn in seiner Einweihungsrede an dessen Versprechen seinem Vater David gegenüber zu erinnern, die Stämme Israels in Ewigkeit zu beschützen und die Königswürde seinen Nachkommen zu geben, deren entsprechend gehorsames Verhalten natürlich vorausgesetzt. Was hierunter zu verstehen sei, wurde dem Volk von Salomon vorsichtshalber noch einmal eindringlich erläutert. Anschließend gab es das größte Opferfest, das die Menschheit je gesehen hatte und Israel fast den gesamten Tierbestand kostete. Nach sieben Tagen aber meinte man, nun sei es genug der Feierei, und man machte sich wieder auf den Weg nach Hause.

Ob und in welcher Gestalt Gott sich zeigte, als er und Salomon unter sich waren, ist nicht bekannt. Auf jeden Fall dankte Gott ihm für den prachtvollen Tempel und gab ihm zur Belohnung nochmals das gewünschte Versprechen, ihn und sein Volk zu schützen, solange seine Gebote eingehalten würden. Er warnte jedoch bei dieser Gelegenheit noch einmal eindringlich vor den Folgen, sollte man nicht ausschließlich ihm treu sein und stattdessen fremde Götter anbeten. In diesem Falle würde er das ganze Volk außer Landes jagen und es dem Hohn und Spott fremder Völker preisgeben. Der soeben fertiggestellte Tempel würde zerstört werden. Ob Gott ihm das tatsächlich persönlich gesagt hatte oder einen seiner Propheten damit beauftragt hatte, steht nicht geschrieben. Auf jeden Fall fand Salomon das durchaus in Ordnung.

Nachdem der Tempel nun fertiggestellt war, wollte Salomon keine weitere Zeit mehr verlieren und begann mit der Vollendung seines eigenen Palastes. Der Zeitpunkt war insofern günstig, als die beteiligten Handwerker nunmehr auch die Restarbeiten am Tempel erledigt hatten und gleich am Palast weitermachen konnten. Als auch die weiteren öffentlichen Bauvorhaben in der Stadt vollendet waren, musste es noch an die restliche Bezahlung der Arbeiten gehen, wobei Salomon sich zum Ärger der Hauptlieferanten entgegen früherer Gewohnheit als geizig erwies. Angesichts der militärischen Stärke Salomons machte deren Aufbegehren allerdings wenig Sinn. Genauso wenig wie für die vielen Zwangsarbeiter, die in den besetzten Ländern rekrutiert worden waren.

Salomon meinte, sich das Recht herausnehmen zu können, für sich einen Palast bauen zu lassen, der in seiner Pracht dem Tempel in Nichts nachstand. Erstaunlicherweise unterließ Gott seine Kritik darüber, wahrscheinlich, um seine Freude über den endlich fertiggestellten Tempel nicht zu trüben. Neben aller Bautätigkeit hatte Salomon noch ausreichend Zeit, sich um die Mehrung seines Reichtums zu kümmern. Man sagte, dass zu der Zeit das Silber in Jerusalem so reichlich vorhanden war, dass man die Straßen damit hätte pflastern können. Nun war die Stadt allerdings nicht so groß wie heute. Der Reichtum resultierte aus der Erhebung von Handelszöllen und Steuern in den Vasallenstaaten und seinen eigenen Provinzen. Aber auch wohl aus der zurückgehaltenen Entlohnung der Bauarbeiter. Auch die ständige militärische Aufrüstung wurde nicht vernachlässigt, um seine Untergebenen gar nicht erst aufmucksen zu lassen. Salomon scheute sich nicht, seinen Reichtum auch zur Schau zu stellen. Seine prächtigen Kleider und sein aufwendiger Haushalt waren legendär, obwohl Jesus der Meinung war, dass diese Pracht dem Vergleich mit einer Lilie auf dem Felde nicht standhalten könne.

Wie so häufig, können Reichtum und Wohlstand gefährlich zu Kopfe steigen. Wie heuchlerisch waren doch Salomons mahnende Worte an sein Volk anlässlich der Tempeleinweihung. Er war trotz

Gottes Ermahnung überzeugt, selbst über den Geboten zu stehen, diese also nicht für sich gelten zu lassen. Obwohl Gott ausdrücklich und immer wieder vor einer Vermählung mit einer Ausländerin gewarnt und auf die Konsequenzen einer Nichtbeachtung hingewiesen hatte, heiratete Salomon eine ägyptische Prinzessin. Als Gottes Reaktion ausblieb, fand Salomon Geschmack an den fremden Frauen und heiratete noch weitere. In seinem neuen Palast hatte er vorsorglich für ausreichend Platz gesorgt. Da blieb es nicht aus, dass Salomon der einen oder anderen Dame hörig wurde und deren Göttern zu Ehren Altare errichtete.

Das konnte Gott auf Dauer so nicht hinnehmen und überlegte, Salomon als König abzusetzen. Mit Rücksicht auf die aus seiner Sicht bestehenden Verdienste seines Schützlings David ließ er jedoch Gnade vor Recht ergehen, und Salomon durfte bis an sein Lebensende als König regieren. Sein Sohn hätte später zwar seine Nachfolge antreten dürfen, hätte sich aber auf Gottes Geheiß mit nur einem Teil des Landes begnügen müssen. Die im Nordreich Israels ansässigen Stämme wären nicht abgeneigt gewesen, ihn bei sich als König zu wählen, verlangten aber als Gegenleistung eine deutliche Absenkung ihrer bislang an den aufwändigen Haushalt Salomons zu leistenden Abgaben. Dieses wurde jedoch von Salomon Junior energisch abgelehnt und stattdessen eine deutliche Erhöhung angekündigt. Solche Aussichten konnten den Betroffenen natürlich nicht gefallen. So erteilten sie den salomonschen Königsambitionen eine Abfuhr und wählten einen anderen. Nach seiner Krönung hätte Salomon Junior in das Nordreich umziehen und über einen aus Sicht Gottes gottlosen und rebellischen Staat regieren müssen. So war er nicht traurig, als es dort mit dem Königsamt nichts wurde. Da schien es ihm doch besser, darauf zu verzichten und stattdessen ein ruhiges Leben als Kronprinz unter der Regierung seines Vaters zu führen und auf dessen Tod zu warten. Mit der von ihm erhofften Ruhe wurde es allerdings nichts, bestand sein Vater doch darauf, dass er sich als Kronprinz ebenfalls an den Kriegsereignissen zu beteiligen habe.

Die Streitigkeiten im Lande führten in der Folge zu einem Bruch zwischen den beiden Reichen. Neben den üblichen Kriegen gegen Fremde begann jetzt erneut die Zeit heftiger Bürgerkriege, obwohl Gott früher bekanntlich angeordnet hatte, dass sich die Brudervölker nicht zu bekriegen hätten und wohl auch jetzt kein Verständnis dafür aufbringen konnte. Allerdings waren die Nordreichisraeliten der Meinung, dass Gott für sie nicht zuständig sei, und vertrauten lieber ihren Götzen. Die Kämpfe wogten hin und her, wozu die verbreitete Sitte der Blutrache ihr Übriges zu der Unruhe im Lande beitrug. Teilweise wurden von der einen oder anderen Partei sogar fremde Mächte zu Hilfe gerufen, die zu allem Überfluss mit einem Teil des Gott gehörenden und in der Schatzkammer des Tempels aufbewahrten Goldes bezahlt wurden.

Mächtige Nachbarn

Gott war verärgert über die nicht nachlassende Wankelmütigkeit und den Übermut seiner Gefolgschaft. Auch erkannte er, dass es mit einer Ruhe im Land wegen der andauernden Bürgerkriege nicht lange gut gehen konnte. So entschied er, dass sie noch ein weiteres Mal zu spüren bekommen sollten, wie es ihnen ohne seinen Schutz ergehen würde. Er entschied, die angrenzenden Völker zu militärischen Interventionen in Israel zu veranlassen. Dadurch, so hoffte er, würden sich die Bruderstämme wieder auf ihre gemeinsame Herkunft besinnen und sich vertragen, um der Gefahr von außen erfolgreich begegnen zu können. Wenn die Israeliten auch nur annähernd die sich hieraus für sie ergebenden Konsequenzen geahnt hätten, eine landesweite Umarmung aller wäre das mindeste gewesen. Aber wie häufig kommt eine Erkenntnis erst, wenn es zu spät ist. So mussten sie, nicht ahnend, was auf sie zukommt, versuchen Land und Leben zu retten.

Zunächst waren es die Philister, die gegen sie in den Krieg zogen und ihnen große Verluste beibrachten. Leider konnte selbst die große Kraft des Kriegers Samson nichts dagegen ausrichten, weil ihm seine Frau Dalila in verräterischer Weise die Haare etwas zu kurz geschnitten hatte. Die größte Beute der Philister war die Eroberung der Bundeslade mit den Steintafeln und den zehn Geboten. Diese Lade war doch das Zeichen dafür, dass Gott unter seinem Volk weilte, und ausgerechnet das wurde nun zur Hauptbeute der Heiden. Das war nun doch zu viel für Gott! Er schaltete sich ein und bedrängte die Philister solange, bis sie ihre Beute wieder herausgaben. Zum Glück hatten sie diese sorgfältig aufbewahrt. Die Babylonier dagegen, die Jahre danach in Jerusalem wüteten und sich dabei ebenfalls der Lade bemächtigten, ließen diese endgültig verschwinden. Was würden die Juden dafür geben, würde ihnen ein Nachkomme der damaligen babylonischen Krieger den Aufenthaltsort verraten!

Diese andauernden Konflikte mit den Nachbarn mussten unweigerlich zu einer militärischen Schwächung Israels führen. So ermutigt, begannen weitere Nachbarn, das Land mit Erfolg zu bekriegen, ohne dass die Israeliten sich dagegen wehren konnten. Ohne Gottes Hilfe wäre ein Widerstand gegen die Feinde ohnehin zwecklos gewesen. Der aber hatte sich wie gesagt, zurückgezogen, um das Geschehen lediglich zu beobachten.

Die Israeliten wurden von den Assyrern besiegt und verschleppt. Ihr Land wurde nun von Siedlern aus Assyrien in Beschlag genommen. Um in dieser neuen Heimat ein vermeintlich besseres Leben führen zu können, besannen sich die Besatzer ihrerseits, Gott als den für sie Zuständigen anzuerkennen. Kaum zu glauben! Auf diese Weise war Gott zu Verehrern gekommen, die nicht zu seinem Volk gehörten, ja, sogar in Konkurrenz zu ihnen standen. Offensichtlich sah er das als Experiment für die spätere Verbreitung des Glaubens durch die Jünger

Jesu' an. Den Assyrern war womöglich zu Ohren gekommen, dass das Land, in dem sie nun siedelten, im Grunde genommen immer noch Gottes Eigentum und den Nutzern nur in Erbpacht überlassen worden war. Insofern schien es ihnen angeraten, sich gut mit Gott zu stellen. Die Israeliten dagegen hatten das wohl vergessen. Dass Gott eine dauernde Ansiedlung seiner neuen Anhängerschaft im Lande mit Zufriedenheit vermerkt haben könnte, mag trotzdem bezweifelt werden, sah er doch den Wechsel der Landpächter nur als eine vorübergehende Strafe für sein Volk. Was sollte er aber mit den Assyrern machen, wenn seine eigenen Leute eines Tages reuevoll zurückkehrten? Auf jeden Fall fühlten sich die Assyrer auf diese Weise besser geschützt, falls es zu einem Widerstand der in der Heimat verbliebenen und der zurückkehrenden Israeliten kommen sollte.

Dieses Mal ging das assyrische Abenteuer für die Israeliten noch einmal gut aus, weil die Assyrer, wohl angetan von ihrem neuen Glauben, sie bis auf Weiteres in Ruhe ließen. Auch Gott bemerkte mit Wohlwollen, dass seine jüdische Gefolgschaft begann, sich an dem Verhalten der Assyrer ein Beispiel zu nehmen. Der Frieden hielt jedoch nicht lange an, weil die Israeliten sich wie üblich nicht entscheiden konnten, wem ihre Verehrung nun auf Dauer gelten sollte.

Das nächste Mal waren es die Ägypter, die sich zu Herren über Israel erklärten und enorme Steuerzahlungen verlangten. Die Erinnerung an ihre erfolgreiche Haltung der Israeliten als Sklaven in ihrem Land weckte eine solche Begierde. Die Ägypter konnten ihre beherrschende Stellung im Lande jedoch nicht lange behalten und wurden bald von den noch mächtigeren Babyloniern abgelöst. In Vorbereitung dieses Kriegszuges kamen Gesandte der Babylonier in vermeintlich friedlicher Absicht an den Königshof. Der König zeigte ihnen voller Stolz und in seiner Naivität alle seine Schätze, was sich schnell als verkehrt herausstellen sollte. Denn die Gesandten wollten nur ausspionieren, was bei den Israeliten zu holen sei. Die Berichte darüber waren Grund genug für Nebukadnezar, sich des Landes zu bemächtigen.

Die Unversehrtheit des neuen Tempels dauerte wegen der andauernden Besetzung des Landes nicht ewig. Er musste der Übermacht beugend den Babyloniern zu seiner Zerstörung preisgegeben werden, was von denen auch gründlich ausgenutzt wurde. Ein Großteil der Israeliten wurde bei der Gelegenheit nach Babylon deportiert und dort gefangen gehalten. Dabei hatten die Babylonier es insbesondere auf die Angehörigen der israelitischen Oberschicht abgesehen. Ähnlich, wie wir heutzutage bei der Aufnahme von Flüchtlingen insbesondere den Fachkräften unter ihnen den Vorzug geben. Mit diesem Privileg versehen, genossen die in Babylon gefangen gehaltenen Juden weitgehende Freiheit und konnten selbst am Hofe Karriere machen. Trotzdem blieb deren Sehnsucht nach ihrer Heimat bestehen.

Die Gelegenheit, sich diesen Wunsch zu erfüllen, ergab sich, als die Assyrer nun ihrerseits Babylon eroberten und mit den Juden im Lande nichts anzufangen wussten. Zum Glück starb der babylonische König Nebukadnezar, der trotz der assyrischen Besetzung nach wie vor das Sagen über die israelitischen Sklaven hatte. Sein Nachfolger folgte der dringenden Anweisung der Assyrer, die Zerstörung des Tempels in Jerusalem wiedergutzumachen. Diese hatten sich zum Glück an ihre gottgefällige Zeit in Israel erinnert. Der König entließ also, sicherlich nicht ganz freiwillig, seine Gefangenen in die Freiheit. Diese machten sich ohne Verzug auf den Weg zurück in ihre Heimat. Dort angekommen, sahen sie, dass die Zerstörung Jerusalems noch nicht beseitigt war. Insbesondere die Stadtmauer hätte dringend einer Reparatur bedurft, zumal man ohne sie den aggressiven Landsleuten im Norden schutzlos ausgeliefert war. Deswegen wurde deren Wiederaufbau zum vorrangigen Ziel erklärt, bevor man sich an die Neuerrichtung des Tempels machen konnte.

Diese Entscheidung war den Herrschern des Nordreiches Israel allerdings nicht recht, befürchteten sie doch, nun wieder ihrer Konkurrenz aus dem Süden Paroli bieten zu müssen. So suchten sie vorsichtshalber Hilfe bei den Persern und behinderten, nun so verstärkt, den Wiederaufbau der Stadtmauer und des Tempels. Gegen Gottes Anordnung, mit den Arbeiten trotzdem fortzufahren, kamen sie allerdings nicht an. Weil auch die Perser anderen Sinnes im Umgang mit dem Nordreich wurden, mussten deren Herrscher ihren Boykott aufgeben, und sie beteiligten sich sogar an dem Wiederaufbau des Tempels. Die beschädigte Mauer konnte nur einen unzureichenden Schutz gegen mögliche von Missgunst getriebene Angreifer bieten, sodass zunächst mit deren Reparatur als Sofortmaßnahme begonnen wurde. Dabei musste eine Hälfte der Mannschaft Wache stehen, um gegen eine feindliche Störung insbesondere durch das Nordreich gewappnet zu sein.

Nachdem die Arbeiten an der Stadtmauer abgeschlossen waren, erteilte der König der Perser, die zwischenzeitlich die Macht über Israel übernommen hatten, die Erlaubnis, mit den Arbeiten am Tempel zu beginnen. Hierzu hatte er den nach Jerusalem Zurückkehrenden sogar die seinerzeit von den Babyloniern geraubten Tempelschätze wieder mit auf den Weg in die Heimat gegeben. Allerdings musste bei der Überprüfung der Schätze festgestellt werden, dass die Bundeslade fehlte und auch ein Teil der übrigen Schätze wohl in verkehrte Hände geraten war. Daher reichten die noch zur Verfügung stehenden Mittel für die Finanzierung der Arbeiten am Tempel nicht aus. So wurde eine Truhe am Altar aufgestellt, in die jeder, der die Baustelle betrat, seinen Obolus zu entrichten hatte. Das war die bahnbrechende Erfindung des heute noch so populären Klingelbeutels.

Trotz dieser Zusatzeinnahmen konnte der Wiederaufbau nicht mehr so aufwendig erfolgen wie bei dem ursprünglichen Tempel. Schwierig war es auch, die gebeutelte Bevölkerung zu größeren Beiträgen zu bewegen, zumal sich die Priester bei Gott für die wiedergewonnene Freiheit mit großen Opfergaben bedanken wollten, die wie immer von der Bevölkerung aufzubringen waren. Dass diese den Forderungen der Priester nicht immer wohlwollend nachkommen wollten, liegt auf der Hand.

Heute besteht diese nicht immer freiwillige Art der Spendenpraxis unter anderem in Form der vom Staat kassierten und an die Kirche abzuführenden Kirchensteuer. Oft reicht diese nicht aus, um alle Kirchen im Lande instand zu halten. Das Problem bei solchen Vorhaben ist seit jeher die Finanzierung der Arbeiten. Selbst die Reparatur der in die Jahre gekommenen Orgel bereitet mancher Gemeinde große Schwierigkeiten, auch weil man sich nicht von einem vorhandenen Kirchenvermögen trennen kann.

Die zurückgekehrten Flüchtlinge und die in der zerstörten Stadt lebenden Einwohner verfügten natürlich nicht über eigene ausreichende Wiederaufbaumittel. Die Juden des Nordreiches wären, wenn auch zögerlich, trotz nach wie vor bestehender Meinungsverschiedenheiten mit ihren Landsleuten im Süden durchaus bereit gewesen, sich an der Finanzierung der Arbeiten zu beteiligen. Dieses Hilfsangebot wurde jedoch von denen mit der Begründung abgelehnt, die *Samariter*, wie die Nordjuden genannt wurden, seien eben keine »echten« Juden und damit nicht würdig, eine derartige Hilfestellung zu leisten. Diese Ablehnung des Hilfsangebots führte verständlicherweise zu einer weiteren Vertiefung des Bruchs zwischen beiden Reichen.

Von den Finanzierungsschwierigkeiten erfuhr Nehemia, der als Jude am persischen Hof lebte und es dort als Mundschenk des Königs zu einer Führungsposition am Hofe gebracht hatte. Aufgrund seiner dortigen Verdienste bewilligte der König ihm einen längeren Urlaub, um in Jerusalem beim Wiederaufbau des Tempels und der Stadtmauer mitzuhelfen. Dazu erhielt er einen Teil der dafür benötigten Geldmittel als Geschenk. Um ihm die notwendige Autorität zu verleihen, wurde er bei der Gelegenheit zum Statthalter von Judäa und seiner Hauptstadt Jerusalem befördert. So konnten die Arbeiten unter seiner energischen Aufsicht zügig fortgeführt werden. Und dass, obwohl nach wie vor jeweils nur eine Hälfte der Leute arbeiten konnte, während die andere die Bewachung der Stadt zu übernehmen hatte. Auch ein vorübergehender Streik der Arbeiter wegen der schlechten Verpflegung und Bezahlung musste von ihm als Oberbauleiter geschlichtet werden.

Bemerkenswert ist die damalige Auslandshilfe zur Finanzierung der Arbeiten. Nicht alle der in babylonische Gefangenschaft geratenen Juden hatten den Wunsch, in die alte Heimat zurückzukehren. Diejenigen von ihnen, die in Babylon ein attraktives Geschäft aufgebaut hatten, wollten dieses wegen einer ungewissen Zukunft im besetzten Israel nicht wieder aufgeben. Auch hatten sich viele von ihnen mit Angehörigen des fremden Volkes vermischt, was Gott in der Vergangenheit bekanntlich mit drastischen Strafen belegt hatte. Aus Angst vor einer Wiedereinführung dieser Strafe schien es doch sicherer, im Ausland zu bleiben. Stattdessen dokumentierten jene Auslandsjuden ihre Verbundenheit mit dem Volke Israel mit nicht unerheblichen Spenden.

Diese Unterstützung durch Auslandsjuden hat sich bis heute gehalten, insbesondere in den USA. Nur gilt sie nicht mehr dem Aufbau eines Tempels, sondern insbesondere der militärischen Stärkung des Staates Israels, um sich gegen mögliche Aggressoren behaupten zu können.

Bei den Arbeiten am Tempel wurde eine Kopie der Schrift mit Gottes Geboten aufgefunden und dem zuständigen König übergeben. Dieser besann sich nun, wie recht Gott doch mit seinen Bestrafungen für Gebotsübertretungen gehabt hatte. In seiner Freude über den Fund veranlasste er, dass diese Gesetze seinem Volk verlesen wurden und ordnete eine umgehende Rückkehr zu alten Verhältnissen an. Alle Gott störenden Symbole wurden eiligst vernichtet und die alten Feiertage und Riten wieder eingeführt. Bekanntlich war das Lesen dieser Schriften außer Gott damals nur Moses oder Aaron vorbehalten gewesen. Den normalen Menschen dagegen war das bei Strafe verboten. Obwohl der König nun als Unbefugter Gottes Gesetze gelesen und seinen Leuten verkündet hatte, sah Gott in der Erwartung, sein Volk würde jetzt endlich gehorchen, entgegen sonstiger Gewohnheit von einem Einschreiten ab.

Die Beendigung der Arbeiten wurde auch höchste Zeit, hatte doch Gott schon vor längerem seinen Wohnsitz in dem halbfertigen Tempel genommen und musste sich zu seinem Ärger auf einer Baustelle aufhalten. Nach Fertigstellung der Arbeiten wurden alle Israeliten zum Tempel gerufen. Man kann wohl davon ausgehen, dass nicht alle der Nordreichjuden diesem Aufruf folgten, war doch deren Götzenverehrung im Tempel nach wie vor nicht erlaubt und auch in ihrer Heimat von Gott nur widerstrebend geduldet. Wie so oft wurde auch diese Zusammenkunft genutzt, um den Besuchern nach dem Motto: »Steter Tropfen höhlt den Stein!« zum wiederholten Male die einzuhaltenden Gebote nahe zu bringen. Zum Glück konnte dabei direkt aus der durch Zufall wiederentdeckten Kopie der Schriftenrolle zitiert werden.

Zur Feier der Wiedereröffnung des Tempels wurde wieder ein siebentägiges Fest anberaumt. Während dieser Zeit wurden die Anwesenden in Erinnerung an die Zeiten Moses mangels anderer Unterkunftsmöglichkeiten in selbst gebauten Laubhütten untergebracht. Alle waren sich über den schönen Tempel einig und versprachen, von nun an Gottes Gebote bis ins Detail zu befolgen und freiwillig die ihnen auferlegten Tempelabgaben zu entrichten. Wie wir wissen, hielt das nicht lange vor.

Angesichts des wiederhergestellten Tempels meinten auch die Abtrünnigen im Nordreich, man könne es ja mit Gott noch einmal versuchen und zumindest bis auf weiteres auf die Götzenverehrung verzichten. Gott sah das gerne, hatte er doch nicht vergessen, dass auch diese Leute zu seinem Volk gehören. Er hatte die Hoffnung nicht aufgegeben, sie letztendlich wieder zu treuen Anhängern machen zu können. So griff er erneut verstärkt in das Leben der Bevölkerung ein, wobei er von seinen Propheten wirkungsvoll unterstützt wurde. Im Lande kehrte nun eine friedliche Stimmung ein, von der sich sogar der König anstecken ließ. So war es wohl auch das erste Mal, dass ein König seine Kriegsgefangenen nicht töten ließ, sondern diese nach einem gemeinsamen Festmahl zum Erstaunen aller wieder nach Hause schickte.

Der Frieden des Nordreichs mit Gott hielt auch dieses Mal nicht lange an. Ob aufgrund der Unzuverlässigkeit der Könige oder nicht, auf jeden Fall begannen die dortigen Bewohner bald wieder mit ihrer von Gott vehement abgelehnten Verehrung fremder Götzen. Die Nordreichjuden waren es überdrüssig, ständig nach Jerusalem pilgern zu müssen, um dort im Tempel zu opfern. An die Zeiten Moses erinnert, schufen sie nach dem Motto »Doppelt hält besser« gleich zwei goldene Kälber. Von diesen sollte eines als Kopie in Reserve behalten werden für den Fall, dass ein Fanatiker wie seinerzeit Moses die Zerstörung des Originals veranlassen sollte. Weiter wurde der Aufenthalt in deren eigenen Tempeln insofern attraktiver gestaltet, als dort jetzt auch weibliche und männliche Prostituierte zum Einsatz kamen. Diese Bereicherung des Tempelangebotes sollte ein gewaltiger Erfolg werden. Doch ehe das zur Gewohnheit wurde, griff Gott, obwohl formell nicht zuständig, ein und beendete das Projekt umgehend.

Die heutigen Kirchen leiden bekanntlich unter einem erheblichen Publikumsmangel bei den Gottesdiensten. Eine Nachahmung des damaligen Beispiels zur Vergrößerung des Besucherandranges wurde aus moralischen Gründen jedoch gar nicht erst ernsthaft diskutiert, zumal man schon früher besonderen Wert auf die Nachwuchsarbeit und auf ein gesittetes Verhalten der Gemeindemitglieder legte. Man stelle sich nur vor, welche Folgen ein so gestalteter Kirchgang haben würde.

Irgendwann hatte Gott es wieder einmal satt, sich ständig über die Baal -Anhänger zu ärgern. Die Wankelmütigkeit dieser Leute konnten ihm nach wie vor nicht gefallen. Anstatt nun wie seinerzeit bei Noah vorzugehen und das gesamte Volk auszurotten, ließ er nur einen Teil von ihnen fangen und hinrichten. Das der Todesstrafe entkommene Volk wurde in der Hoffnung auf eine Besserung seines Verhaltens mit einer Hungersnot bestraft. Ihren König aber ließ dieses zunächst kalt, hatte er doch für seine eigene Versorgung ausreichend vorgesorgt. Seine Freude darüber dauerte jedoch nicht lange, denn auch er und sein Geschlecht bekamen ihre Strafe.

Wie bereits gesagt, führten die in Persien lebenden Juden dort ein durchaus normales Leben. Ihr wachsender Wohlstand jedoch weckte den Argwohn des damaligen Premierministers. So beschloss dieser eine umfassende Judenverfolgung im persischen Reich und die Tötung sämtlicher Juden. Sein König war damit einverstanden, obwohl dessen Frau selbst eine Jüdin war. Bevor die Absicht jedoch in die Tat umgesetzt wurde, schaffte es die Königin mit weiblicher List, ihren Mann von dem Vorhaben abzubringen. Sein Angebot, ihr ein halbes Königreich zu schenken, sofern sie sich dieser Einmischung in die Regierungsgeschäfte enthalten würde, schlug sie aus und bat stattdessen, die Juden im Reich auch weiterhin zu schonen. Diesem Wunsch gab der König endlich nach, ließ den verantwortlichen Premierminister hängen und ernannte seinen jüdischen Stiefvater zu dessen Nachfolger. Dadurch gelang es den Juden, sich fest im Reich zu etablieren. Für sie war das noch einmal gutgegangen!

Eines Tages erschien Alexander der Große mit seinen Kriegern auf seinem Weg nach Indien in Israel, um bei der Gelegenheit dem persischen König Paroli zu bieten. Ihm gefiel es hier, sodass er sich entschloss, eine längere Pause einzulegen. Zum Glück für die Juden hatte Alexander Gefallen an deren Gottesverehrung im Tempel von Jerusalem gefunden. Den Israeliten wiederum war die griechische Kultur nicht unsympathisch. Man verstand sich gut, und Gott konnte von einer Bestrafung seines Volkes absehen, wie sie für die Verehrung einer fremden Kultur eigentlich üblich gewesen wäre.

Als allerdings viele Israeliten, allen voran der Hohepriester und dessen Gefolge, begannen, hellenistische Gewohnheiten anzunehmen und die eigenen Riten und Gebräuche zu vernachlässigen, regte sich bald Widerstand in der Bevölkerung gegen die Griechen. Alexander der Große verspürte zum Glück nach wie vor den Drang, mit seinem Heer weiter in Richtung Indien zu ziehen und beschloss, sich nicht mit den Aufständischen auseinanderzusetzen. Gott sah das Aufbegehren seiner Juden mit Genugtuung, weil er festzustellen glaubte, dass seine Bemühungen, die Juden als selbständiges nur von ihm abhängiges Volk zu erziehen, letztlich doch fruchtbar gewesen sein müssen.

Die Römer verfolgten im Vergleich zu dem globalen Vorhaben Alexanders ein kleineres Ziel und beschränkten sich auf die Beherrschung des Mittelmeerraumes. Da kam ihnen das nach Abzug der Griechen freigewordene Israel gerade recht. Sie nutzten die Gelegenheit und wurden die neuen Herren im Lande. Die römische Besatzung war allerdings strenger als die ihrer Vorgänger. So dauerte es nicht lange, bis sich auch gegen sie Widerstand regte und Aufstände begannen. Anders als die Griechen, kannten die Römer allerdings kein Pardon mit den Juden. Ohne Rücksicht auf deren religiöse Werte und Gebräuche zu nehmen, beschlossen sie, den Tempel zu plündern und zu zerstören. Das machten sie so gründlich, dass von dem gerade mühselig wiederhergestellten Tempel nur noch ein Stück Mauer übrigblieb. Die Israeliten waren natürlich enttäuscht von dieser Entwicklung, hatten sie doch gehofft, dass Gott ihnen wie früher zur Hilfe kommen würde.

Als der Tempel wegen seiner Zerstörung nicht mehr als Wohnstätte für ihn geeignet war, entschied sich Gott wieder für seinen Aufenthaltsort im Himmel. Dieses muss ihn hart getroffen haben, denn in der Folgezeit hat er keinen seiner üblichen Sendboten mehr auf die Erde geschickt. Oder wir haben das nicht bemerkt! Ein solches Zeichen Gottes wurde jedoch sehnsüchtig erwartet, sollte sich für die Juden mit dem Messias doch alles zum Besseren wenden. Auch der erneute Wiederaufbau des Tempels könnte dann ohne Behinderung durch irgendwelche Feinde wieder in Angriff genommen werden. Allerdings schien Gott es damit nicht eilig zu haben. So warten die Juden nunmehr seit einer gefühlten Ewigkeit geduldig auf den Messias. Sie hätten zwar mit Jesus vorliebnehmen können, der ihnen allerdings nicht der Richtige zu sein schien.

Die Römer beließen es nicht nur bei der Zerstörung des Tempels. Die aufständischen Juden wurden von ihnen aus dem Land gejagt und mussten zusehen, irgendwo in der Welt eine neue Heimat zu finden, wo sie häufig genug der Unterdrückung und Verfolgung ausgesetzt waren. Im Glauben an Gottes Gerechtigkeit sagten sie sich, es wäre trotzdem das Beste, bis zur Ankunft des richtigen Messias in der Fremde auszuharren. Auch sollte ihr Schicksal sie nicht davon abhalten, sich wie bisher als besonderes Volk zu verhalten. So erwiesen sich alle späteren christlichen Missionierungsversuche wegen dieser Standhaftigkeit als zwecklos. Andere Götter oder Götzen kamen für sie ohnehin nicht in Frage, wollte man doch die als Strafe angesehene Vertreibung nicht noch durch weitere Strafmaßnahmen Gottes verschlimmern.

Es war offensichtlich, dass Gott der ewigen Unruhe in seinem Land endgültig leid geworden war und sich deswegen wieder in den Himmel zurückgezogen hatte. In dieser himmlischen Abgeschiedenheit sann er darüber nach, wie er zukünftig am besten mit den Menschen umgehen solle. Bislang fühlte er sich nur für die Israeliten zuständig und bemühte sich nach Kräften um deren Abgrenzung von anderen Völkern. Immer wieder sah er sich gezwungen, eine Vermischung mit denen und die Akzeptanz fremder Götter zu verhindern. Als aber die Israeliten wiederholt in Gefangenschaft gerieten und sich mehr oder weniger notgedrungen in die Gesellschaft der jeweiligen Sieger integrieren mussten, war eine solche Abgrenzung immer schwerer zu realisieren. So schien es ihm geraten, die beabsichtigte Exklusivität seines Volkes aufzugeben und sich der Menschheit insgesamt zuzuwenden. Alle Menschen, die an ihn glauben, sollten von nun an die Möglichkeit haben, sich unter seinen Schutz zu stellen. Ob Gott die nicht zu bekehrenden trotz dieser Entscheidung auch weiterhin im Auge behielt, oder ob diese nun auf einen göttlichen Schutz verzichten mussten, war zum Glück für diese nicht bekannt. Diese Erweiterung der Zuständigkeit Gottes sollte die Juden jedoch nicht davon abhalten, ihr Eigenleben beizubehalten.

Bekanntlich hatte Gott die zehn Gebote erlassen, um seine Anweisungen verständlich zu machen und seine Untertanen zu einem ihm genehmen Verhalten zu veranlassen. Durch die nun erwartete Zunahme seiner Gläubigen würde dieses allerdings schwieriger werden. Um für ihn die Kontrolle seiner Gläubigen zu vereinfachen, beschloss er mit der Schaffung des Jüngsten Gerichts eine ultimative Art der Gerichtsbarkeit. Danach sollten die Menschen entsprechend ihres jeweiligen Vergehens zur Verantwortung gezogen oder für ihr sittsames Leben belohnt werden. Dabei gäbe es nur zwei Möglichkeiten: Himmel oder Hölle! Nach kindlicher Vorstellung besteht der Unterschied darin, dass die glücklicherweise in den Himmel Beorderten auf einer Wolke sitzen und dort Harfe spielen. Die Unglücklichen, deren Weg in die Hölle führte, müssen dort im Feuer sitzend die grausamsten Strafen erleiden. Wer glaubt, nach seinem Tod solcher Strafen entgehen zu können, wird sich wohl getäuscht sehen. Während das den Sittsamen von Gerichts wegen versprochene ewige Himmelsdasein schon zu Lebzeiten als schöne Möglichkeit erscheint, wollen die potenziellen Hölleninsassen von ihrem späteren Aufenthaltsort lieber nichts wissen. Unser aktueller Umgang mit unserer Umwelt zeigt jedoch, dass wir offensichtlich nicht so recht an einen Zusammenhang zwischen diesem Verhalten und einer göttlichen Rechtsprechung glauben.

Um zu sehen, wie eine solche Rechtsprechung funktionieren könnte, wählte Gott einen Mann namens Hiob aus, der als der reichste Mann weit und breit galt. Gott entschied, ihn bezüglich seiner Treue auf die Probe zu stellen. In wenigen Ausnahmefällen arbeitet Gott in solchen Dingen mit dem Teufel zusammen. So auch in diesem Fall. Dieser sollte nun dafür sorgen, dass dem armen Hiob alle seine Reichtümer verlustig gingen. Vermeintliche Freunde brachten ihm die heute als Hiobsbotschaften bekannten Nachrichten über seine Verluste. Hiob hielt sich selbst für einen rechtschaffenen und gottesfürchtigen Mann, weshalb er das ihm so widerfahrende Unglück absolut nicht verstehen konnte. Die Freunde gaben vor, auch keine Erklärung für Hiobs Unglück zu finden und rieten ihm, in seinem Glauben an Gott trotzdem nicht nachzulassen, sondern ihm auch weiter zu vertrauen. Auch sagten sie Hiob, dass auch sie ihn natürlich für einen rechtschaffenen

Mann hielten und die offensichtliche Bestrafung durch Gott nicht nachvollziehen könnten. Hiob solle doch einmal darüber nachdenken, was er getan haben könnte, und dann Gott um dessen Gnade bitten. Hiob bestand seinerseits jedoch hartnäckig darauf, dass er sich keiner Schuld bewusst sei und daher auch nicht bereit sei, Gottes Strafe zu akzeptieren. Schließlich wandte er sich aus Verbitterung und Empörung direkt an Gott und bat ihn, ihm doch seine Schuld zu offenbaren. Er unterwerfe sich Gottes Allmacht und Gerichtsbarkeit, obwohl er selbst sich keiner Schuld bewusst sei. Er möchte nur wissen, warum ausgerechnet er eine solche Strafe verdient habe. Gott antwortete ihm mit einer Gegenfrage: »Wer hat alle Wesen auf dieser Erde geschaffen, wer hat all die beschriebenen Wunder vollbracht und wer bestimmt jedes Leben auf der Erde? Und du willst mich anklagen?!« Da erkannte Hiob seinen Fehler und entschuldigte sich für sein Verhalten. Hiob konnte nicht wissen, dass seine vermeintlichen Freunde, vom Teufel angestiftet, ihn bei Gott mit falschen Aussagen angeklagt hatten. Sie entgingen trotzdem ihrer gerechten Strafe, weil Hiob ihnen vergab und Gott um Gnade auch für sie bat.

Gott sah dieses Experiment als offensichtlich gelungen an und beschloss, an seinem Vorhaben einer abschließenden Gerichtsbarkeit weiter zu arbeiten, wusste er doch nun, wie dabei mit dem Teufel umzugehen sei. Er belohnte Hiob mit der Verdoppelung seines Vermögens und hatte in ihm auch fortan einen treuen und rechtschaffenden Gefolgsmann. Nach diesem Test war es für Gott klar, dass bei dem Jüngsten Gericht ein Mann wie Hiob freigesprochen werden würde. Aufgrund seiner Erfahrungen mit den Menschen hatte er wohl erwartet, von Hiob angeklagt zu werden. Aus menschlicher Sicht müsste es ihm gefallen haben, dass Hiob nicht um Gnade bettelnd zu ihm gekommen war, sondern selbstbewusst seine Meinung vertreten hatte, ohne den Gott gebührenden Respekt außer Acht zu lassen. Umso überraschter muss er gewesen sein, als Hiob nicht als Ankläger auftrat, sondern lediglich wissen wollte, was er in seinem

Leben verkehrt gemacht habe, um ähnliche Fehler in Zukunft zu vermeiden.

Gottes Wunderwaffe

Gott hatte sicherlich vorgehabt, die Menschen als etwas Besonderes zu schaffen, musste aber wie wir gesehen haben, schnell feststellen, dass ihm bereits bei Adam und Eva offensichtlich Fehler unterlaufen waren, die nachträglich trotz großer Mühen nicht mehr zu korrigieren waren. Wie ein roter Faden zieht sich die anscheinend nicht zu ändernde und im Wesen der Menschen verankerte Unvernunft durch die biblische Geschichte. Selbst der komplette Neuanfang nach der Sintflut konnte den fortwährenden Widerstand der Menschen gegen ihn als Obrigkeit nicht verhindern. So musste er auch in der Folgezeit immer wieder feststellen, dass diese auch weiterhin nicht in der Lage oder willens waren, sich vernünftig zu verhalten. Wenn wir uns vor Augen führen wie die Menschen mit der Klimaveränderung umgehen, müssen wir leider feststellen, dass Gott mit dieser Erkenntnis Recht gehabt hatte und wir uns insofern von unseren biblischen Vorgängern nicht unterscheiden.

Gott hielt es daher entgegen seiner sonstigen Gewohnheit für angebracht, den Menschen ein für jedermann sichtbares Zeichen seiner Existenz zu geben. Er beschloss, Jesus mit dieser Aufgabe zu betrauen. Um diesem die Durchführung des Auftrages zu erleichtern, ließ Gott durch seine Propheten bekanntgeben, dass es sich bei Jesus um seinen Sohn handele. Dieses war schon eine Sensation, war doch von einer Familie Gottes bislang nie die Rede gewesen. Gott hatte diese Entscheidung getroffen, um mit Jesus als Bindeglied einen Teil von sich unter die Menschen zu bringen. Statt wie früher auf dem Umweg über seine Propheten zu den Menschen zu sprechen, wollte Gott diesen Kontakt nun durch Jesus quasi in eigene Hände nehmen. Jesus wurde also Gottes mit göttlichen Befugnissen ausgestatteter Menschensohn. Hieran scheiden sich die Geister, obwohl die Existenz Jesus' in vielen historischen Quellen belegt ist. Dennoch fragen sich die verschiedenen Religionen, wie es denn angehen könne, dass Gott sich so menschenähnlich verhält. In der Tat ist es schwer, sich ihn in einer Vaterrolle vorzustellen, es sei denn, diese Aussage ist symbolisch gemeint. Diese Überlegung übersteigt unser Vorstellungsvermögen, ist aber trotzdem auch für Gottes Kritiker ein schöner Anlass, das Weihnachtsfest zu feiern.

Bemerkenswert ist, dass Gott sich mit den Highlights und der Erneuerung seines Volkes jeweils vierzehn Generationen Zeit ließ, was auf eine durchdachte Planung schließen lässt. Er legte er diese Zeitspanne wie bei den Stammvätern auch zwischen David und Jesus, wohl auch, um Jesus Einordnung in die biblische Geschichte zu dokumentieren. So passt es auch ins Bild, dass Gott bei David wegen der beabsichtigten späteren Verwandschaftsbeziehung zu Jesus ungeachtet dessen Verfehlungen ein Auge zugedrückt hatte. Seit Jesus Geburt allerdings sind weit mehr Generationen vergangen, ohne dass von einem würdigen Nachfolger berichtet werden kann. Das zeigt uns, welch bedeutendes und nicht zu wiederholendes Ereignis Jesus' Geburt für die Menschheit darstellt.

Nun ist eine Geburt, wie von Gott bereits bei der Vertreibung von Adam und Eva aus dem Paradies verkündet, den Frauen vorbehalten. Also erkor Gott die Jungfrau Maria, diese Aufgabe zu übernehmen, und gab ihr den Zimmermann Josef als den vermeintlichen Vater dazu. König David kam bei dieser Gelegenheit postum zu weiterer besonderen Ehren, da Josef als gesetzlicher Vertreter Jesus' aus dessen Geschlecht stammte. Josef war Witwer und bereits Vater mehrerer minderjähriger Kinder, die er mit in die Ehe brachte. Insofern war ihm Gottes Auftrag, Maria zu heiraten, schon seiner Kinder wegen durchaus Recht, selbst wenn es wahr sein sollte, dass Maria bereits schwanger war und ein uneheliches Kind erwartete. Maria nahm sich der Halbweisen Josefs an, mit deren Betreuung sie ausgelastet zu sein schien, zumal von weiteren gemeinsamen Kindern nicht berichtet wird. Dabei schien das Verhältnis Jesus' zu seinen Stiefbrüdern nicht das Beste zu sein.

Maria und Josef erledigten ihre Aufgabe zu Gottes voller Zufriedenheit und Maria gebar ihren vermeintlich gemeinsamen Sohn Jesus. Heute ist es schwer nachzuvollziehen, dass Josef als werdender Vater seine hochschwangere Frau auf einen Esel setzt und sich etwa einhundertundfünfzig Kilometer weit eine Geburtsstätte sucht, nur, weil er bei der Gelegenheit gleich zur Wahl gehen könnte. Heute würde er ein Taxi rufen und seine Frau zur nächstgelegenen Entbindungsstation bringen. Dort würde er der Geburt zusehen oder sich in eine Gaststätte begeben, um die Zeit bis zur Geburt zu überbrücken. Die Wahl würde er als Briefwahl erledigen. Gott aber wollte ein Zeichen der Volksnähe setzen. Allerdings ließen Josef die damaligen Verkehrsverhältnisse auch keine andere Wahl.

Einige Sterndeuter hatten von Jesus' ungewöhnlicher Geburt Kenntnis bekommen und verbreiteten wider besseres Wissen die Nachricht, es sei ein König geboren. Die in der Nähe lagernden einheimischen Hirten bekamen einen gehörigen Schreck, als ihnen ein Engel erschien und sie in den naheliegenden Stall beorderte, um sich das Kind anzusehen. Dort angekommen, sahen sie den Engel bestätigt, und konnten ihre Verwunderung kaum beherrschen.

Leider erfuhr auch Herodes, der zu dieser Zeit als König von Roms Gnaden im Lande regierte, von diesem Ereignis. Nach der ihm zugetragenen Botschaft witterte er die Geburt eines Konkurrenten und beorderte drei ohnehin auf der Wanderschaft befindlichen Könige auf den Weg, das Kind aufzuspüren. Diese aber wurden sofort anderen Sinnes, als sie in den Stall kamen und das Kind sahen. Sie vergaßen ihren Auftrag und beschenkten in ihrer Freude Eltern und Kind reichlich. Statt Herodes wie verlangt Bericht zu erstatten, wählten sie lieber einen anderen Weg auf ihrer weiteren Wanderung. So entkamen sie der Verlegenheit, Herodes gegenüber Rechenschaft über das zu geben, was sie im Stall von Bethlehem gesehen hatten.

Damit war denn auch das Drehbuch für die Aufführung des Krippenspiels anlässlich der jährlichen kirchlichen Weihnachtsfeier vorgegeben. Die damalige Notunterkunft im Stall wird dabei als Nachbau aufgestellt, und die Konfirmanden treten unter den Augen der stolzen Eltern als Darsteller auf. Viel wichtiger für sie ist allerdings der Weihnachtsmann, der des Abends zu Hause erwartet wird. Dabei haben die Eltern immer wieder das Problem, ihren Kindern erklären zu müssen, dass der Weihnachtsmann kein Verwandter von Jesus ist. Der weihnachtlichen Stimmung wegen wird ihnen also erklärt, dass es den Weihnachtsmann tatsächlich gibt und nicht nur eine Erfindung der Erwachsenen sei. Für die Kinder ist die Anwesenheit des als Weihnachtsmann verkleideten Nachbarn trotzdem lästig, muss doch die Geschenkübergabe warten, bis man artig ein mühsam erlerntes Gedicht aufgesagt hat.

Herodes hatte mit einem Weihnachtsmann nichts im Sinn. Vielmehr befürchtete er eine mögliche Konkurrenz für sein Königsamt. So ließ er nicht locker, das Kind zu finden. Weil das offensichtlich nicht so einfach war, ließ er vorsichtshalber alle mit Jesus gleichaltrigen Jungen im Lande töten, in der Erwartung, dass auch dieser sich unter den Knaben befinden würde. Zum Glück erfuhr Josef rechtzeitig von Herodes Vorhaben. Um davon verschont zu bleiben, sattelte er daher erneut seinen Esel und floh mit Frau und Kind nach Ägypten. Josefs in die Ehe eingebrachten Kinder konnten zu Hause bleiben, zumal sie wegen ihres Alters von dieser Tötungsaktion nicht betroffen waren. Als Herodes verstarb, beruhigte sich die Situation wieder etwas, sodass die drei es wagen konnten, wieder nach Hause zu ziehen. Jesus wurde erst einmal Zimmermann und arbeitete mit seinem Vater auf dem Bau. Als aber die Familie einmal einen Verwandtenbesuch in Jerusalem unternahm und dabei eine Synagoge besuchte, erkannte Jesus, dass die Arbeit als Zimmermann nicht das Richtige für ihn sei. Die Synagoge zog ihn so an, dass ihm bewusst wurde, dass seine eigentliche Bestimmung hier zu finden sei. Also kniff er unbemerkt seinen Eltern aus und zeigte den Schriftgelehrten, wie die alten Schriften zu deuten seien. Diese wunderten sich natürlich, woher der Knabe dieses Wissen hatte. Eine Aufklärung war jedoch nicht möglich, da seine Eltern ihn wiedergefunden hatten und sofort mit auf die Rückreise nach Hause nahmen.

In der Wüste wirkte Johannes der Täufer. Diesen Namen hatte er, weil er glaubte, die Menschen durch eine Taufe im Jordan enger an Gott binden zu können, und deshalb diese Zeremonie eifrig praktizierte. Jesus hörte von ihm und wollte sich ebenfalls taufen lassen. Da glaubte Johannes, ihn als Gottes Sohn zu erkennen, dessen Ankunft auf Erden wiederholt vorausgesagt worden war. Weil er sich dazu nicht berechtigt glaubte, weigerte er sich zunächst, Jesus Wunsch getauft zu werden, nachzukommen. Als aber Jesus darauf bestand, vollzog Johannes dann doch die Zeremonie und wurde so bis zu seinem Tod sein geistlicher Ziehvater auf Erden. Diese Beziehung endete allerdings, als Johannes ein Opfer des späteren Herodes Clans wurde. Weil er dem König vor versammeltem Publikum vorgehalten hatte, Ehebruch begangen zu haben, wurde er wegen dieser Kritik in den Kerker gesteckt. Sein Kopf wurde später auf Wunsch der Prinzessin bei der mittäglichen Tafel auf einem Tablett herumgereicht.

Wie sein Vorbild Johannes gab auch Jesus seine Familie und das bürgerliche Leben auf und zog in die Wüste, um dort für einige Zeit das Leben eines Einsiedlers zu führen. Damit wollte er sich so weit wie möglich läutern und prüfen, wie weit er in der Lage sei, allen Verführungen des Lebens zu trotzen. Als der Teufel, der sich sehr mit seinen Versuchungen mühte, einsehen musste, dass ein Erfolg nicht möglich war, gab er auf und Jesus war nun ausreichend auf sein späteres Leben vorbereitet. Damit fühlte er sich bereit, die früheren Aussagen Johannes zu bestätigen und sich dem Volk als Gottes menschgewordenen Sohn bekannt zu machen, was verständlicherweise mit gehöriger Skepsis zur Kenntnis genommen wurde.

Jesus begann im Lande zu predigen. Mitstreiter fand er in den Fischern Simon Petrus und dessen Bruder Andreas, die lieber mit ihm gingen, als täglich zum Fischfang aufs Meer fahren zu müssen. Dieser schien schon damals nicht besonders ertragreich zu sein, denn es gelang Jesus schnell, weitere Fischer in seine Mannschaft aufzunehmen. Diese und ihre anderen Kollegen erhielten nun eine neue Aufgabe: Statt weiterhin auf Fischfang zu gehen, sollten sie zukünftig als Menschenfischer tätig werden. Die berufsfremden Anhänger seiner Gefolgschaft konnten zwar mit diesem Auftrag nicht viel anfangen, gelobten jedoch, sich möglichst schnell einzuarbeiten.

Matthäus zum Beispiel war Zöllner und Steuereintreiber, bevor Jesus ihn in seine Gefolgschaft aufnahm. Als Dank für die Heilung seines Onkels, hatte er Jesus und dessen Gefolge in sein Haus zum Essen eingeladen. Diese Einladung nahm Jesus gern an, hatte er doch erkannt, dass auch Finanzbeamte ordentliche Menschen sein können. Die anwesenden Pharisäer durften nicht an dem Essen teilnehmen, weil sie nach seiner Meinung nicht über eine vergleichbare moralische Integrität verfügten. Das Essen muss so gut gewesen sein, dass Jesus sich spontan entschloss, auch Matthäus in seine Gefolgschaft aufzunehmen. So lag es nahe, dass dieser später sogar von der katholischen Kirche zum Schutzpatron der Finanzbeamten ernannt wurde. Der Jünger Simon nannte sich später Petrus und ging nach Jesus Tod als Chef der Jünger in die Geschichte ein. Er hatte Jesus wegen nicht nur sein Boot und die Fischereiausrüstung verlassen, sondern auch seine Frau. Jesus revanchierte sich später damit, dass er Petrus Schwiegermutter von einem Leiden befreite.

Man kann Jesus schon als eine Art Wanderprediger bezeichnen. Zog er doch von nun an unermüdlich durch die Lande, um seinen Mitmenschen Gottes Wirken näherzubringen. Großes Gehör verschaffte ihm dabei seine Fähigkeit, auch die schwersten Krankheiten und Gebrechen auf wundersame Weise zu heilen. Damit erreichte er Aufsehen erregenden Erfolge, was sich schnell im Lande herumsprach und ihm stets eine große Schar an Bewunderern bescherte. Von seinen Kritikern jedoch wurde dieses als Zauberei angesehen. Auf jeden Fall hinterließ Jesus, da wo er predigte und heilte, ein erstauntes und dankbares Volk, das nun durch ihn einen unmittelbaren Eindruck von Gottes Größe bekommen konnte. So wurde seine Gefolgschaft immer größer und nahm schon fast bedrohliche Ausmaße an.

Um sich dem bei seinen Predigten üblichen Gedränge zu entziehen, stieg Jesus einmal auf einen Berg und begann, von dort aus zu predigen. Den unten am Berg Stehenden wurde in dieser Predigt mit einem Mal klar, dass, wenn es ihnen auch noch so schlecht ginge, jeder Einzelne für sich eine reelle Chance zur Verbesserung seines Lebens habe, wenn vielleicht auch nicht gerade in finanzieller Hinsicht. Jeder hätte die Möglichkeit, in den Himmel zu kommen, ein gesetzestreues und rechtschaffendes Leben und die unbedingte Verehrung Gottes vorausgesetzt. Diese Verehrung Gottes sollte tunlichst nicht vor aller Öffentlichkeit, sondern vielmehr der Ehrlichkeit wegen im Verborgenen geschehen. Damit meinte er die Hohepriester, die sich gern betend auf öffentlichen Plätzen aufhielten, um ihre Frömmigkeit zu demonstrieren. Als Gegenleistung erwarteten sie dann von den Zuhörern, zu diesen nach Hause eingeladen und bewirtet zu werden. Auf diese Art und Weise eine Einladung zu bekommen, schien damals kein Problem zu sein, war ein so frommer Gast doch geeignet, die Aufmerksamkeit der Nachbarn zu wecken. Auf ein ähnliches Interesse bei der Bevölkerung spekuliert auch mancher Politiker, wenngleich in dem Fall sicherlich von einem frommen Verhalten nicht gesprochen werden kann.

Die Zuhörer waren gewiss der Meinung, dass sich das von Jesus Gesagte gar nicht so schlecht anhöre. Ähnlich haben seit eh und je auch die früheren Schützlinge Gottes gedacht, wenn er ihnen mit seiner Hilfe zur Seite stand. Sobald eine solche aus ihrer Sicht jedoch nicht mehr nötig zu sein schien, nahmen sie ihre alten Gewohnheiten wieder auf und vergaßen in ihrem Eigensinn, was Gott von ihnen erwartete, so wie auch die jetzt am Berg stehenden Zuhörer. Als Jesus die Möglichkeit einer Verurteilung durch das Jüngste Gericht ansprach, bekamen viele der Zuhörer ein schlechtes Gewissen, weil sie eine Verdammnis in die Hölle zumindest in Erwägung ziehen mussten. Da konnte auch die Möglichkeit, dort einen dieser frömmelnden Hohepriester anzutreffen, nicht unbedingt tröstlich wirken. Die so Betroffenen drängten Jesus daher auch nicht sonderlich, ein Datum für die Gerichtsverhandlung zu nennen, was Jesus ohnehin verweigert hätte. Um ihnen dennoch entgegen zu kommen, versprach er ihnen, eines Tages bereit zu sein, ihre Sünden auf sich zu nehmen. Trotzdem sollten seine Zuhörer sich bemühen, ein ordentliches Leben zu führen und Gottes Gebote zu beachten. Angesichts der bestehenden Möglichkeit, sich anderenfalls in der Hölle aufhalten zu müssen, waren alle damit sofort einverstanden. Allerdings machten sich wie immer bald auch bei vielen der Zuhörer Zweifel breit. Denn wer wollte schon behaupten, dass Jesus mit dem was er gerade gepredigt hatte wirklich Recht hatte? Vielleicht war er ja gar nicht in der Lage, sein Versprechen der Sündenübernahme zu erfüllen. Wenn es trotzdem stimme, sei es ja noch eine lange Zeit bis zu dem erwähnten Gerichtstermin. So geriet das Gesagte bald in Vergessenheit und die guten Vorsätze waren schnell wieder dahin. Mit diesem Problem musste sich Jesus des Öfteren beschäftigen. Aber was sollte man von seinen Zuhörern erwarten, wenn sogar seine Jünger sich hin und wieder ungläubig zeigten und an seinen Aussagen zweifelten. Trotzdem gilt das in der Predigt Gesagte auch noch heute und ist die Orientierung für unser Miteinander nicht nur im christlichen Abendland. Allerdings scheint es nur wenigen möglich, ihr Leben vollends danach auszurichten, es sei denn, dass es gilt, Gesetzesverstöße zu vermeiden. Dieses erinnert stark an das Verhalten der früheren Schützlinge Gottes, die nur auf gehörigen Druck und dann auch nur vorübergehend ein vernünftiges

Verhalten zeigten. Was erkennen lässt, welch schwere Aufgabe Jesus auf sich genommen hatte.

Er nutzte für seine Botschaften vorzugsweise Gleichnisse aus dem Alltag, um seine Zuhörer zum eigenen Denken anzuregen. Seine Jünger verstanden diese manchmal nicht und baten, wenn sie und Jesus unter sich waren, um Aufklärung. Nun, einige von ihnen waren von Berufs wegen Fischer gewesen. Insofern waren Gleichungen, die häufig die Landwirtschaft als Grundlage hatten, verständlicherweise für sie nicht immer gleich nachvollziehbar. Insofern erstaunlich, dass Jesus sich als gelernter Zimmermann auf diesem Gebiet auskannte.

Eine Klimaveränderung wie wir sie heute erleben, wurde damals von Jesus nicht als Problem angesehen. Sonst hätte er dieses vielleicht mit einer Wundertat aus der Welt geschafft. Zumindest hätte er auf die damit verbundenen Gefahren für die Menschheit verwiesen und davor gewarnt, die Möglichkeit einer Verurteilung beim Jüngsten Gericht für dieses Vergehen auf die leichte Schulter zu nehmen. Eine Schuldübernahme durch ihn persönlich hätte er in Kenntnis des heutigen Verhaltens der Menschen gewiss nicht in Aussicht gestellt.

Allmählich wurde Jesus' Anhängerschaft so groß, dass nun zu seiner Entlastung auch seine Jünger selbständig werden mussten und zu diesem Zweck von ihm in die Heilkunst eingewiesen wurden. Diese Fähigkeit schien ihm die wirkungsvollste zu sein, um sich bei der Bevölkerung Gehör zu verschaffen. Seine sonstigen Gaben und Fähigkeiten gab er natürlich nicht weiter. Die Tätigkeit der Jünger sollte der Glaubwürdigkeit wegen umsonst sein. Um dieses demütige Auftreten zu unterstreichen, mussten die Jünger alle Wertgegenstände zu Hause lassen und sich nur mit dem nötigsten Wandergepäck begnügen. Von einer solchen Enthaltsamkeit halten einige der heutigen Kirchenoberen offensichtlich nicht sehr viel. Aber darüber mehr zu einem späteren Zeitpunkt.

Jesus war so in seine Arbeit vertieft, dass er nicht einmal Zeit hatte, sich um seine Mutter und Brüder zu kümmern, als diese ihn besuchen wollten. Überhaupt schien er keine besondere Bindung an seine Familie zu haben, sondern betrachtete vielmehr seine Jünger als diese, obwohl Gott großen Wert auf die Verehrung von Vater und Mutter gelegt hatte. Jesus setzte dagegen andere Prioritäten. Sein Vater Josef war offensichtlich bereits vor einiger Zeit gestorben, sodass man eigentlich hätte erwarten können, dass Jesus sich der Witwe und deren Waisen annehmen würde. Er jedoch schien dieses für Zeitverschwendung zu halten, für die er seine Arbeit nicht unterbrechen wollte.

Zu Jesus spektakulärsten und für die Leute eindrucksvollsten Wundern gehört die Speisung von über fünftausend Leuten mit nur zwei Fischen und einem Rest Brot. Auch Frauen und Kinder bekamen noch etwas davon ab. Die Leute waren begeistert. Das war doch etwas für sie Greifbares und Nachvollziehbares. Die Wirkung dieses Wunders wurde sogar noch größer, als er es an anderer Stelle noch einmal wiederholte. Überhaupt gab Jesus auch seinen Jüngern so manches Rätsel auf; zum Beispiel, wenn er ihnen vorführte, dass er die Naturgewalten beherrschen konnte. So zeigte er ihnen, dass er einen Sturm, der ihr Boot fast zum Kentern zu bringen drohte, mit einer Handbewegung beruhigen und er sogar auf dem Wasser laufen konnte. Überhaupt unternahm er gern Seefahrten, was zu der damaligen Zeit viel einfacher war, als auf den staubigen Straßen unterwegs sein zu müssen.

Bei seiner Missionstätigkeit scheute Jesus sich nicht, mit alten Gewohnheiten zu brechen, was ihm immer wieder Ärger mit den Pharisäern und Hohepriestern einbrachte. Diese waren für die Glaubensunterrichtung der Juden verantwortlich und natürlich über die neue und sehr erfolgreiche Konkurrenz nicht gerade erfreut. Obwohl selbst Jude, ließ Jesus bei seinen Predigten keine Gelegenheit aus, die Priester zu verhöhnen. Deren frommes Beten bezeichnete er als Frömmelei, die nur dazu diente, sich bei den Zuhörern wichtig zu machen. Das konnte den Pharisäern nicht gefallen. Auch war ihnen ein besonderer Gräuel, dass Jesus sich zum Beispiel über die Feiertagsregeln hinwegsetzte, wurden dadurch doch uralte Regeln umgestoßen. Jemanden, der sie andauernd in die Schranken verwies und ihnen ihre Anhänger wegnahm, konnten sie auf Dauer natürlich nicht dulden. Zu allem Überfluss ermahnte Jesus sie zur freiwilligen Zahlung der Steuern an den römischen Kaiser. Allerdings muss man auch sagen, dass Jesus dieses leicht fordern konnte, da er selbst als armer Mann ohne Einkommen von einer solchen Abgabe nicht betroffen war.

Die Juden waren ohnehin nicht mit Jesus als Messias einverstanden. Der Prophet Jesaja hatte diesen Messias als Menschen mit von Gott ausgestatteten besonderen Gaben vorausgesagt. Dieser sollte die Erlösung des jüdischen Volkes bringen und ihnen als Volk eine gemeinsame Heimat schaffen. Statt des versprochenen Friedens im Lande war dieses immer noch von den Römern besetzt, die sich keineswegs als Freunde der heimischen Bevölkerung verhielten, weswegen viele der unterdrückten Juden sich in der Hoffnung auf ein besseres Leben anderswo eine Bleibe suchen mussten. Nun erschien der Sohn einer wegen der unehelichen Geburt ihres Sohnes beinahe in Verruf geratenen Frau auf der Welt und behauptete, der prophezeite Messias zu sein. Da der leibliche Vater sich wohl aufgrund dieser ungewollten Vaterschaft davongemacht hatte, musste ein ahnungsloser Zimmermann dessen Rolle übernehmen und behauptete doch allen Ernstes, der Vater des neuen Messias zu sein. Das war in den Augen der Juden ein einzig abgekartetes Spiel, in dem sich Jesus mit seinen »Zaubertricks« Anerkennung zu verschaffen suchte.

Johannes der Täufer war anderer Meinung, als Jesus damals zu ihm kam, um sich taufen zu lassen. Sonst hätte er wohl nicht einen so großen Schreck bekommen, als Jesus vor ihm stand und um die Taufe bat. Zu dem Zeitpunkt konnte Johannes nicht wissen, dass Jesus nach Meinung der jüdischen Oberen nun gar nicht dem Messias entsprach, den er den Juden vorausgesagt hatte. Jesus dagegen war und fühlte sich als Jude, den Gott geschickt hatte, um noch einmal einen Versuch zu unternehmen, sein altes Volk zu bändigen. Dabei war es ihm egal, ob er in seiner Mission nun der Vorstellung der Juden entsprach oder nicht.

An dieser Stelle kann man sich die Frage stellen, worin der Unterschied zwischen Wunder und Zauberei besteht. Gottes spektakuläre Hilfen können gewiss als Wunder angesehen werden. Die von Gott wegen des wiederholten Widerstandes der Israeliten verhängten Strafen dagegen wurden von ihnen sicherlich nicht als solches angesehen. Zum Beispiel wurde sogar die Qualität der Versorgung während der Flucht aus Ägypten als Strafe empfunden und bemängelt, obwohl doch leicht zu erkennen war, dass Gott das Überleben in der Wüste hierdurch auf eine wundersame Weise sicherstellte. Auch Jesus vollbrachte mit seinen sagenhaften Heilkräften ebenfalls viele Wunder, was von der Obrigkeit im Lande jedoch als Zauberei angesehen wurde. Deswegen sorgten sie dafür, dass Jesus als vermeintlicher Aufrührer und Unruhestifter eines Tages ans Kreuz genagelt wurde. Sicherlich kommt es bei der Unterscheidung von Wunder und Zauberei auf die Wirkung für den jeweils Betroffenen an. Derjenige, der davon profitiert, wird von einem Wunder sprechen, derjenige aber, zu dessen Lasten es geht, hält das Geschehen sicherlich für eine üble Zauberei. Es kommt aber auch darauf an, wer diese Wunder vollbringt. Einem Menschen die Vollbringung eines Wunders zu glauben, dürfte schwerfallen. Die katholische Kirche macht da allerdings Ausnahmen, wenn es darum geht, einen neuen Heiligen zu ernennen. Im Mittelalter galt in der Kirche alles als Zauberei, was nicht ihren Vorstellungen entsprach. Die armen Frauen, die so in die Schusslinie der Kirche gerieten, mussten mit dem Scheiterhaufen Bekanntschaft machen. Hatte man eine solche Frau, auf welchem Wege auch immer, als vermeintliche Hexe entdeckt, wurde eilends ein auf diese Dinge spezialisierter Inquisitor herbeigerufen. Mit Hilfe seiner gut ausgebildeten Henkersknechte war es leicht, die Frauen zu einem Geständnis zu bewegen, was dann für diese bedeutete, schon auf Erden die Hölle erleben zu müssen. Trotzdem versprach ein Priester ihnen als Trost, dass Gott sie, im Himmel angekommen, gleich dabehalten würde. Angesichts der bevorstehenden Schmerzen war das nur ein geringer Trost, der wohl mehr den

Zuschauern als den Betroffenen galt. Die so verurteilten Frauen hatten doch nur den Wunsch, diese Erde so schnell wie möglich zu verlassen.

Auf der anderen Seite war für die Kirche alles, was als Wunder vermarktet werden konnte, willkommen, um der Gefolgschaft den Glauben an Gott näher zu bringen. Die Sache hatte sich auf jeden Fall dann gelohnt, wenn dabei noch Spenden rausprangen oder der Ort des Wunders touristisch vermarktet werden konnte.

Nachdem die Pharisäer Jesus immer wieder vergeblich aller möglichen Dinge beschuldigt hatten, beschlossen sie eines Tages, ihn als abtrünnigen Aufrührer umbringen zu lassen und überlegten, wie dies am besten geschehen könne. Sie hatten dabei auf Verrat aus Jesus eigenen Reihen gesetzt und hierfür Judas als Mitglied der Jüngerschaft gewonnen, der sich gegen Zahlung eines Bestechungsgeldes zu dem Verrat bereit erklärte. Jesus bekam Wind davon, ließ sich dadurch aber nicht von seinem Handeln abbringen. Trotz der damit für ihn verbundenen Gefahr beschloss er sogar, sich in die Höhle des Löwen nach Jerusalem zu begeben, um im dortigen Tempel einen letzten Machtkampf mit den jüdischen Obrigkeiten zu wagen.

Ihm war klar, dass ihm nur wenig Zeit bleiben würde, eine solche Auseinandersetzung zu führen. Um sich würdig von seinen Jüngern zu verabschieden und diese auf sein kommendes Ende vorzubereiten, lud er sie deshalb zu einem gemeinsamen Abendmahl ein. Dabei beschuldigte er zur Überraschung der Anwesenden Judas, dass der ihn verraten werde, was dieser jedoch energisch abstritt. Seine Jünger wollten die baldige Festnahme und Verurteilung von Jesus ohnehin nicht glauben. Besonders Petrus tat sich als Zweifler mit dem Argument hervor, er sei doch einer der treuesten Gefährten Jesus' und würde ihn niemals verraten. Dieses sollte sich aber bald als Heuchelei herausstellen, was Jesus ihm auf den Kopf zusagte.

Jesus bekam letztlich doch Angst vor der eigenen Courage, als er sich den Ernst der Lage vor Augen führte. Er bat Gott inständig, ihm das Schicksal einer Kreuzigung zu ersparen. Aber Gott beharrte auf seinen Plan, Jesus nun durch die Juden sterben zu lassen. Anders als seinerzeit bei Abraham, dessen Sohn er im letzten Augenblick rettete, kannte er bei seinem eigenen Sohn kein Erbarmen.

Während Jesus hierüber mit Gott haderte, hatten sich die Jünger zum Schlafen gelegt und waren trotz mehrfacher Versuche nicht wach zu bekommen. Ihnen erschien Jesus' vermeintlich bevorstehender Tod unwahrscheinlich und nicht unbedingt beunruhigend. Sie erwarteten deshalb auch nicht seine baldige Festnahme. Und doch wurde es Wirklichkeit! Judas veranlasste mit seinem Verrat Jesus Gefangennahme, was dieser widerstandslos geschehen ließ, ohne auf die Verführungsversuche der Hohepriester einzugehen. Sie brachten ihn zum römischen Statthalter, um ihn von diesem zum Tode verurteilen zu lassen. Der jedoch konnte keine von Jesus begangenen Gesetzesverletzungen erkennen, und ließ sich erst durch einen Volksentscheid zu einem Urteil hinreißen. An Jesus Stelle musste er einen Schwerverbrecher freilassen.

Die Verurteilung Jesus' anstelle des Verbrechers Barabas sollte uns eine Warnung sein, zu welch unberechenbarem Ausgang ein Volksentscheid führen kann. Viele unserer Politiker fürchten deshalb im Grunde genommen eine solche Art der Entscheidungsfindung, obwohl sie ansonsten in der Öffentlichkeit für mehr Demokratie werben. Es könnte nämlich durchaus passieren, dass ein anderes Ergebnis als von ihnen erwartet akzeptiert werden müsste. Dieses musste auch Pilatus widerwillig erfahren und sah sich so gezwungen, der Forderung der Hohepriester nachzugeben.

Als es nun ernst wurde, erkannte Judas was er da angerichtet hatte, und nahm sich das Leben. Das also war sein Lohn für die ihm von Gott zugedachte Rolle in dem Geschehen um Jesus' Ende. Auch Petrus handelte, wie von Jesus vorausgesagt. Als die Verfolger ihn trotz seines Verstecks im Garten erkannten, leugnete er mehrfach, Jesus zu kennen. Im Gegensatz zu Judas bekam Petrus keine Strafe für sein Verhalten, sondern wurde später stattdessen zum Sprecher der Jünger befördert. Der Hahn, der Petrus' Lügen ein Ende gesetzt hatte, bekam sogar einen Ehrenplatz auf den Turmspitzen vieler Kirchen. Die weitere Entwicklung ist bekannt: Jesus wurde wie ein Schwerverbrecher behandelt, zur Hinrichtung gebracht und zwischen zwei verurteilte Mörder an das Kreuz genagelt. Dabei wurde er von den Hohepriestern als vermeintlicher König der Juden verspottet, bis er durch den gnädigen Speerstoß eines Soldaten von seinen Qualen erlöst wurde.

Die spätere Beförderung Petrus zum Oberhaupt der Christengemeinde mag angesichts seines Verhaltens im Zusammenhang mit der Festnahme von Jesus merkwürdig erscheinen. Ähnlich hatte Gott zum Beispiel auch bei David und einigen anderen gehandelt, die ebenfalls nicht immer als gottestreu gelten konnten. Warum er diese Ausnahmen zuließ, vermögen wir nicht zu begreifen, aber darauf wird er wohl keinen Wert legen. Bei uns Menschen jedoch könnte eine gewisse Hoffnung aufkommen, dass Gott auch uns trotz unseres unvernünftigen Verhaltens im Umgang mit unser Natur helfen wird, unsere aktuellen Probleme zu lösen.

Im Augenblick von Jesus Tod begann ein großes Beben, das die Erde erschütterte. Das gefiel den Zuschauern, die eigentlich nur wegen des bei einer Kreuzigung zu erwartenden Spektakels gekommen waren. Seine Ankläger dagegen bekamen einen gewaltigen Schreck und begannen sich zu fragen, ob Jesus' Hinrichtung nicht vielleicht doch ein Fehler gewesen sein könnte. Diese Sorge verstärkte sich, als drei Tage später Jesus' Grab von den Frauen, die sich schon zu Lebzeiten um ihn gekümmert hatten, leer aufgefunden wurde. Um nun nicht noch zusätzliche Unruhe zu schaffen, ließen die Hohepriester, die auch nicht so richtig nachvollziehen konnten, was geschehen war, behaupten, Jesus' Leichnam sei gestohlen worden.

Vom Gegenteil konnten sich seine Jünger kurze Zeit später persönlich überzeugen, als der auferstandene Jesus sich ihnen in Persona zeigte. Die Freude darüber war so groß, dass man spontan beschloss, diesem Ereignis mit Ostern einen eigenen Feiertag zu widmen, wobei heutzutage manchem nicht klar ist, dass bei diesem Fest nicht der Osterhase die Hauptperson ist. Anstandshalber wurde auch der Tag, an dem Christus gekreuzigt wurde, als Karfreitag zum Feiertag bestimmt. Am Ostermontag konnte man sich dann fortan von den Strapazen der freien Tage wieder erholen. Nicht nur für die Christen ist das Ereignis der Auferstehung von elementarer Bedeutung, auch bei den anderen Weltreligionen hat es einen tiefen Eindruck hinterlassen. Diese Gemeinsamkeit hat aber leider nicht dazu beitragen können, sich miteinander zu vertragen und Frieden auf Erden zu halten.

Mit Jesus war nun jemand auf die Welt gekommen, der mit größten Kompetenzen ausgestattet, den Auftrag hatte, die Menschen von Gottes Allmacht zu überzeugen. Dieses gelang ihm, wenn er ihnen aus großer Not verhalf, was allerdings schnell wieder vergessen wurde, sobald die Notlage vorbei war oder die Menschen sich in ihren Gewohnheiten gestört fühlten. Zeit seines Lebens auf Erden hatte er das Problem, als Gottes Sohn anerkannt zu werden, weil bei den Menschen immer wieder Zweifel aufkamen, ob es Gott denn wirklich gäbe. Und nun kam ein Mensch wie Jesus daher und behauptete, Gottes Sohn zu sein. Wenn der menschliche Verstand schon nicht ausreichte, um Gott in seiner Allmacht zu erkennen, wieviel schwerer war es dann, sich Jesus als seinen Sohn vorzustellen? So war aus Sicht der Hohepriester denn auch klar, dass es bei seinen wundersamen Heilungen nicht mit rechten Dingen zugehen konnte. Das sahen die Betroffenen dieser Heilerfolge natürlich anders, was die Hohepriester allerdings nicht umstimmen konnte.

Gott hatte seit Anfang der Menschheit immer wieder einschreiten müssen, wenn diese glaubte, in ihrem Verhalten keine Rücksicht auf ihn nehmen zu müssen, und sich ungeachtet der zu erwartenden Strafen sogar gegen ihn stellte. Ob er nun sein Experiment mit der Entsendung von Jesus als gelungen angesehen hat, bleibt natürlich sein für uns Menschen nicht aufzuklärendes Geheimnis. Aus unserer Sicht jedoch müssen wir leider zugeben, dass unser Verhalten nach wie vor von Unvernunft geprägt ist und sobald auch keine Besserung zu erkennen ist. Trotzdem sollte der Versuch einer Änderung nicht aufgegeben werden, weswegen Jesus seine Jünger ja auch mit dieser Aufgabe betraute.

Zwischenbilanz

Die vorhergehenden Schilderungen der biblischen Ereignisse haben nichts mit unserem aktuellen Problem der Klimaveränderung zu tun. Sie können dem Leser jedoch vor Augen führen, dass wir Menschen uns im Grunde genommen nicht verändert haben und die uns eigene Unvernunft nicht neu ist. Nur das Problem, mit dem wir zu tun haben, ist ein anderes geworden. Zu der damaligen Zeit ging es den Menschen darum, sich gegen eine tiefgreifende Bevormundung, in diesem Fall durch Gott, aufzulehnen. Wie im weiteren Verlauf der Überlegungen geschildert, gehen wir heute noch einen Schritt weiter, indem wir dabei sind, unsere Umwelt und damit unsere eigene Existenz zu gefährden. Wie anscheinend immer schon sind die Ursachen unseres Handelns offensichtlich in unserem Wesen begründet. Wir wollen unser Leben selbst bestimmen und sind in unserer Unvernunft nicht bereit, unseren vermeintlichen Status als Krönung der Schöpfung und als dominierendes Wesen auf Erden aufzugeben. Leider haben wir aus den Erfahrungen der biblischen Menschen nicht lernen können.

Wenngleich das uns aktuell beherrschende Thema der Klimaveränderung damals noch keine Rolle spielte, muss dennoch vermerkt werden, dass der Kern unseres heutigen in dieser Beziehung gedankenlosen Verhaltens schon seit Anbeginn der Menschheit zu erkennen gewesen ist. Der Widerstand gegen jegliche Änderung unserer Lebensgewohnheiten und unser Mangel an einem vernünftigen Verhalten und einem langfristigen Denkvermögen ist geblieben. Hinzu gekommen sind die Auswirkungen unseres technischen Fortschritts und dessen Folgen für uns. Die daraus resultierende Abhängigkeit und das gewaltige Anwachsen der Erdbevölkerung haben eine Hektik und Unpersönlichkeit in unser Leben gebracht, was früher so nicht denkbar gewesen wäre, und, was noch schlimmer ist, von uns heute schon als normal angesehen wird. Zur damaligen Zeit erschien es nicht notwendig, sich Gedanken über das zukünftige Leben der Menschheit auf Erden zu machen, hatte man mit dem Überleben in seinem Land doch genug zu tun. Und im Übrigen könnte man ja die Entscheidung hierüber Gott überlassen. Der würde einem schon helfen. Man müsste sich nur rechtzeitig entscheiden, ein ihm gefälliges Leben zu führen.

Heute wäre es dringend notwendig, dass wir Menschen uns Gedanken über die Zukunft unserer Nachkommen machen und als vernünftige Wesen handeln! Wir sind dabei, den »*Ast, auf dem wir sitzen, selbst abzusägen*« und Gott mag sich vielleicht sagen: »*sie haben sich die Suppe eingebrockt und sollen sie nun selbst auslöffeln*«. Die aktuellen Wetterunbilden und andere Vorboten der Klimaveränderung sollten uns merken lassen, wie diese Suppe schmecken wird!

Auftrag und Ausführung

Nachdem die Jünger ihren Schock überwunden hatten, dem tot geglaubten Jesus gegenüber zu stehen, beeilten sie sich, seine Anweisungen entgegen zu nehmen. Dieser Auftrag lautete, in die Welt zu gehen und von Gott zu berichten. Jesus hatte schon zu Lebzeiten Petrus zu seinem Stellvertreter auf Erden ernannt und diese Ernennung selbst angesichts der Verleugnung durch ihn in der Nacht seiner Verhaftung nicht widerrufen. Bei der Erteilung des Auftrages an die Jünger benutzte Jesus wie gewohnt eine seiner bildhaften Sprachen, wonach Petrus der Fels sein sollte, auf dem Jesus seine Kirche bauen werde. Die Jünger, die nun nicht mehr im Gefolge von Jesus durch die Lande wandern konnten, wurden von Gott zur Stärkung ihrer Tatkraft mit den notwendigen geistlichen Fähigkeiten ausgestattet. Von nun an sollten sie selbständig für den Glauben an Gott nicht nur bei den Juden werben. Denn er hatte beschlossen, seine Zuständigkeit auf die Menschen in aller Welt auszudehnen. Vielleicht war er zu der Überzeugung gelangt, dass sein Plan, sich mit seinem eigenen Volk ihm treu ergebende Anhänger zu schaffen, trotz aller Anstrengungen nur schwer zu verwirklichen sei. So schien es ihm richtig, einen solchen Versuch auch einmal bei anderen Völkern zu unternehmen.

Um Jesus' Besonderheit hervorzuheben, bekam er von seinen Jüngern den Beinamen »Christus«, was so viel wie »der Gesalbte« bedeutet und auf die Behandlung früherer Könige Bezug nimmt. Bei der Gelegenheit wurden denn auch seine Anhänger als Christen bezeichnet, wobei wir bei näherer Betrachtung zugeben müssen, dass sicherlich nicht jeder der so Betitelten eine solche Benennung verdient.

Jesus hatte sich zeit seines Lebens bemüht, bei seinen Zuhörern an ihre Vernunft zu appellieren und sie von einem gottgefälligen Leben zu überzeugen. Aber auch er musste die Schwierigkeit solchen Bemühens erkennen. Damit dieses Vorhaben auch nach seinem Tode fortgeführt werden würde, hatte er seine Jünger zu Aposteln befördert, die der Einfachheit halber zunächst in Jerusalem versuchen sollten, ihre ehemaligen jüdischen Glaubensbrüder von seiner Mission zu überzeugen. Das erwies sich jedoch als unmöglich und war mit großem Ärger verbunden. Die Juden weigerten sich nämlich nach wie vor, Jesus als Messias anzuerkennen und dessen Lehren anzunehmen. Sie verteidigten ihren eigenen Glauben mit allen Kräften und machten den Aposteln das Leben alles andere als leicht. Trotzdem bauten die ehemaligen Jünger, wie von Jesus befohlen, zunächst Jerusalem zu ihrem missionarischen Stützpunkt aus.

Auch die Bekehrung der Römer, die als Besatzungsmacht in Israel nach wie vor das Sagen hatten, kam nicht wie gewünscht voran. Sie hatten ihre eigenen Götter, weswegen ihnen die neue Glaubenskonkurrenz ein Dorn im Auge war. Trotzdem entschied Petrus bald, seine Wirkungsstätte nach Rom als dem Mittelpunkt der damals bekannten Welt zu verlegen, weil er dort vor Ort den größeren Erfolg erwartete. So wurde Petrus Bischoff von Rom und damit Vorgänger der Päpste.

Petrus ließ sich trotz des zu erwartenden Widerstandes nicht davon abhalten, seine Apostel auch in die angrenzenden Länder zu schicken, um dort christliche Gemeinden aufzubauen. Die Koordinierung übte Petrus von Rom aus, wenn auch aufgrund seines langen Gefängnisaufenthaltes nur in stark eingeschränktem Maße. Auch die in Rom gewonnenen Glaubensbrüder und -schwestern mussten sich wegen der hartnäckigen Verfolgung durch die Römer in den Untergrund zurückziehen. Sobald man ihrer trotzdem habhaft werden konnte, machte man sich ein Vergnügen daraus, sich im Zirkus deren Verwendung als Löwenfutter Beifall klatschend anzusehen.

Nun zeigte Petrus sein eigentliches Können. Aus ihm, der aus Angst um sein eigenes Leben Jesus vor gar nicht langer Zeit verleugnet hatte, wurde ein Organisator, der mit großem Geschick an der Glaubensverbreitung arbeitete. In Rom ernannte Petrus seine Gemeinde zu römischen Katholiken, um damit die erdumfassende Bedeutung seiner Kirche klarzustellen. Sich selbst beförderte er auf Jesus' Geheiß zu deren weltliches Oberhaupt. Angespornt von seinem Eifer wandten sich seine Mitstreiter mit verstärkter Kraft ihren potenziellen Glaubensbrüdern in den angrenzenden Ländern zu, um auch diesen ihren Glauben näherzubringen. Sie mussten allerdings schnell erfahren, nicht überall willkommen zu sein und stattdessen mit aller Härte verfolgt zu werden. Petrus erging es nicht besser, da auch er den Märtyrertod sterben musste.

Als später eine Bedrohung der Nachfolger Petrus' durch die Römer nicht mehr bestand, beschlossen die Kirchenoberen, das Amt des irdischen Stellvertreters Jesus' in Rom zu einer dauernden Einrichtung zu machen und die Führungsrolle mit einem der ihrigen zu besetzen. So wurde das Papstamt als Institution geschaffen, die als solche die immer größer werdende Gefolgschaft lenken sollte. Bei Petrus war es Jesus selbst, der ihm dieses Amt zuwies. Heute dagegen hält er sich bei solchen Beförderungen zurück, und überlässt den dazu bestimmten Kirchenfürsten die Wahl des Inhabers des Papstamtes. Wegen der Attraktivität dieses Amtes ergaben sich, menschlich verständlich, in der Folgezeit Machtkämpfe, in die sich auch die weltlichen Machtinhaber einmischten. Diese Streitigkeiten führten in manchen Fällen sogar zur gleichzeitigen Ernennung mehrerer Päpste, die in ihrem Machtbestreben dem rechtmäßigen Papst nicht nachstehen wollten. Wenn das Petrus gewusst hätte!

Wegen des immer größeren Wirkungskreises war die Verbreitung des neuen Glaubens von den Aposteln nicht mehr allein zu schaffen, sodass sie weiterer Hilfskräfte bedurften. Obwohl diese Tätigkeit in vielen Fällen eines gewaltigen Mutes bedurfte, wurde die Anzahl der hinzugewonnenen Missionare immer größer. Diese waren bei ihrer Arbeit häufig ihres Lebens nicht sicher und mussten mit drastischen Gewaltmaßnahmen rechnen. War doch die jeweilige Zielgruppe ihrer Bemühungen in der Regel mit ihren eigenen Göttern zufrieden und deshalb nicht bereit, eine Störung durch die Missionare zu dulden. Zum Beispiel die Wikinger, die in den in England gegründeten Klöstern Kostbarkeiten vermuteten, die es sich zu holen lohnte. So mussten die dort ihrem neuen Glauben anhängenden Mönche so manches Ungemach erdulden, bis die Räuber das Gefühl hatten, dass sich diese Plünderungen wirtschaftlich nicht mehr lohnten. Aber auch in anderen Ländern war man neugierig zu sehen, ob Gott seinen Missionaren wohl helfen würde, wenn diese unsägliche Misshandlungen erleiden mussten. Umso bewundernswerter ist, dass die Missionare trotzdem ihrem Auftrag unbeirrt nachkamen. Was muss das für ein starker Glaube gewesen sein, der diese in ihren Bemühungen antrieb. So mussten auch Gottes eifrige Gefolgsleute den Widerstand der Menschen am eigenen Leibe spüren, womit auch Jesus selbst immer zu tun gehabt hatte. Wie eigentlich schon immer, ließen sich die Menschen auch zu der Zeit nur schwer zu einer Änderung ihrer Lebensgewohnheiten veranlassen.

Später waren Missionare sogar weltweit im Einsatz. Zur Erlangung einer größeren Überzeugungskraft als den eifrigen Missionaren ohnehin eigen war, musste häufig das Schwert den nötigen Nachdruck verleihen. So bediente man sich des Öfteren des Militärs, wodurch bei der Gelegenheit häufig ganze Länder ohne Rücksicht auf die einheimische Bevölkerung nicht nur einen neuen Glauben erhielten, sondern auch einem neuen Monarchen zufielen. Ehe zum Beispiel in Südamerika die Inkas und ihre Nachbarn merkten, was ihnen von den Europäern und deren Missionaren drohte, hatten sie in der Regel auch schon ihr Land verloren, wenn sie dann überhaupt noch am Leben waren.

In vielen Ländern aber hatten die Missionare allerdings nur einen geringen Erfolg. Vielleicht lag es daran, dass diese Länder, wie zum Beispiel China oder Indien zu weit entfernt lagen. Oder, dass deren heimische Götter zu stark verwurzelt waren, um einfach abgeschafft zu werden. In diesen Ländern dauerte es länger, bis sich das Christentum auch dort zumindest in Teilen der Bevölkerung etablieren konnte. Jesus hätte, vielleicht abgesehen von den manchmal praktizierten Methoden seiner Missionare und deren Unterstützer, auf die Bemühungen seiner Glaubensaktivisten stolz sein können. Er konnte sich allerdings auch nicht vorstellen, wo überall auf der Erde sein Missionsauftrag befolgt wurde, da sie zu seiner Zeit nur in Teilen bekannt war.

So kam der neue Glaube langsam auch zu vielen bislang Andersgläubigen. Wenn es dort erst einmal gelungen war, den jeweiligen Herrscher auf die richtige Seite zu ziehen, folgte die Herde ihrem Hirten nach, manchmal auch widerstrebend und mit blutigem Haupte. Allerdings konnte nicht verhindert werden, dass sich zum Beispiel auch die islamische Konkurrenz der Missionare mit Erfolg bemühte,

Anhänger zu gewinnen. Folglich führte das immer wieder zu Auseinandersetzungen zwischen den Vertretern der verschiedenen Religionen, was auch heute noch häufig für den fehlenden Frieden auf der Erde verantwortlich ist. Erfreulicherweise gibt es aber auch Religionen auf der Welt, die sich in ihrer Toleranz an derartigen Streitigkeiten nicht beteiligen.

Gott müsste eigentlich mit den Bemühungen der Missionare zufrieden gewesen sein. Allerdings galt es für ihn, zunächst einmal abzuwarten, wie sich seine neuen Anhänger in Zukunft verhalten würden. Schmerzlich erinnerte er sich daran, dass er seinerzeit seine Leute aus der Sklaverei in Ägypten befreit hatte und diese, statt ihm zu danken, sich ihm einfach nicht unterordnen wollten. Da durch die christliche Missionierung viele neue Gläubige hinzugekommen waren, auf die er bislang sein Augenmerk nicht gerichtet hatte, könnte es durchaus sein, dass ihm von denen das Gleiche wiederfahren würde. Mit den Juden hatte er im Laufe der vielen Jahre allerdings genügend Erfahrung gesammelt, um deren Verhalten einschätzen zu können.

Wohl in der Erkenntnis, dass die Bekehrungsversuche der Missionare bei seinem alten Volk, den Juden, nicht erfolgsversprechend waren, ließ er diese bis auf Weiteres in Ruhe, wahrscheinlich weil er davon ausging, sich auch in Zukunft mit deren Wankelmütigkeit ihm gegenüber auseinandersetzen zu müssen. Sie hatten die Zerstörung des Tempels von Jerusalem durch die Römer als Gotteszeichen angesehen und fluchtartig ihr Land verlassen, um irgendwo in der Welt Unterschlupf zu finden. Ob das, wie manchmal behauptet wird, eine Strafe Gottes für die Behandlung von Jesus war oder nicht, eine solche Massenflucht hatte es in der Geschichte der Juden noch nicht gegeben. Der Weg während der Flucht aus Ägypten führte in die versprochene Heimat, die Flucht aus dem eigenen Land machte den Wunsch, hier in Frieden leben zu können, wieder zunichte. Statt die vorausgesagte Harmonie im Lande Israel erleben zu dürfen, waren sie nun erneut in der Welt verstreut. Vielleicht, so könnte Gott gehofft haben, würde dieses auch ohne sein Zutun zu einer Läuterung des Volkes führen, was es für ihn zunächst abzuwarten galt.

In der Überzeugung, dass der erwartete *richtige* Messias bestimmt eines Tages kommen und ihnen die Rückkehr nach Israel ermöglichen würde, waren sich die Juden einig, bis dahin in der Fremde auszuharren. Die nach ihrer Rückkehr vorgesehene Wiederherstellung des alten Tempels könnte allerdings mit erheblichen Schwierigkeiten verbunden sein, da das alte Tempelgelände nicht nur von ihnen und den Christen in Anspruch genommen wurde, sondern inzwischen auch von den Muslimen besetzt war. Den Exodus der Juden aus Israel hatten die Muslime nämlich zum Anlass genommen, sich dort niederzulassen und die freigewordenen Tempelflächen für eigene Sakralbauten zu nutzen. Die dort gebaute al-Aqsa- Moschee und der Felsendom werden von den Muslimen als Heiligtum beansprucht und mit Sicherheit nicht freiwillig den Juden überlassen werden. So bleibt diesen bis zur Erfüllung der Prophezeiung nur die Klagemauer als Erinnerung an den früheren Tempel.

Statt der erwarteten Harmonie im eigenen Land mussten die Juden nun trotz aller Widrigkeiten versuchen, sich in die Gemeinschaft der Gastländer zu integrieren. Das sollte sie aber nicht davon abhalten, ihre Besonderheiten beizubehalten. Ein treues oder einfach ein störrisches Verhalten? Auf jeden Fall brachte diese Einstellung ihnen über Jahrhunderte bis hinein in unsere Zeit Unterdrückung, Verfolgung und sogar Tod. Nicht überall konnten sie für längere Zeit richtig sesshaft werden, sondern wurden je nach entsprechender Laune ihrer jeweiligen Gastgeber oft zum rechtlosen Spielball, mit dem man glaubte, beliebig umgehen zu können. Viele Landesherren machten es sich einfach mit der Begründung, dass es doch die Juden gewesen waren, die Gottes Sohn und den Heiland der Christen aus schändlichen Motiven hingerichtet hatten. Als ob das nicht schon ausreichend war, wurden die Juden im Mittelalter ohnehin für alles verantwortlich gemacht, was irgendwie zu Schäden führen könnte. Die vermeintlichen Taten der

Juden müssten mit schärfsten Repressalien bestraft werden, so das Motto der übermächtigen Landesherren. Deshalb wurden sie trotz ihrer Tüchtigkeit und teilweise überlegener Bildung zu schutzlosen Menschen in einer christlichen Umgebung. Ein meist nur vorübergehender Schutz wurde ihnen nur solange gewährt, wie sie der Obrigkeit von Nutzen waren. Die Muslime gingen dagegen mit den Juden, die es zu ihnen verschlagen hatte, wesentlich humaner um und erlaubten ihnen, entsprechend ihren Fähigkeiten einen Platz in der Gesellschaft einzunehmen.

Als die Muslime begannen, in Jerusalem sesshaft zu werden, war dieses den Christen des Abendlandes nicht nur aus religiösen Gründen ein Dorn im Auge, wurden hierdurch doch auch ihre Handelsinteressen gestört. So sammelten christliche Fürsten Krieger mit dem Versprechen auf reiche Beute und bekämpften unter der Bezeichnung »Kreuzzüge« die jetzt in Jerusalem ansässigen Muslime. Die Juden wurden nicht als würdig empfunden, an der Befreiung des eigenen Landes teilzunehmen, sondern durften gnädiger Weise als tüchtige Handelsleute lediglich die Finanzierung dieser Kreuzzüge übernehmen, ohne zumeist ihr Geld jemals wiederzusehen. Als wenn das noch nicht genug wäre, nutzten die Kreuzzügler die Gelegenheit, die auf ihrem Wege angetroffenen Juden ebenfalls auszuplündern.

Der vorläufige Höhepunkt dieser Judenverfolgung wurde erreicht, als man sie im Mittelalter für die Ausbreitung der Pest verantwortlich machte. Bisher waren es hauptsächlich die Landesherren, die die Juden drangsalierten. Nun verbreitete sich der Judenhass auch immer mehr im Volk, das ihnen bislang zumindest einen gewissen Schutz geboten hatte. Übertroffen wurde der Hass noch im Nazi- Deutschland, als man daran ging, die Juden nicht nur zu verfolgen, sondern zu vernichten., wenn immer man ihrer habhaft wurde.

Was muss das ein starker Glaube sein, der einen befähigt, dies alles zu ertragen und auf eine versprochene Besserung zu warten, ohne zu wissen, wann diese, wenn überhaupt, eintritt? Gott könnte eigentlich seinen Juden doch etwas Gutes abgewinnen und ein wenig stolz auf sie sein, trotz allen Ärgers, der ihm in all den Jahren von diesem bereitet worden war. So hofften die Juden, dass er vielleicht bald der Meinung sein könnte, dass es der Strafe genug sei, und er mit seinem Volk wieder Frieden schließen könne. Zu wünschen wäre ihnen das. Auch, dass die immer noch in einer Nazi-Tradition verhafteten Menschen die Unsinnigkeit ihres Denkens und Handelns einsehen.

Während Gott die in der ganzen Welt verstreuten Juden zunächst ihrem Schicksal überließ, nutzte er die Gelegenheit, seine neuen Anhänger zu beobachten. Leider musste er dabei feststellen, dass auch mit diesen noch viel Arbeit vor ihm liegen würde. Denn nicht nur die Juden hatten als Rechtlose zu leiden. Ähnlich wie in der alttestamentarischen Geschichte gab es auch jetzt Obrigkeiten, die sich als selbsternannte Führungsschicht besondere Rechte herausnahmen. In Ausnutzung ihrer Macht hatten diese zum Beispiel den Grundbesitz im Lande unter sich aufgeteilt. Anders als im alten Israel kamen die Bauern für eine Landvergabe nicht in Frage. Stattdessen strebten die das Sagen hatten, nach jeder sich bietenden Möglichkeit, sich selbst einen möglichst großen Teil des Landes anzueignen. Auf diese Weise war es ihnen möglich, die Bevölkerung von sich abhängig zu machen, wobei ein rechtmäßiges Vorgehen nicht immer als notwendig erachtet wurde. Nur wenn, was des Öfteren vorkam, bei ihnen ein besonderer Finanzbedarf bestand, wurde zähneknirschend ein Teil des Grundbesitzes zur Nutzung durch andere freigegeben. Dieses Privileg des adeligen Grundbesitzes wurde jedoch im Laufe der Zeit durch das Aufmurren der landlosen Bevölkerung beendet, was den Immobilienhandel zu einem schwunghaften Geschäft machte.

So bestand die überwiegende Mehrheit der Untertanen aus armen und geknechteten Bauern, die meist als Leibeigene oder Unfreie nicht einmal über ihr eigenes Leben bestimmen konnten. Diese Entscheidung nahmen ihnen Adel und Klerus ab, die ihre vermeintlichen

Rechte an den Menschen praktischerweise in die Bereiche Leib und Seele aufgeteilt hatten. Den Leib nahm der Adel für sich in Anspruch, die Seele dagegen fiel in den Bereich der Kirche, was nicht weniger profitabel war.

Bei dieser Regelung hatten beide das Ziel, sich gegenseitig bei der Vermehrung ihrer Macht zu unterstützen. Der Klerus freute sich über die Zuwendungen des Adels. Dieser profitierte im Gegenzug davon, dass die Kirche den Bauern einbläute, die von Kirche und Adel vorgegebene Gesellschaftsordnung sei gottgewollt und deshalb unumstößlich. Tatsächlich lebten beide oft das Gegenteil einer frommen Lebensweise. Beide Parteien waren sich darüber einig, dass Bildung für das Volk schädlich sei. Das galt anscheinend nicht für den Adel, obwohl sich dieser in der Beziehung auch nicht gerade mit Ruhm bekleckerte. Wie ihnen gepredigt wurde, erduldeten die armen Bauern dieses ihr vermeintlich von Gott auferlegtes Schicksal, ohne die Möglichkeit zu haben, eine Änderung herbeizuführen. Und wenn jemand glaubte, seinen Kopf doch etwas höher tragen zu können, wurde ihm dies schnell mit qualvollen Methoden wieder ausgetrieben oder mangels eines Kopfes unmöglich gemacht.

Seit Anbeginn der Menschheit waren billige Arbeitskräfte begehrt. So hat es Sklaven offensichtlich schon immer gegeben, und sie waren eine begehrte Kriegsbeute und Handelsware. Auch die Juden mussten diese Erfahrung zum Beispiel in Ägypten und während der verschiedenen Zeiten einer Besatzung sogar im eigenen Land machen. Richtig in Gang kam die Sklavenhaltung bei den Griechen und Römern und entwickelte sich dort zu einem nicht unbedeutenden Geschäftsfeld. Drohte auf den Sklavenmärkten der Warenvorrat auszugehen, wurde auf darauf spezialisierten Kaperfahrten für den nötigen Nachschub gesorgt. Diese hatten wahrlich genügend zu tun, denn es wird berichtet, dass auf den größten der damaligen Sklavenmärkte täglich mehrere tausend dieser Leidensgefährten zum Verkauf standen.

In der neueren Zeit lernten auch andere Staaten schnell, sich unter

Hintanstellung ethischer Überlegungen dieser Geschäftsmöglichkeit zu bedienen. So hätten die überseeischen Niederlassungen der Europäer oder die Plantagen im Süden der USA ohne den Einsatz von Sklaven gar nicht existieren können. Selbst die europäischen Königshäuser wollten des Profites wegen an diesem Handel teilnehmen, sodass sich unter deren Kontrolle wirtschaftlich interessante und weltumspannende Handelswege entwickelten.

Sklaven hatten als Handelsware einen Preis, der sich nach ihrer Herkunft, vor allem aber nach ihren Fähigkeiten richtete. So achtete der Sklavenbesitzer wie üblich darauf, sein Personal möglichst günstig zu erwerben. Am günstigsten war es, wenn seine Sklaven selbst für Nachwuchs sorgten, der dann ebenfalls versklavt wurde. Wenn es damit nicht so recht funktionierte, sprangen die Besitzer schon mal selbst ein, um dem nachzuhelfen. So auch bei Abraham, dessen Ehefrau allerdings nach der Geburt seines unehelichen Sohnes vor Eifersucht platzte und Abraham veranlasste, diese Sklavin samt ihren Sohn in die Wüste zu schicken. Im Mittelalter nahm der Adel das ihm zustehende Recht der »jus primae noctis« in Anspruch und lernte viele der Damen auf diese Weise etwas näher kennen.

Selbst Gott hatte bei den von ihm angeordneten Eroberungskriegen die Losung ausgegeben, Gefangene entweder zu töten oder als Sklaven mit nach Hause zu bringen. Auch Jesus sah die Sklaverei offensichtlich als normal und die Sklaven als Teil der Gesellschaft an. Wenn er in seinen Predigten von Menschen sprach, hatte er die Sklaven offensichtlich nicht im Blick gehabt, obwohl er sich selbst einmal als solcher bezeichnete; was allerdings eher bildlich gemeint war. Dabei hätten diese doch zumindest bis zu ihrer Versklavung, dem Recht nach als Menschen gelten müssen. Man überlege nur, dass ein Tier nach heutiger Rechtsprechung mehr Rechte hat als ein damaliger Sklave, denn diese waren nach Meinung von Aristoteles nur »menschliches Werkzeug«. Selbst, wenn Jesus anderer Meinung gewesen wäre, schien es ihm wohl angebracht, seine Vorhaltungen gegen die Oberen der Juden nicht auch noch mit dieser Frage zu belasten, und verzichtete deshalb, hierüber eine Diskussion zu führen.

Früher, als man sich einen Harem leisten konnte, hatten einige wegen ihres muskulösen Körperbaus ausgewählte Sklaven die Ehre, als Haremswächter auf die Damen aufzupassen. Allerdings mussten sie sich vorher kastrieren lassen. Nach dieser Prozedur durften die Betroffenen dann den Titel »Eunuch« führen, was manchmal durchaus auch als Ehrentitel aufgefasst werden konnte. Mit einem so geschädigten Fortpflanzungsorgan bestand keine Gefahr, dass dem Haremsbesitzer eine Konkurrenz entstand. Diese war nun nicht mehr zu erwarten, insbesondere dann nicht, wenn es sich bei dem Sklaven um einen bereits vorher beschnittenen Juden handelte. Mit dem muskulösen Körperbau der so Ausgesuchten hatte es allerdings bald ein Ende, weil bei ihnen schon nach kurzer Zeit eine gewisse Tendenz zur Fettleibigkeit festzustellen war.

Diese Erkenntnis haben sich in neuerer Zeit heimische Bauern zu Nutze gemacht, indem sie ihre Jungbullen kastrieren lassen. Die nunmehr zu Ochsen gemachten waren so leichter zu mästen. Hieran kann man erkennen, dass auch Vertreter der modernen Landwirtschaft sich durchaus mit vor langen Jahren praktizierten Methoden beschäftigen und ihre Lehren daraus zu ziehen vermögen.

Macht der Kirche

Vielleicht hatte sich Gott aufgrund der Erfahrungen, die er in der Vergangenheit mit den Menschen machen musste, eines Tages gesagt, dass er den Versuch unternehmen wolle, ihm bei der Schöpfung möglicherweise unterlaufene Fehler zu beseitigen. Insbesondere hatte er feststellen müssen, dass sein Wohlwollen von den Menschen in ihrer

Unvernunft auch weiterhin nicht hinreichend gewürdigt wird. Daher hatte er Jesus den Auftrag gegeben, die neuen Gläubigen in einer Kirchengemeinschaft zusammenzufassen und diese mit der Betreuung seiner Anhänger zu beauftragen. Er und Jesus waren der Meinung, die Kirchenführung mit besonders loyalen Gläubigen zu besetzen. Die Engel sollten sich auch weiterhin um ihre Dienste im sich immer mehr füllenden Himmel bemühen. Leider mussten sie feststellen, dass auch Kirchenleute häufig nicht fehlerfrei sind, wie die nachstehenden Erläuterungen eindrucksvoll zeigen. Manchmal hätte man sogar den Eindruck gewinnen können, dass die Kirchenoberen im Glauben waren, die Beziehung zwischen Gott und den Gläubigen nach ihrem Gutdünken selbst gestalten zu können. Dass dabei der eigene Vorteil nicht vergessen wurde, war vielleicht menschlich, aber bestimmt nicht im Sinne Gottes.

Der Klerus erkannte schon früh die Vorzüge eines weltlichen Lebens, was Gott bei seinen damaligen Propheten und Priestern sicherlich nur ungern gesehen hätte. Deren Vorteil war, dass sie sich nicht um ihren Lebensunterhalt kümmern mussten, dafür aber die nicht immer leichte Aufgabe hatten, die Menschen an die Allmacht Gottes zu erinnern, notfalls in Ausübung ihrer Scharfrichterfunktion. Die Kirchenoberen im Mittelalter bemühten sich dagegen, die Vorteile ihrer geistlichen Position mit denen des weltlichen Lebens zu verbinden. Da der schwache Adel dem nichts entgegen zu setzen hatte, wurden deren Ämter häufig mit geistlichen Personen besetzt. Nun übten diese teilweise auch die weltliche Macht über ihre Untertanen aus, was in der Regel mit deutlichen finanziellen Vorteilen für die neuen Herren verbunden war. Auf der anderen Seite nutzte der höhere Adel den Klerus ihrerseits dazu, ihren Zweitgeborenen einen angesehenen Posten in der kirchlichen Hierarchie zu beschaffen. Töchter, die nicht attraktiv zu verheiraten waren, wurden mit einer Spende versehen dem nächsten Kloster übergeben. Auch die normale Bevölkerung war oft froh darüber, einen Teil ihrer zahlreichen Kinder, allerdings ohne oder nur mit einer geringeren Spende, in die Obhut der Klöster geben zu können. Das geschah hauptsächlich der besseren Versorgung der Neumönche oder der angehenden Nonnen wegen.

Die katholische Kirche leitet den Anspruch auf ihre Vormachtstellung davon ab, die einzige christliche Kirche im römischen Reich gewesen zu sein. Was insofern nicht verwunderlich ist, als die damalige christliche Glaubensgemeinschaft sich eine Parteienbildung wegen der unerbittlichen Verfolgung durch die Römer nicht erlauben konnte. Im Laufe der Zeit entwickelte sie immer mehr ein Eigenleben und bemühte sich, ihre Machtposition auszubauen, wodurch ihr weltlicher Einfluss weiter an Bedeutung gewann.

Mit der auf diese Weise erreichten Macht des Klerus, wurde die Kirche bald zu einer Art *Zwischenstation* zwischen Gott und den Gläubigen, wodurch eine direkte Ansprache an Gott für die Gläubigen überflüssig wurde. Das übernahm dann der Klerus, allerdings in seinem Sinne. Es dauerte viele Jahre, bis Gott sich diese Amtsanmaßung nicht mehr ansehen wollte. Es konnte für ihn nicht angehen, dass die Kirche bestimmen sollte, was bei ihm an Verehrung durch seine Gläubigen ankäme.

Der Vorteil der Mönche war ihre Bildung. Zu einer Zeit, in der nicht einmal jeder Adlige des Schreibens und Lesens mächtig war, waren sie es, die sich zum Beispiel in der Heilkunde, der Kultivierung von landwirtschaftlichen Flächen und der allgemeinen Volksbildung verdient machten. Das erkannten dann auch bald ihre weltlichen Zöglinge und begangen, von diesem Wissen zu profitieren. So ist zum Beispiel das über Jahrhunderte in den Klöstern gesammelte Wissen über die pflanzliche Heilkunde auch heute noch ein wichtiger Bestandteil der modernen Medizin.

Auf höchster Ebene entspann sich ein Machtkampf zwischen Adel und Klerus. So mussten sich selbst Kaiser vom Papst krönen lassen und dafür manchmal mit nackten Füssen im Schnee warten, bis sie an die Reihe kamen. Durch diese Machtverschiebung wurde das Papstamt so interessant, dass häufig gleich mehrere Bewerber auftraten. Dann wurden zuweilen heftige Kämpfe um das Amt ausgefochten mit dem Ergebnis, dass es wiederholt zwei Päpste gleichzeitig gab. Der besseren Übersicht wegen oder vielleicht auch auf göttliche Weisung wurde allerdings ein solches Bestreben bald wieder abgeschafft.

Nicht nur die Streitigkeiten um das Papstamt, sondern insbesondere das ausufernde Gebaren des Klerus führten selbst in deren inneren Kreisen zu Unmut. Als die Kirche noch anfing, für das von ihnen früher eifrig gepredigte Seelenheil Geldzahlungen zu verlangen, war das Maß voll. Dabei wurde den Gläubigen vorgehalten, wie unangenehm es für sie im Fegefeuer werden könnte. Nachdem den armen Teufeln damit jeglicher Schlaf geraubt war, wussten sie nicht mehr, wie sie einem solchen Schicksal entgehen könnten. Glücklicherweise hatte die Kirche einen Lösungsvorschlag parat, der darin bestand, sich gegen Zahlung eines Geldbetrages an die Kirche von dieser Strafe zu befreien. Nach gründlicher Vorarbeit in den Gottesdiensten machten die so Eingeschüchterten von dem Angebot gern Gebrauch. Bemerkenswert ist, dass der Ablasshandel auch Ratenzahlungen zuließ, mit denen man zumindest eine der Höhe der Zahlung entsprechende zeitliche Verkürzung des Fegefeuers erreichen konnte. Häufig sorgten Mitglieder des Klerus dafür, zumindest einen Teil dieser Spenden für sich abzuzweigen. Die Kirchen wurden nebenbei trotz eines so reduzierten Spendenaufkommens zu einem der größten privaten Grundbesitzer im Lande.

An dieser Stelle sei erinnert, dass Jesus den Menschen am Kreuz versprach, ihre Sünden zu übernehmen. Dennoch hatte er, wohl in Abstimmung mit Gott, nicht davon gesprochen, das Jüngste Gericht abzuschaffen. Dass die katholische Kirche nun als Ausgleich für den Aufenthalt im Fegefeuer Geld kassieren wollte, zeigt, dass die Organisation der Kirche schon damals eben doch nur von Menschen bestimmt wurde, für die eine so einfach sprudelnde Geldquelle nicht als verachtenswert galt. Bemerkenswert in dieser Hinsicht ist die Vermutung, dass es für die Kirchenoberen offensichtlich nicht notwendig war, auch für sich einen Ablass zu erkaufen. Sicherlich wird die Enttäuschung über ein anders lautendes Urteil des Jüngsten Gerichts groß sein, wenn Gott ihnen eines Tages vorhalten wird, weit über die ihm selbst vorbehaltenen Kompetenzen hinausgegangen zu sein.

Als die katholische Kirche nach fast zweitausend Jahren beschloss, über ihr Vermögen Rechenschaft abzulegen, gingen den Gläubigen die Augen über. Auch die evangelische Kirche konnte da mithalten. War man doch bislang der auch heute noch herrschenden Meinung, es mit einer armen Kirche zu tun zu haben, der es zu helfen galt, insbesondere wenn man gebeten wurde, zur Unterhaltung von Kirchenbauten oder kirchlichen Einrichtungen beizutragen. Nun könnte man meinen, dass dieses Dilemma durch den Verkauf des teilweisen reichlich vorhandenen Grundbesitzes gelöst werden könnte. Um aber gar nicht erst Diskussionen hierüber aufkommen zu lassen, haben viele Kirchengemeinden in ihren Ordnungen Veräußerungen eigenen Grundbesitzes ausgeschlossen. Angeblich aus Pietät den damaligen Spendern gegenüber und um zu verhindern, dass potenzielle zukünftige Spender möglicherweise anderen Sinnes werden und von gedachten Zuwendungen Abstand nehmen könnten. Trotzdem sind viele Gemeinden nicht in der Lage, ihre Kirche instand zu halten. Selbst die Reparatur der in die Jahre gekommenen Orgel bereitet mancher Schwierigkeiten.

In der Glaubensausübung hatten sich Traditionen gebildet, die darauf abzielten, den Gläubigen die Vormachtstellung der Kirche vor Augen zu führen. Mehrere hundert Jahre lang wurde die katholische Messe in lateinischer Sprache abgehalten, bis die Nichtlateiner unter den Kirchenbesuchern forderten, diese doch bitte auch für sie verständlich zu gestalten. Nach langem Ringen folgte die Kirche diesem Wunsch und ersetzte das Latein zur Verstärkung dieser Volksnähe zumindest teilweise durch die jeweilige Landessprache. Statt seine Sünden Gott gegenüber zu gestehen und um Vergebung zu bitten, hört sich bei den Katholiken ein Priester eine Beichte an und entscheidet, wie mit diesem Schuldbekenntnis umzugehen sei. Sollte das für den Beichtenden glimpflich ausgegangen sein oder sich die ausgesprochene Strafe in Grenzen halten, war dieser dann gern mit der ihm auferlegten Buße einverstanden und konnte sich wieder dem Alltag widmen.

Nicht alle Adressaten einer päpstlichen Botschaft waren froh über dessen Besuch. Als beispielsweise Papst Johannes Paul II in Kolumbien zu Besuch war, so wurde dem Autor glaubhaft berichtet, wollten die dortigen Oberen von Bogota' ihm ihre Stadt als heile Welt zeigen. Da störten die Straßenkinder aus ihrer Sicht natürlich. So geht das Gerücht, dass die, deren man habhaft werden konnte, eingefangen und im lokalen Fußballstadion eingesperrt wurden. Der Papst mag sich gewundert haben, dass er keine Straßenkinder sah und stattdessen die ihn begrüßenden Kinder sehr ordentlich gekleidet waren. Während die Bevölkerung ihn gern noch länger in ihrer Stadt gehabt hätte, sehnten die eingesperrten Kinder seine Abreise herbei, auch weil wegen des Gedränges im Stadion ein Fußballspielen nicht möglich war. Sofern sie denn überhaupt genügend Bälle zur Verfügung gehabt hätten.

Als Oberhaupt der Christen verfügt der Papst in der ganzen Welt über das notwendige Ansehen, um einen entscheidenden Beitrag zum Frieden in der Welt leisten zu können. Insofern wäre dessen aktive Rolle bei der Gestaltung der Weltpolitik sicherlich nicht verkehrt, anstatt seine ohnehin ehrfurchtsvollen Zuhörer lediglich an die Einhaltung des Friedens zu erinnern und dafür um Gottes Hilfe zu bitten. Wenn der Papst nicht wegen eines zu hohen Alters oder seines Todes aus dem Amt scheiden muss, hat er eine Absetzung nicht zu befürchten. Schon das gäbe ihm neben seinem Ansehen in der Welt die Möglichkeit, sich nachhaltig an der Beilegung von Streitigkeiten zu beteiligen. Warum also sollte der Papst nicht, unterstützt von der Diplomatie des Vatikans, als moralische Weltinstanz einen ständigen Sitz im Sicherheitsrat der Vereinten Nationen haben, fairerweise im Wechsel mit den Führern der anderen Religionen? So würde auch ihr Beitrag zur Konfliktlösung und Bekämpfung von Armut und Hungersnot in der Welt ein größeres

Gewicht bekommen. Die mit am Tisch sitzenden Politiker würden dann wahrscheinlich manche Entscheidung noch einmal überdenken.

Um einen Eindruck zu vermitteln, welchen Einfluss die Kirche auf ihre Anhänger nehmen kann, sei an dieser Stelle von einem Weihnachtskirchgang in Kolumbien berichtet. In der Kirche eines kleineren Ortes strahlte der Glanz der prächtigen Ausstattung. Die Kirche war gefüllt mit einer einfach aussehenden und demutvoll dasitzenden Landbevölkerung, die sich, soweit ihnen möglich, festlich gekleidet hatte. Dieser Unterschied zwischen der Pracht der Kirche und der offensichtlich in Armut lebenden Bevölkerung konnte gravierender nicht sein. Vor der Gemeinde stand der Pfarrer und verlass unter namentlicher Nennung der einzelnen Anwesenden und der von diesen erbrachten Beträgen die Liste der Weihnachtsspenden. Man konnte deutlich sehen, wie die so benannten reagierten, wenn die Höhe ihrer Spende verlesen wurde und diese im Vergleich zu seinem Nachbarn geringer ausgefallen war. Es ist schon erstaunlich, dass eine solche Unterwürfigkeit oftmals auch heute noch festzustellen ist.

Vielleicht war das Verhalten dieser Kirchgänger auf den reichlichen Gebrauch von Weihrauch im Gottesdienst zurückzuführen. Dessen aufsteigender Rauch war eigentlich als Wegweiser für die Gebete der Gläubigen gedacht. Manche behaupten allerdings, dass der Weihrauch nicht zuletzt auch wegen seiner beruhigenden Wirkung auf die Gläubigen verwandt wird und damit zu einem ungestörten Gottesdienst beiträgt. Die Anhänger Luthers allerdings scheinen ein solches Hilfsmittel nicht nötig zu haben. Möglicherweise übt schon deren Art der Gestaltung des Gottesdienstes eine vergleichbare beruhigende Wirkung aus.

Während Petrus bei der Erfüllung seiner Aufgaben nur auf wenige Helfer zurückgreifen konnte, verfügt der Vatikan über einen eigenen Stadtstaat und eine Administration, die der eines größeren Staates gleichkommt. Der Glanz des Vatikans mit seiner prächtigen Gestaltung der Räumlichkeiten, der Kleidung seiner Kirchenoberen und der prunkvollen Abhaltung von Veranstaltungen macht einen imponierenden Eindruck auf die Menschen. Jesus, dessen Stellvertreter auf Erden der Papst bekanntlich ist, hatte seine Jünger quasi als Bettler und ohne Gepäck auf Reisen geschickt. Auch Petrus als der erste Amtsträger des Papsttums hielt sich in seiner Bescheidenheit an dieses Gebot Jesus. Wir wissen nicht einmal, ob er während seiner Zeit im römischen Gefängnis über ordentliche Kleidung verfügte. Vermutlich wäre diese nicht besser gewesen als das Leinenhemd, das Jesus trug. Von dessen Kamelhaarhemd während des Aufenthaltes in der Wüste ganz zu schweigen. Bei den Kardinälen hingegen ist die Kleiderfrage offensichtlich von besonderer Wichtigkeit. Diesen Kirchenfürsten sieht man nicht an, ob sie überhaupt in der Lage sind, sich wie ein normaler Mensch zu verhalten. Bei den Jüngern Jesu' konnte man sich dieses aufgrund des Verzichts auf die Darstellung jeglicher Pracht sehr gut vorstellen. Sie engagierten sich, um der Welt etwas Neues zu zeigen, während man bei den Kirchenoberen hin und wieder den Eindruck haben könnte, dass sie sich mehr mit Dingen der kirchlichen Präsentation beschäftigen. Vielleicht ist das Wahren einer solchen Distanz zu ihren Anhängern bewusst so gewollt, um damit eine Überlegenheit der Kirchenführung in ihrer Beziehung zu Gott zu demonstrieren.

Was der Vatikan mit seinen Repräsentationsmöglichkeiten kann, können wir auch, scheinen einige der Kirchenfürsten zu meinen, wenn sie sich Gedanken über eine Verbesserung ihres Wohnsitzes oder die Anschaffung eines größeren Autos machen. Herrschaftliche Bischofspaläste, die heute als Touristenattraktion zu bestaunen sind, galten im Mittelalter als ein Statussymbol. Man könnte fast frei nach Hamlet sagen: »*Etwas ist faul in* ….«!. Wobei man dem aktuellen Papst dessen Bemühungen um eine Verbesserung der Welt nicht abstreiten kann. Aber seine Kirchenoberen sind eben auch nur Menschen. Und mit einer zur Schau gestellten Pracht kann man durchaus andere beeindrucken, wie das erwähnte Beispiel in Kolumbien zeigt.

Nun sollte man einem Papst fairerweise zugutehalten, dass er es schwer hat, sich gegen die Gewohnheiten mancher Kardinäle durchzusetzen, wird er doch von diesen gewählt. Auf der anderen Seite wäre ihm eine gewisse Gegenwehr möglich, da er auf der anderen Seite für die Beförderungen dieser Kirchenoberen zuständig ist. Dieses weltliche Beförderungssystem entspricht der himmlischen Hierarchie, wonach ein einfacher Engel bei guter Führung und mit Geduld vielleicht sogar eines Tages ein Erzengel werden kann. Vielleicht träumen auch einige Kirchenfürsten von einer solchen Beförderung, zumindest jedoch von der späteren Ernennung zum Heiligen. Allerdings ist es menschlich verständlich, wenn auch von ihnen eine solche Beförderung nicht per sofort gewünscht wird. Das Leben auf Erden hat auch für einen katholischen Kirchenoberen seine Reize.

Bei ihrer Missionsarbeit mussten sich die Apostel und später auch deren Nachfolger auf teilweise gefährliche Reisen begeben. So ist es nicht verwunderlich, dass sie bei Erfolg ihrer Mission eine Kirche quasi als Siegeszeichen errichten ließen. Als Erinnerung an die damalige Verleugnung Jesus' durch Petrus wurden die Turmspitzen der späteren protestantischen Kirchengebäude mit einem Hahn versehen. Aber auch praktisch kann man an diesem Wetterhahn schon frühmorgens die Windrichtung sehen und damit auf das kommende Wetter schließen. Die katholischen Kirchen verzichten auf eine so weltliche Verwendung ihres Kirchturmes und verzieren diesen mit einem Kreuz. Der Wunsch nach einer eigenen Kirche bestand in vielen großen und kleinen Ortschaften, wobei deren Größe und Ausstattung häufig einem gewissen Wettbewerb zwischen den Gemeinden unterlagen. So hatten die Katholiken vielfach den Ehrgeiz, möglichst prachtvolle Kirchen zu errichten und damit ihre Verehrung von Gott und dessen Herrlichkeit zu demonstrieren. Uns ist eine Reihe solcher Prachtbauten erhalten, die wegen der damaligen Baukunst und ihrer prächtigen Ausstattung als Touristenattraktionen bewundert werden können. Dass die Einrichtung der evangelischen Kirchen erheblich schlichter gehalten wird, hängt nicht mit eventuellen Finanzproblemen zusammen, obwohl die

Unterhaltung dieser Gebäude manche Gemeinden an ihre Grenzen bringt.

Der katholische Klerus hatte sich die Ehelosigkeit auferlegt; von einem Harem ganz zu schweigen. Zum Glück beschränkt sich dieses Zölibat nur auf die geistlichen Amtsträger, während das Volk von dieser Regelung ausgenommen ist. Petrus dagegen war verheiratet und verfügte somit über eine Schwiegermutter, die sich einmal bei Jesus mit Erfolg in die Behandlung begab. Dieses war als Wiedergutmachung für Petrus gedacht, da er Jesus wegen seine Frau verlassen hatte. Auch Jesus selbst hatte sich zeit seines Lebens mit Damen umgeben, die aber wohl mehr für seine Versorgung und die der Jüngerschaft zuständig waren. Diese Damen hatten sich ebenfalls der Enthaltsamkeit zu unterwerfen, worin ihnen die heutigen Nonnen nacheifern. Auch diese haben wie damals das Problem, ihren männlichen Kollegen nicht gleichgestellt zu sein. Die Begründung für ein Leben als Junggeselle, dass ein Unverheirateter sich besser auf seine Aufgaben konzentrieren könne, mag wohl in Einzelfällen angehen, scheint aber in der heutigen Berufswelt nur von untergeordneter Bedeutung zu sein.

Man stelle sich nur einmal die Auswirkungen einer solch enthaltsamen Lebensweise vor, sollte diese für jeden Menschen gelten. Ein derartiges, weltweit verbreitetes Verhalten würde dem göttlichen Gebot der Ehe zur Vermehrung der Menschheit widersprechen und irgendwann zu ihrem Verschwinden führen. In dem Fall bräuchten wir uns allerdings keine Gedanken darüber machen zu müssen, wie bzw. ob unsere Nachkommen noch auf Erden zurechtkommen können. Abraham, dem Gott eine den Staubkörnern in der Wüste ähnlich zahlreiche Nachkommenschaft prophezeit hatte, wäre ohne seine Frau und der Heranziehung von Sklavinnen gar nicht in der Lage gewesen, die Erfüllung des göttlichen Auftrags überhaupt in Angriff zu nehmen. In der Beziehung können wir normale Menschen ein glücklicheres Leben als die katholischen Amtsträger führen, wenngleich das nicht in allen Ehen der Fall sein soll.

Homosexualität war Gott ein Gräuel. In dem Zusammenhang hatte er unter anderem angeordnet, dass Frauen keine Hosen und Männer keine Frauenkleider tragen sollen. Wer sich heute im Straßenbild umschaut, wird allerdings schnell erkennen, was man von solch einer Vorschrift hält. Was den gleichgeschlechtlichen Verkehr anbelangt, war Gott besonders streng und bestimmte, dass dieser mit dem Tode zu bestrafen sei. Heutzutage sind sogar gleichgeschlechtliche Ehen erlaubt und den traditionellen Ehen gleichgestellt. Man kann sich offensichtlich nicht alles merken, was in der Bibel geschrieben steht, obwohl Gott und Moses sich mit diesem Thema besonders intensiv beschäftigt hatten. Die katholischen Geistlichen sind auch nur Menschen, und so wird die Notwendigkeit des Zölibats immer wieder diskutiert, ohne dass man sich bislang auf eine Abschaffung verständigen konnte. Das Thema hat gerade in heutiger Zeit an Relevanz gewonnen, da immer neue Vorwürfe des Missbrauchs von Kindern durch Kirchenleute bekannt werden. Es hat eben nicht jeder Pfarrer eine Haushälterin, mit der er des Abends gemeinsam beten kann.

Vorsorglich wurde schon früh auch eine Himmelsordnung für besonders verdienstvolle irdische Vertreter in die katholische Lehre einbezogen. Ob dieses Gottes Zustimmung findet oder nicht, sei dahingestellt. So erlaubt sich die Kirche, Jesus im Himmel von ihr zu Heiligen beförderte Helfer zur Verfügung zu stellen, die sich als Fürsprecher bei Gott betätigen sollen. Aus menschlicher Sicht ist eine solche Entlastung Jesus' sicherlich gut gemeint, ob er allerdings mit dieser Beschneidung seiner ureigenen Aufgaben einverstanden ist, können wir nur vermuten. Zunächst handelte es sich bei den Heiligen um die Jünger und Märtyrer, die wegen ihres Glaubens sterben mussten. Später aber nahm sich die Kirche das Recht, auch andere Menschen zu Heiligen zu ernennen, zum Beispiel altgediente Päpste und Kirchenleute oder Menschen, die, so hieß es, vermeintliche Wunder vollbracht hatten. Mittlerweile gibt es eine fast unübersehbare Zahl solcher Fürsprecher im Himmel. Fast jedes Land, jede Stadt, jeder Beruf usw. hat einen für sie zuständigen Heiligen.

St. Nikolaus, auf den wir uns wegen seiner Geschenke in der Vorweihnachtszeit besonders freuen, ist zum Beispiel zuständig für so unterschiedliche Bereiche wie Seefahrt, Schiffbruch und Jungfrauen. Vielleicht sind Letztere in die Gruppe aufgenommen worden, um bei einem Schiffsbruch den Seeleuten zur Seite zu stehen. Die heilige Babara, die von ihrem Vater einen Teil ihres Lebens in einer Festung eingesperrt war, gilt deswegen auch als Expertin für das Militärwesen. Sie hält einen Rekord an Zuständigkeiten, die eine ganze Reihe von Bereichen aus dem Bau- und Kriegswesen abdecken. Die Gruppe der Eisheiligen dagegen hatte das Pech, dass ihnen Namenstage zugeteilt wurden, an denen häufig noch mit Spätfrösten zu rechnen ist. Dabei hatten Sophia und ihre vier männlichen Mitheiligen doch schon genug gelitten, als sie den Märtyrertod sterben mussten. Nun müssen sie dieses Leid auch noch auf die armen Gärtner übertragen, wenn diese mit ansehen müssen, wie ihre frisch gepflanzten Blumen Frostschäden nehmen. Die heilige Barbara wusste besser mit diesem Problem umzugehen, wenn sie, allerdings in ihrer Wohnung zu Weihnachten Kirschzweige erblühen lässt. In der Hoffnung, eines Tages vom dem ihnen manchmal anhängenden Makel eines Finanzbeamten befreit zu werden, haben diese ihren früheren Kollegen Matthäus zu ihrem Schutzpatron ernannt. Wenn Jesus sich nicht an dessen früherer Tätigkeit störte, warum also sollten die Menschen anders denken. Auch der ehemalige Papst Julius II bekam ein Himmelsamt, als er zum Fürsprecher der Latrinenreiniger ernannt wurde. Dieses dürfte insofern positiv gewertet werden, als die ihm Schutzbefohlenen eine der untersten Stufen der Gesellschaft darstellen, denen nun Schutz durch den auf Erden zu seiner Zeit höchsten Kirchenfürsten geboten wird.

Als Papst hat man kraft seines Amtes quasi ein Anrecht, eines Tages ein Heiliger zu werden. Insofern führen die Päpste bereits zu Lebzeiten den Titel »Heiliger Vater«. Ob man sich dann schon den Status eines späteren Heiligen und dessen Schutzbefohlene aussuchen kann, ist ein behütetes Geheimnis, wie vermutlich vieles im Vatikan.

Die evangelischen Christen behaupten, dass der direkte Kontakt zu Gott die Vermittlung durch Dritte überflüssig macht und man auf dieses himmlische Lobbyistentum, von Ausnahmen vielleicht einmal abgesehen, verzichten könne. Auch spielt eine Reliquie bei ihnen keine Rolle. Luther bezeichnete diese als »tot' Ding« und betrachtete die in den Kirchen ausgestellten Reliquienschreine, in denen zum Beispiel der Knochen eines Heiligen aufbewahrt wird, mit Skepsis. Wo kommen diese Knochen oder Zähne her und woher weiß man, dass die Knochen tatsächlich dem auf dem Schrein genannten Heiligen zugeordnet werden können? Handelt es sich tatsächlich um eine Windel von Jesus, die als solche im Aachener Dom aufbewahrt und verehrt wird? Vielleicht waren es zunächst nur simple Andenken, die die heimkehrenden Kreuzfahrer aus dem Heiligen Land mitbrachten. Angesichts der interessanten Herkunft dieser Mitbringsel konnten diese als Spende an die Kirche durchaus zu eigenem Ruhm und Ehre verhelfen. Als ein solches Andenken gelangte auch der berühmte Gral nach England. Aus diesem Becher soll angeblich Jesus anlässlich des Abendmahls getrunken haben, weswegen man dem Gral besondere heilsbringende Eigenschaften nachgesagt hat. Um zu verhindern, dass diese Reliquie in falsche Hände geraten könne, hatten König Artus und seine Ritter sich deren Schutz zum Ziel gesetzt und nebenbei als tugendhafte Ritter in England für Ordnung gesorgt. Allerdings ohne nachhaltigen Erfolg, denn der Aufenthaltsort des Grals war leider in Vergessenheit geraten. Ob es sich bei einer Reliquie nun tatsächlich um den so geehrten Heiligen handelt oder nicht, ist letztlich auch nicht so wichtig, solange Gläubige davon überzeugt sind, über diese Reliquie eine Verbindung zu Gott herzustellen und an dessen Wunderkraft teilhaben zu können. Glaube kann Berge versetzen!

Die Heiligen könnte man vielleicht mit den damaligen Propheten vergleichen. Letztere wurden jedoch von Gott selbst bestimmt und übten ihr Amt auf Erden aus. Moses und Aaron starben keines Märtyrertodes und erfüllten die ihnen von Gott auferlegten Aufgaben mit ganzer Hingabe. Sogar nach protestantischer Auffassung hätte man es ihnen wegen ihrer unbestrittenen Verdienste gegönnt, als Heilige ihren Platz im Himmel zu finden. Was für ein Andrang muss bei der Anzahl an Engeln und Heiligen herrschen? Gar nicht zu sprechen von den Glücklichen, die dort mit einer Freisprechung beim Jüngsten Gericht noch einmal davongekommen sind und nun auf eine Aufnahme in dem Himmel warten. Bei der stattlichen Himmelsbevölkerung ergibt sich zwangsläufig die Frage, wie sich die von Gott bestimmten mit den von den Menschen ernannten vertragen können. Gibt es da möglicherweise eine Zweiklassengesellschaft? Wie kommt Jesus damit zurecht, wo er doch immer gepredigt hatte, dass alle Menschen gleich seien? Ob das auch auf die ehemals menschlichen Heiligen im Himmel zutrifft? Vielleicht macht die Vorstellung, dass es sieben Himmel geben soll, insofern Sinn, als Gott und Jesus dadurch dem befürchteten Gedränge entgehen können. Wo sonst sollten sie ihre Arbeit in Ruhe verrichten?

Manche der landlosen Bauern haben sicherlich von solch einem Aufenthalt im Himmel geträumt, waren sie doch auf Erden der Willkür ihrer Gutsherren, zu denen auch die geistlichen Grundbesitzer gehörten, mehr oder weniger schutzlos ausgeliefert und hatten insofern keine Möglichkeit, ein selbstbestimmtes Leben zu führen. In den Städten hatten sich Bürgertum und Handwerkszünfte gebildet, die von dieser Abhängigkeit zumindest nicht in gleichem Maße betroffen waren. Die Befreiung von der Unterdrückung durch Adel und Klerus begann sich zunächst in den Köpfen der Betroffenen abzuspielen. Allerdings dauerte es lange, bis man sich seines eigenen Verstandes ungestraft bedienen und dabei die alten Vorstellungen von Adel und Kirche in Frage stellen konnte. Das war die Zeit der Aufklärung, in der sich Wissenschaft, Kunst, Literatur und Erziehung ungehindert entfalten konnten, was bald zu einer Veränderung der Gesellschaft führte. Die Menschen wurden selbständig, weswegen selbst Adel und Kirche, die bislang streng auf die Einhaltung eigener Traditionen und

Vorstellungen beharrten und alle Abweichungen verdammten, sich den neuen Erkenntnissen nicht mehr verschließen konnten.

Als Ergebnis der fortschreitenden Aufklärung stieg auch das Selbstbewusstsein der einfachen Bevölkerung, die allmählich merkte, dass ihr Schicksal absolut nicht gottgewollt war, sondern von den Interessen ihrer jeweiligen Machthaber bestimmt wurde. So kam es, wie es kommen musste. Allmählich verloren sie die Angst vor ihren Herren und probten den Aufstand. Obwohl nicht immer mit dem gewünschten Erfolg, erweckte die erzeugte Unruhe insbesondere beim Adel doch eine gewisse Vorsicht im Umgang mit seinen Untertanen.

Allerdings bedurfte es weiterer Zeit, bis das Volk die von ihm geforderten Freiheiten erlangte. Zu lange hatten Adel und Klerus auf ihren Vorrechten bestanden und die Unterdrückung hatte sich in den Köpfen insbesondere der Bauern als von Gott gegebene Weltordnung nachhaltig festgesetzt. Die Abschaffung der bäuerlichen Leibeigenschaft beispielsweise verlief deswegen nicht nur reibungslos. Die ehemaligen Leibeigenen wussten mit der gewonnenen Freiheit nämlich nichts anzufangen, hatten doch bis dahin deren Obrigkeiten für ihr Wohl und Auskommen gesorgt. Mangels eigenen Landbesitzes mussten nun viele in die Städte ziehen, um dort ein lohnpflichtiges Arbeitsverhältnis zu finden. Damit wurden allerdings deren Lebensbedingungen häufig auch nicht besser.

Ein Mönch namens Luther schaffte es, dem Klerus zu zeigen, dass sein Verhalten, insbesondere der von ihm eingeführte Ablasshandel nicht angehen könne. Da das angekündigte Jüngste Gericht zu den wichtigsten Einrichtungen Gottes gehört und Jesus den Menschen sogar versprach, ihnen im Gericht beizustehen, kam es zu heftigen Auseinandersetzungen über diese Einnahmenquelle des Klerus. Mit welchem Recht, so Luther, konnte sich ein Mensch anmaßen, diese Gott vorbehaltene Institution in die eigene Hand zu nehmen und das noch gegen Geldzahlung? Das Ergebnis dieser Auseinandersetzung war, dass die christlichen Gläubigen nunmehr in zwei verschiedene

Parteien gespalten wurden: Katholiken und Protestanten. Letztere bezweifelten praktischerweise die Existenz des Fegefeuers, weil Jesus doch versprochen hatte, die Sünden der Menschen auf sich zu nehmen, womit dieses hinfällig und dem Ablasshandel die Grundlage entzogen wurde. Die katholische Kirche übernahm mit der Beichte zur Sündenvergebung ein weiteres, Gott vorbehaltenes Vorrecht, wobei auch der Papst seinen Zuhörern mit seinem Segen »Urbi et Orbi« einen Ablass der Strafen für begangene Sünden gewährt. Grund genug für viele Gläubige, aus diesem Anlass nach Rom zu pilgern.

Grundsätzliche Unterschiede in Glaubensfragen gibt es nach Meinung vieler nicht, sodass man sich manchmal fragt, ob der Unterschied der Religionen in der Glaubensausübung die Spannungen untereinander überhaupt rechtfertigt. Von Vernunft kann man dabei sicherlich nicht sprechen, wenn keine Partei bereit ist, der anderen entgegenzukommen.

Die Auseinandersetzung zwischen den beiden Religionsparteien gipfelte in einem Krieg, der dreißig Jahre dauerte und, wie in Grimmelshausens »Simplicissimus« treffend erzählt, so grausam geführt wurde, dass ganze Landstriche fast entvölkert wurden. So geschah es wieder einmal, dass die Bevölkerung als Verlierer der Auseinandersetzung unvorstellbares Leid ertragen musste, ohne dass ihr überhaupt klar wurde, worum es eigentlich ging. Verschiedene Landesherren bemühten sich, den Lehren Luthers zum Durchbruch zu verhelfen oder je nach Blickwinkel diese abzuwehren. Nebenbei nutzten sie die Gelegenheit, um schon lange gehegte Expansionswünsche zu verwirklichen. Wiederum spielte das Volk bei diesen Vorhaben keine Rolle, sondern musste tatenlos zusehen, wie sich die Landesherren mit der Vergrößerung ihrer Herrschaftsgebiete ohne jegliche Rücksichtnahme bereicherten. Ehe die Bevölkerung sich versah, hatte sie in manchen Fällen einen neuen Landesherrn, dem sie zu helfen hatte, seine Taschen zu füllen.

Luther, der aus einem Versteck auf der Wartburg mit ansehen musste, wohin die Auseinandersetzungen führten, musste sich zurückhalten und litt nach eigenen Worten an Langeweile. Um diese zu bekämpfen, nutzte er die Gelegenheit, das Alte und das Neue Testament ins Deutsche zu übersetzen. Seiner Meinung nach sollte auch der einfache Bürger die Bibel ohne Hilfe seiner geistlichen Betreuer lesen können. So vereinheitlichte er bei der Gelegenheit auch die deutsche Sprache, indem er dem Volk »*aufs Maul schaute*«. Dieses vergrößerte den Leserkreis erheblich, wobei die Erfindung des Buchdrucks ihr Übriges zur Verbreitung der neuen Bibel beitrug. Nebenbei schuf er damit ein Schulbuch, das Jahrhunderte lang den Unterricht bereicherte. Neben dem Lesegenuss seiner Arbeit erhöhte er die Aufmerksamkeit seiner Leser mit immer noch populären Redewendungen, die zumindest aus heutiger Sicht für den schulischen Gebrauch nicht unbedingt angebracht sind.

Was die Einhaltung des Zölibats anbelangt, ist die Evangelische Kirche nach dem Vorbild Luthers pragmatischer vorgegangen. Eben der beklemmenden Welt des Klosterlebens entronnen, heiratete Luther eine ehemalige Nonne. Dieses Vorbild löste einen wahren Heiratsboom unter den ehemaligen Mönchen und Nonnen aus. Die katholische Gemeinde konnte das aber wie gesagt nicht überzeugen.

Obwohl ein Kirchenmann, war Luther der Meinung, dass auch die weltlichen Instanzen bei der Verheiratung ein Wort mitzureden hätten. Dazu wurden die beiden Heiratskandidaten unter Aufsicht ins Ehebett gelegt. Auch Luthers Freund Bugenhagen ließ es sich nicht nehmen, der Zeremonie bei den Luthers beizuwohnen, wobei er überlegte, ob das nicht auch etwas für ihn sei. Wenn die Ehekandidaten sich dann mit der Bettdecke zudeckten, war auch nach weltlichem Recht die Ehe geschlossen. Luther und Katharina, während ihres Klosterlebens an derartige Annäherungen nicht gewöhnt, hatten das größte Interesse an dem nun möglichen näheren Kontakt, sodass sich die Aufsichtspersonen schnellsten aus dem Zimmer entfernen mussten.

Dort, wo nach dem Krieg die Protestanten bzw. die Katholiken nun das Sagen hatten, wurde mit den Hinterlassenschaften der bisher vorherrschenden Glaubensgemeinschaft kräftig aufgeräumt. Im neuen Herrschaftsbereich der Protestanten wurden die Klöster geschlossen und die Mönche des Landes verwiesen. Geistliche Besitztümer wurden jeweils von dem nun zuständigen Klerus konfisziert und seiner Kirche überlassen. Weltlich zu nutzende Werte und Ländereien bekamen die jeweiligen Landesherren als Entschädigung für ihre durch den Krieg erlittenen Einbußen zugesprochen. Um diese Besitztümer wurde anlässlich des Friedensschlusses kräftig gerungen, weil jeder Beteiligte darauf achtete, seine Machtposition möglichst vorteilhaft auszubauen. Und auch dieses Mal war es wieder die Bevölkerung, die leer ausging.

Steigendes Selbstbewusstsein

Auf Erden herrscht seit eh und je das Motto »die Großen fressen die Kleinen«. Das mussten besonders im Mittelalter große Teile der Bevölkerung erfahren. Mit steigender Bildung allerdings stieg das Selbstbewusstsein der Bevölkerung und damit auch deren Anspruch auf eigene Bestimmung und Entfaltung, während gleichzeitig die Vormachtstellung des Adels, aber auch der Kirche, entsprechend geringer wurde. Dazu kam die Entdeckung Amerikas und anderer weit entfernt liegender Länder, wodurch Europa seine Bedeutung als vermeintlicher Mittelpunkt der Welt einbüßte. Durch die Aufklärung, Bildung und Erziehung fanden die »Kleinen«, dass ihre Bedeutungslosigkeit nun nicht mehr als selbstverständlich galt. Sie empfanden jegliche Unterdrückung als ungerecht, weil diese nur den Interessen der »Großen« diente und der Bevölkerung Armut und Hungersnöte brachte. Die Folge eines solchen Umdenkens war eine Reihe von Aufständen und Revolutionen in mehreren europäischen Ländern. Die Franzosen schafften bei der Gelegenheit die Monarchie ab und köpften vieles, was ehemals zum Adel gehörte bzw. mit ihm sympathisierte. In Russland ging man noch einen Schritt weiter, als man alle Menschen gleichmachen wollte und dafür den Kommunismus als geeignete Gesellschaftsform ansah. Wer sich dem nicht anschloss, war bald seines Lebens verlustig. In Deutschland wurde der Kaiser abgesetzt und das Sozialsystem radikal verändert. Um sich in dem darauf in den Ländern folgenden Chaos wieder zurechtfinden zu können und zu dem erhofften besseren Leben zu gelangen, bedurfte es jedoch einige Zeit. Ansonsten war dieses die Vorläuferzeit zu einer Demokratie, von der man hoffte, durch die Erlangung größerer Freiheiten ein besseres Leben führen zu können. Die Kommunisten allerdings haben es bis heute nicht so richtig geschafft, sich zum Wohle der Menschen mit ihrer Idee durchzusetzen. Auch in China achtet man entschlossen darauf, Abweichler nicht zu Wort kommen zu lassen. Die Menschen sind eben doch nicht alle gleich.

Für den Adel verlief diese Entwicklung unglücklich, war es doch nun mit seiner bevorzugten Stellung wie auch mit seinem besonderen Anspruch vorbei, das Amt aufgrund von »Gottes Gnaden« ausüben zu dürfen. Dem preußischen König machte die Volksvertretung trotzdem das Angebot, deutscher Kaiser zu werden. Aus lauter Verbitterung darüber, dass ihm dieses Angebot von dem »Lumpenpakt«, wie er das Volk nannte, gemacht wurde, schlug er dieses aus. Das war unter seiner Würde. Später allerdings vergaß sein Nachfolger, wie für einen Politiker üblich, solche Äußerungen und trat das ihm angebotene Amt wegen der für ihn erkennbaren Vorteile an. Von einmal genossenen Vorteilen lässt eben auch ein König nicht so leicht ab.

Die Zeit der Aufklärung war der Anfang großer Veränderungen. Den Menschen wurde klar, dass eigentlich auch sie mit Vernunft ausgestattete Wesen sind. Neben dem landwirtschaftlich bzw. handwerklich geprägten Leben entwickelte sich die Industrie als dominierender Wirtschaftszweig. Die damit verbundene Hoffnung der vielen Besitzlosen auf ein besseres Leben wurde allerdings zumindest in der Anfangszeit dieser neuen Entwicklung enttäuscht. Es war vielfach beim besten Willen nicht möglich, das Überleben der eigenen Familie zu sichern. Hinzu kam, dass mangels ausreichender Geburtenkontrolle gerade die armen Leute mit einer großen Kinderschar gesegnet waren. So mussten auch die Kinder bereits im frühen Alter ihren Beitrag zum Unterhalt der Familie leisten. Man soll nun aber nicht glauben, dass es ein solches Schicksal heute nicht mehr gäbe. Kinderarbeit ist in vielen Entwicklungsländern immer noch ein zu beklagendes Problem, solange nämlich ausländische Firmen in diesen Ländern zu Dumping-preisen produzieren lassen, um die Waren im eigenen Land möglichst günstig anbieten zu können.

Eine gerechte Entlohnung ist schon immer eine der elementaren Forderungen der Gewerkschaften gewesen. Aber was nützt das, wenn sich ein Arbeitgeber nicht an diese Erkenntnis hält und der Lohn nicht zum Leben ausreicht? Wegen der schlechten sozialen Situation im neunzehnten Jahrhundert nicht nur in Deutschland mussten viele Familien die Heimat verlassen und sich dem Flüchtlingsstrom insbesondere nach Amerika anschließen. Hier herrschte eine andere Freiheit, und es gab Platz und Gelegenheit genug, sich mit gehörigem Pioniergeist ein besseres Leben zu schaffen. Die Indianer, denen das Land seit Urzeiten gehörte und die sich mit Manitus Hilfe gegen die Besiedelung durch die fremden Leute zu wehren versuchten, wurden bald besiegt und konnten sich bis heute nicht von der damaligen Unterdrückung erholen. Auf diese Weise stand den fremden Siedlern ausreichend Land zur Verfügung.

In Afrika ist die soziale und wirtschaftliche Entwicklung nicht so weit fortgeschritten wie in Europa. Als wenn in Europa nicht genug zu tun gewesen wäre, kamen einige europäische Herrscher auf die Idee, dass man sich diese Länder wegen des zu erwartenden geringen Widerstandes der Bevölkerung leicht aneignen könne. So machten sie diese Beute kurzerhand zu eigenen Kolonien, in denen man ungestört den eigenen Handelsinteressen in der Region nachgehen konnte. Für viele scheint es immer noch normal zu sein, sich als Weiße anderen Volksgruppen, insbesondere in Afrika, überlegen zu fühlen. Dabei ist doch wissenschaftlich belegt, dass die Wiege der Menschheit in Afrika stand. Jesus müsste wegen seiner Herkunft aus Vorderasien eigentlich eine eher dunkle Hautfarbe gehabt haben. Trotzdem ließ die Kirche ihn als europäisch aussehenden Mann darstellen. Auch Eva wurde zu einer Weißen erklärt, weil das gut in das europäische Weltbild passte, Andersfarbige als minderwertig anzusehen. So schien es auch nicht verwerflich zu sein, viele Jahre lang in Afrika ganze Teile der Bevölkerung zu Sklaven zu machen, bis sich in den Staaten von Amerika Zweifel an diesem Tun breitmachten. Wobei die endgültige Entscheidung hierüber erst in einem blutigen Bürgerkrieg herbeigeführt werden musste.

Die Abschaffung der Sklaverei bedeutete jedoch nicht das Ende der Rassentrennung. Vielmehr bestimmte diese in einigen Ländern bis in die Neuzeit das gesellschaftliche Leben. Weiße hatten ihre eigenen Einrichtungen, die von Schwarzen bei Strafandrohung nicht genutzt werden durften. Erst die mutigen Auftritte von Martin Luther King in den USA und Nelson Mandela in Südafrika brachten eine Wende. Trotzdem spielt der Rassismus auch heute noch eine beklagenswerte Rolle, wenn es um die Diskriminierung von Menschen anderer Hautfarbe geht. Dabei gibt es zum Beispiel im Sport viele Disziplinen, in denen Schwarze dominieren und wegen ihrer Erfolge gefeiert werden. Das war nicht immer so. Als Jesse Owens der erfolgreichste Sportler der olympischen Spiele in Berlin wurde, wollten die Nationalsozialisten in Deutschland das nicht anerkennen, wurde aus ihrer Sicht doch dadurch die Überlegenheit der weißen Rasse in Frage gestellt. Obwohl in den Verfassungen verschiedener Staaten die Gleichberechtigung aller Menschen vor dem Gesetz festgeschrieben ist, heißt das nicht, dass das auch im täglichen Leben gilt. Gerade dann, wenn Menschen, aus welchen Gründen auch immer eine Minderheit bilden, werden ihnen häufig die Anerkennung und ein sozialer Aufstieg verwehrt. Ausnahmen gibt es natürlich, was jedoch in der Regel besondere Fähigkeiten voraussetzt, die über die der Normalbürger hinausgehen. So muss man sich fragen, ob der Traum von der Gleichheit aller Menschen, von dem auch Martin Luther King seinerzeit sprach, jemals vollends in Erfüllung gehen wird.

Adam wollte nach den von Gott verordneten Regeln das Sagen über seine Frau haben. Diese aber lehnte sich bereits kurz nach ihrer Erschaffung dagegen auf, als sie ohne Adam zu fragen den verbotenen Apfel vom Baum pflückte. Adam, der das mit ansah, war zu schwach, um sich dagegen zu wehren. Trotzdem unterlag er der Sippenhaft und musste zusammen mit Eva das Paradies verlassen. Das sollte seinen männlichen Nachfolgern nicht noch einmal passieren, weswegen diese bis heute danach streben, die von Adam ererbte Rolle als Oberhaupt der Familie beizubehalten. Mit dem allgemein erstarkten Selbstbewusstsein der Frauen stieg aber auch deren Bedürfnis nach gesellschaftlicher Beachtung. Bislang hatten sie die Rolle Evas als Untergebene des Mannes zu spielen und mussten sich gefallen lassen, dass die Männerwelt ihnen sogar die Fähigkeit des selbständigen Denkens absprach. Erstaunlich, dass Luther, der diese Meinung vertrat, überhaupt weibliche Anhänger gewinnen konnte.

Bei den Israeliten gab es aber auch Ausnahmen. Eine Dame namens Debora zum Beispiel war als Richterin im alten Israel tätig. Als Not am Mann war und keine männliche Unterstützung zu Hilfe kam, übernahm sie die Führung des Volkes und verhalf mit geschickten Verhandlungen Israel zum Sieg über seine übermächtigen Feinde. Für diese Tat wurde sie sogar zur Prophetin ernannt. Eine solche Beförderung wäre heute undenkbar, es sei denn, die Katholische Kirche würde ihr den Status einer Heiligen zugestehen.

Auch in Frankreich war es mit Jeanne d'Arc, eher als die »Jungfrau von Orleans« bekannt, eine Frau, die den Franzosen im hundertjährigen Krieg gegen England zum Sieg verholfen hatte. Das war ihren siegreichen Landsleuten allerdings reichlich suspekt und konnte ihrer

Meinung nach nicht mit rechten Dingen zugegangen sein, zumal Jeanne d'Arc es gewagt hatte, während der Kämpfe in Männerkleidung aufzutreten. Als ihre Landsleute in einem späteren Krieg den Kürzeren zogen, wurde sie ungeachtet ihrer damaligen Glanztat, als vermeintlich für die Niederlage Verantwortliche auf dem Scheiterhaufen verbrannt. Dieses war wiederum den Katholiken Grund genug, sie zur Heiligen zu ernennen. Leider kam diese Ehre wie auch ihre spätere Ernennung zu einer der französischen Nationalheldinnen zu spät, sodass sie damit zumindest zu Lebzeiten nichts anfangen konnte.

Der heldenhafte Mut, mit dem eine Frau den Franzosen zum Sieg verholfen hatte, machte in Frankreich trotzdem einen gewaltigen Eindruck. Einige Jahrhunderte später stürmte das einfache Volk, dieses Mal in enger Kooperation mit dem Klerus, die Bastille, um die dort einsitzenden Gefangenen zu befreien. Als das gelungen war, wurde die Frage laut, ob nicht auch dieses Mal eine Frau maßgeblich an dem Sieg beteiligt gewesen sein könnte, vorzugsweise mit entblößter Brust, um die Gefangenenwärter abzulenken. Da man eine solche nicht finden konnte, erfand man ganz einfach Marianne als die gesuchte Frau und ernannte sie ebenfalls spontan zur Nationalfigur. Auch die Franzosen brauchen für ihre Verehrung etwas Konkretes. So findet man auch heute noch in den meisten französischen Amtsstuben eine Büste mit einer halb entblößten Marianne.

Eine Unterstützung für ihre Emanzipationsbestrebungen hätten die Damen bei Luther vergeblich gesucht. Dieser vertrat trotz aller Reformgedanken die Meinung, dass die Frau an den Herd gehöre und für reichen Kindersegen zu sorgen hätte. Luther war weiter der Überzeugung, dass es bei der den Frauen zugedachten Aufgabe nicht notwendig sei, diese mit Klugheit auszustatten. Vielleicht auch heute noch eine Begründung, warum Nonnen sich bei kirchlichen Veranstaltungen eher im Hintergrund halten. Luthers eigener Beitrag zum reichen Kindersegen bestand darin, sechs Kinder in die Welt zu setzen und seiner Frau zur Betreuung zu überlassen. Seine Frau und er stellten in diesem Zusammenhang erfreut fest, dass deren Sexbedürfnis und Fortpflanzungsfähigkeit während beider Klosteraufenthalt nicht gelitten hatte. Die Rollenverteilung war für Luther einfach: die Frau hatte dafür zu sorgen, dass der Mann gern nach Hause kommt, während dieser sich zu bemühen hat, dass sie ihn ungern wieder gehen lässt. Nun, Katharina von Bora war an ein hartes Leben im Kloster gewöhnt. So störte es sie offensichtlich auch nicht, von ihrem Mann als »Herr Käthe« angesprochen zu werden. Ein merkwürdiges Verhalten, hatte doch Gott bereits Adam untersagt, seine Frau »Männin« zu rufen. Das hätte Luther angesichts seines eifrigen Bibelstudiums eigentlich nicht entgehen dürfen.

Luther musste allerdings am eigenen Leib erfahren, was es bedeutet, wenn die Frau dennoch im Hause das Sagen hat. Er hatte, abgesehen von seinen vielen Chronisten, stets zahlreiche Gäste im Haus. Deren Bewirtung überstieg das zur Verfügung stehende Haushaltsgeld beträchtlich. Frei nach seinem Motto: »Wer nicht liebt Wein, Weib und Gesang ...« war Luther ein gern gesehener Gastgeber, wurde dafür aber des Öfteren von seiner Frau gemaßregelt. Gleiches galt auch für seine Tischmanieren, die seiner Frau nun überhaupt nicht gefielen, was Luther jedoch nicht daran hinderte, sich darüber hinweg zu setzen.

In der evangelischen Kirche ist heute ein großer Teil der Beschäftigten Frauen. Daraus zu schließen, dass die Anforderungen der evangelischen Kirche an ihre Mitarbeiter wie von Luther behauptet, eher gering sein könnten, würde eindeutig an den Tatsachen vorbeigehen. Schon gar nicht sollte man das mit seiner Theorie von der nicht notwendigen Klugheit der Frauen in Verbindung bringen. Ist doch ihr Anteil in Leitungspositionen der evangelischen Kirche höher als die von der Politik für die allgemeine Wirtschaft geforderte Frauenquote, was auch die katholische Kirche für sich überlegt. Zudem drängen auch in der evangelischen Kirche immer mehr Frauen in eigentlich typische Männerberufe. Nehmen wir zum Beispiel den Beruf des Glöckners, dessen Aufgabe es war, die Kirchenglocken zu läuten. Das Ziehen des Glockenseiles war wegen des damit verbundenen Kraftaufwandes stets Männern vorbehalten. Mit dem Fortschreiten der Technik auch auf diesem Gebiet wurde die Tätigkeit soweit erleichtert, dass sich jetzt auch Frauen sich hierfür interessieren, zumal heute meist ein Knopfdruck ausreicht, um die Kirchenglocke erklingen zu lassen.

Durch die Emanzipationsbestrebungen fühlten sich die Frauen zunächst in Frankreich gestärkt, die männliche Vorherrschaft abzustreifen und gleiche Rechte wie diese einzufordern. Mit diesem Ziel gründeten sie einen Frauenverein, zu dem Männer verständlicherweise keinen Zutritt hatten. Diese wiederum beobachteten die neue Entwicklung mit Argwohn und ließen deren erste Vorsitzende zur Vermeidung zukünftigen Unheils vorsichtshalber hinrichten. Das aber spornte die Damen nur noch mehr an, und sie bauten nach und nach die ihnen zustehenden Rechte aus. Wie zur Zeit der Missionare gelang es ihnen, in anderen Ländern gleiche Bewegungen ins Leben zu rufen. In England zum Beispiel waren es die dortigen Suffragetten. Diese standen den Bemühungen ihrer französischen Kolleginnen, für die Erweiterung ihrer Rechte zu kämpfen, in Nichts nach. Bei einem solch engagierten Vorgehen auch in weiteren Ländern dauerte es nicht lange, bis sich fast überall in Europa die Frauen vehement für die Erweiterung ihrer Rechte einsetzten.

Diese Entwicklung hält bis heute an und scheint noch nicht beendet zu sein, da die bei Adam und Eva angeblich von Gott gewollte Abhängigkeit der Frau vom Mann immer noch zu der Lieblingsvorstellung vieler Männer gehört. In freier Anlehnung an George Orwells Erkenntnis in seinem Buch »Animal Farm« würde so mancher Mann meinen: »*alle Menschen sind gleich, aber Männer sind gleicher!*«, was sie dann gern auf sich beziehen. Immerhin wird heute die Gleichberechtigung der Frauen mit Nachdruck angestrebt, da diese aus weiblicher Sicht immer noch nicht vollständig erreicht ist. In vielen Bereichen der Gesellschaft wird zur Unterstützung der Bestrebungen eine Frauenquote geltend gemacht, wobei es manchmal mehr auf das Geschlecht als auf die persönliche Qualifizierung anzukommen scheint.

Nun kann man sich allerdings fragen, ob dieses Streben nach Gleichberechtigung überhaupt in Gottes Sinne ist. Schließlich hatte Adam sich bereiterklärt, eine seiner Rippen für die Erschaffung von Eva herzugeben, und damit für sich einen Vorteil erwartet. Eine ähnliche Panne wie in seiner früheren Beziehung zu Lilith wollte er nicht noch einmal erleben. Lilith hatte es bekanntlich gewagt, sich gegen eine solche Rangordnung aufzulehnen. Wegen dieser Aufsässigkeit wurde sie von Gott zur Abschreckung späterer weiblicher Generationen zu einer Dämonin degradiert. Möglicherweise aufgrund dieser Kenntnis gab auch der Apostel Paulus seinen Anhängern die Anweisung, dass das Weib dem Manne untertan sei. Trotz des Protestes seiner Frau hatte Luther darauf bestanden, diese Aussage in seiner Übersetzung der Bibel nicht auszulassen. Manchmal muss man eben auch Unangenehmes akzeptieren können und nicht gleich jede emanzipierte Frau zur Dämonin erklären.

Der Widerstand der Männer bröckelt, wenngleich manche Forderung der Frauen nach wie vor mit Misstrauen beobachtet wird. Dabei ist das alles nicht so ganz neu. Schon in der griechischen Mythologie gab es Amazonenvölker, bei denen Männer nichts zu sagen hatten. In Südamerika galten die Amazonen der Legende nach als ein Volk, in dem Männer nur eine für die Fortpflanzung erforderliche Rolle spielten. Die damaligen Eroberer dieses Landes waren davon anscheinend so beeindruckt, dass sie sogar den Amazonas-Strom nach den Damen benannten.

Man stelle sich nur vor, der Mann würde zu Hause warten, dass seine Frau endlich aus der Schenke nach Hause kommt, um dort den verbliebenen Rest ihres Lohns abzuliefern. Dabei herrscht in vielen Haushalten nach wie vor eine klare Rollenverteilung, wonach der Mann in der Regel für das Geldverdienen und die Vertretung des Hauses nach außen zuständig ist. Getreu nach Luther fällt der Frau dagegen die Rolle zu, für die Kinder und das leibliche Wohl der Familie zu sorgen, selbst dann, wenn sie zusätzlich noch einer beruflichen Tätigkeit nachgeht, um den Familienunterhalt zu verbessern. Anscheinend hat es sich eingebürgert, dass manche Frau wegen dieser Mehrfachbelastung nicht als vollwertige Arbeitskraft angesehen wird und im Verhältnis zu einem Mann immer noch bei gleicher Arbeit nur einen Teil dessen Entlohnung erhält.

Um ihren Forderungen nach Gleichberechtigung Nachdruck zu verleihen, bestanden die Frauen seit Beginn ihrer Anstrengungen besonders auf gleiche Bildung und gleiches Wahlrecht wie ein Mann. Ohne es zugeben zu wollen, ist es ja ohnehin häufig so, dass der Hausherr für die politische Analyse zuständig ist, während seine Frau letztendlich entscheidet, was gewählt werden soll. Unabhängig von diesen häuslichen Gegebenheiten hatten Frauen und Männer in vielen Ländern zumindest dem Gesetz nach bald den von den Frauen erstrebten Status der Gleichberechtigung erreicht. Für manchen Mann ist diese Entwicklung in banger Erwartung nach wie vor ein gefährliches Alarmzeichen, wie diese wohl noch enden könnte. Wobei man objektiverweise sagen muss, dass nicht nur die aktuellen Spitzenpolitikerinnen ihre Sache durchaus gut machen und ein Anrecht auf eine entsprechende Anerkennung haben.

Kriege

Man sollte nicht glauben, dass die Welt im Laufe der Zeit besser geworden sei. Kriege scheinen offensichtlich auch weiterhin für notwendig gehalten zu werden. Im Gegensatz zu früher sind sie heute oftmals nicht nur lokal begrenzt, weil manche Länder oft unter Hintanstellung rationeller Argumente glauben, einen Krieg anfangen zu müssen, und andere meinen, einer der beteiligten Parteien helfen zu sollen. Je nach der jeweiligen Interessenlage. Und immer gibt es Sieger und Besiegte.

Das Alte Testament ist gefüllt mit der Aufzählung damals geführter Kriege, wobei Gott nach Zeugnis der Chronisten des Öfteren selbst deren Veranlasser war. Schon anlässlich der Eroberung des gelobten Landes gab er die Devise aus, die dort bereits Ansässigen mit allen Mittel zu bekriegen und der Nachhaltigkeit wegen zu vernichten. Auch später gab er den jeweils zuständigen Königen durch einen seiner Propheten die Anweisung, gegen den gerade aktuellen Feind Krieg zu führen. Die so aufgeforderten Könige folgten in der Regel gern dieser Aufforderung, waren sie sich doch Gottes Hilfe sicher und konnten insofern von einem positiven Ausgang des Krieges ausgehen. Der angesagte Feind konnte sich auch im eigenen Land befinden, weswegen leider auch von Bürgerkriegen zu berichten ist. Durch die ständigen Kriege wurden die Israeliten zu einem wehrhaften Volk erzogen, was sich bis heute nicht geändert hat. Auch wurde deren Ausrüstung im Laufe der Zeit immer mehr verfeinert. Während die Kriege damals noch in »Handarbeit« geführt wurden, genügt heute schon eine einzige Bombe, um ein ganzes Land zu zerstören. Ein mit einer Steinschleuder bewaffneter David hätte dagegen nicht die geringste Chance.

Je nach Zielsetzung gab es sehr unterschiedliche Kriege. In einem Eroberungskrieg galt es, einen Machtanspruch durch Unterdrückung eines anderen Volkes zu verwirklichen. Das Ziel eines Unabhängigkeitskrieges dagegen war es, sich gegen eine solche Unterdrückung zu wehren. Religiös begründete Kriege sollten dazu dienen, die eigene, vermeintlich einzig wahre Glaubensausrichtung zu sichern. Angesichts dieser Möglichkeiten war es für die Beteiligten nicht schwer, ein Alibi für die Teilnahme an einem Krieg zu finden. Die betroffene Bevölkerung war wie üblich an solchen Überlegungen nicht beteiligt. Auf jeden Fall gab es zu jeder Zeit ausreichende Gründe, einen Krieg zu führen, sodass von einer unfassbaren Anzahl in der Geschichte der Menschheit berichtet wird. Gefühlsmäßig konnte es dabei kaum Zeit für ein Leben in Frieden gegeben haben. Den Leuten muss zu jeder Zeit die Angst vor dem Ende eines solchen Friedens wie das Schwert des Damokles über ihren Köpfen gehangen haben.

Wenn Kriege von Gott »angeordnet« wurden, konnte derjenige, der zu seinen Schutzbefohlenen gehörte, von einem späteren Sieg ausgehen. Ein solcher Erfolg war aber nicht sicher, wenn der Angreifer trotz seines Schlachtrufes »Für Gott und Vaterland« vergebens auf Gottes Hilfe spekuliert hatte. Wie damals ist auch heute allen Kriegen gemein, dass diese von der Masse der Untertanen unter Einsatz ihres Lebens ausgefochten werden müssen. Die nicht unmittelbar an kriegerischen Handlungen beteiligte Zivilbevölkerung muss dann Not und Elend ertragen und häufig genug ihre Heimat verlassen, um sich in Sicherheit zu bringen. Wenn dann endlich wieder Frieden herrscht, findet man, soweit überhaupt eine Rückkehr möglich ist, in der Regel eine zerstörte und verwüstete Heimat vor. So klingt es doch ironisch, wenn man in einem Krieg von einer »befreiten« Stadt spricht, selbst wenn in ihr kein Stein mehr auf dem anderen liegt. Spätestens dann oder wenn man nach Kriegsende die Häupter der verbliebenen Familienangehörigen zählt, wird die Frage nach dem Sinn eines solchen Krieges laut.

Wie so vieles ist auch die Zahl der an einem Krieg beteiligten Staaten im Laufe der Zeit immer größer geworden und umfasste zuletzt ganz Europa und weite Teile der Welt. Von solchen Größenordnungen hatten die kriegsführenden Könige im alten Israel nicht einmal träumen können. Höchstens vielleicht König David, als seine Beamten ihm das Ergebnis der Volkszählung mitteilten und bei der Zahl der Krieger erheblich übertrieben hatten. Es liegt auf der Hand, dass die letzten Kriege, die nun wegen der Anzahl der beteiligten Nationen die Bezeichnung »Weltkrieg« erhielten, unvorstellbar viele Opfer forderten. Als der erste Weltkrieg endlich ein Ende fand, verlangten die Sieger wie üblich Schadensersatz für die von ihnen erlittenen Verluste zuzüglich eines möglichst hohen Schmerzensgelds. Dieses wiederum schmälerte die Lebensfreude der besiegten Bevölkerung, zumal das wenige verbliebene Geld bald nichts mehr wert war. Die für den Krieg Verantwortlichen führten dagegen im Exil oftmals ein beschauliches Leben.

Die Not in der Zeit nach dem Ersten Weltkrieg war so groß, dass sich eine Unzufriedenheit über die ganze Welt ausbreitete und zu Aufständen gegen die Obrigkeiten führte. Die Folge war, dass einige Personen diese Situation ausnutzten und als Diktatoren die Führung an sich rissen. Wie schon zu Zeiten des alten Israels erlangten diese schnell die Herrschaft über die Bevölkerung, wobei diese ihre neuen Führer als Heilsbringer auf dem Weg zum Besseren empfand und ihnen zujubelte. Selbst als in Deutschland der Diktator Hitler auf die Idee kam, alle Juden zu vernichten, wurde ihm die Gefolgschaft nicht aufgekündigt. So stand der Umsetzung dieses Vorhabens aus seiner Sicht nichts im Wege und die Juden wurden in eigens dafür errichteten Vernichtungslagern ermordet, wenn immer man ihrer habhaft werden konnte.

Verständlich, dass die anfangs große Begeisterung in der Bevölkerung für den Staatsführer nicht lange vorhielt, als im bald darauf folgenden Zweiten Weltkrieg wieder viele Eltern den Verlust eines Familienmitglieds zu beklagen hatten. Auch dieser Krieg, der ebenfalls weltweite Auswirkungen hatte, ging zu Ende, ohne dass die Leute erkennen konnten, warum dieser Krieg eigentlich geführt worden war. Da viele Männer diesen nicht überlebten, waren es wieder die Frauen, die sich daran machen mussten, das angerichtete Unheil und dessen Folgen zu beseitigen. Den dafür Verantwortlichen wurde allerdings weniger Nachsicht zuteil als denen des ersten Weltkriegs. Angesichts des angerichteten Scherbenhaufens und der zu erwartenden persönlichen Konsequenzen zog Hitler es vor, sich das Leben zu nehmen. Die Sieger teilten sich das Land auf, erklärten die Verlierer für unmündig und übernahmen die Regierungsgeschäfte. Die Bevölkerung in den östlichen Landesteilen mussten allen Besitz zurücklassen und bei den im Westen lebenden Landsleuten eine Bleibe suchen. Da diese auch nichts zu vergeben hatten oder abgeben wollten, waren Konflikte vorprogrammiert. So mussten die Flüchtlinge lange Zeit als Fremde im eigenen Land und von der Unterstützung wohlmeinender Landsleute leben.

Kriege sind immer geführt worden. Da hilft es auch nicht, dass in den Kirchen permanent der Wunsch nach Frieden auf Erden gepredigt wird. So resignierend dieser Gedanke auch sein mag, wir werden uns wohl auch in Zukunft mit weiteren Kriegen abfinden müssen. Es sei denn, Gott würde ein Einsehen mit uns haben und uns klarmachen, dass ein weiterer Weltkrieg unser aller Untergang bedeuten würde. Dann müssten allerdings auch wir unseren Beitrag dazu leisten, dass auf Erden wieder Vernunft herrscht. Ob das jemals gelingen kann, erscheint aufgrund der seit Anbeginn der Menschheit tief in uns verwurzelten Unvernunft fraglich. Es gibt sogar Stimmen, die behaupten, Kriege seien von Gott gewollt, um dem ausufernden Wachstum der Menschheit Einhalt zu bieten. Sollte das tatsächlich so sein, würde uns natürlich auch die größte Vernunft im Umgang mit anderen nichts nützen.

In einem Krieg töten Soldaten der einen Partei die Soldaten der Gegenpartei, ohne dass man sich kennt oder eine wie auch immer geartete Beziehung zueinander hat. Anscheinend liegt dieser Drang zur Gewalt in unserer menschlichen Natur, denn Tiere würden solche Kriege nicht führen. Ausgerechnet manche Schimpansenarten als unsere »Vorfahren« machen da eine Ausnahme, um die besiegten Gegner anschließend mit Genuss zu verspeisen. Im Gegensatz zu den Tieren halten wir uns für vernünftige Wesen. Tiere aber tun nichts Unvernünftiges, was von uns Menschen leider nicht behauptet werden kann. Vorausgesetzt, ein Tier wäre mit der Fähigkeit der Erkenntnis ausgestattet, würde es nur mit dem Kopf darüber schütteln, wie wir zum Beispiel mit der Umwelt und unseren Mitgeschöpfen umgehen. Uns Menschen scheint dieser Drang zum gegenseitigen Bekriegen innezuwohnen. Ob es jetzt der Streit mit einem Nachbarn oder ein Krieg zwischen verschiedenen Völkern ist, spielt dabei keine Rolle.

Vielleicht stammt die Eigenschaft noch aus der Zeit Kains, dessen Mordmotiv bekanntlich Eifersucht war. Tiere dagegen respektieren ihre Artgenossen und selten kommt es vor, dass Revier- oder Paarungskämpfe tödlich enden. Das Töten von Beutetieren dient ihrer Nahrungsbeschaffung und damit der eigenen Erhaltung. Was unsere Nahrungsbeschaffung heutzutage anbelangt, besteht der Unterschied zu den Raubtieren nur darin, dass wir Normalmenschen nicht selbst an der Tötung eines Tieres beteiligt oder dazu in der Regel auch gar nicht in der Lage sind. Wir wollen das fertige Produkt auf dem Teller haben. Vielleicht ist es manchem nicht einmal bewusst, dass es sich bei dem Schnitzel, das wir zu Mittag verspeisen, um das Fleisch eines vor kurzem noch lebendigen Schweins handelt. Es soll sogar in der Stadt lebende Leute geben, die nie ein Schwein in Natura gesehen haben. Nun muss man zugeben, dass das Schnitzel mit einem Schwein als seinem Ursprung nur noch wenig Ähnlichkeit hat.

Dieses Unverständnis für das Töten von Tieren geht teilweise so weit, dass ein Jäger, der ein heimisches Jagdwild erlegt, in unserer modernen Welt wegen seines angeblich unmenschlichen Verhaltens kritisiert wird. Einen Aufschrei gäbe es zurecht, wenn zum Beispiel ein Elefant aus dem einzigen Grund getötet wird, dass dessen Stoßzähne in China als potenzsteigerndes Mittel begehrt sind, wogegen dort die Lieferung dieser Stoßzähne bereits sehnsüchtig erwartet wird. Ebenso, wenn Tiere Versuchen dienen, die mit quälerischen Mitteln durchgeführt werden. Vergessen wir nicht, dass Gott diese Kreaturen sogar noch vor Adam geschaffen hat. Daran ändert auch seine Zusage an Adam nichts, dass neben allem anderen auch die Tiere ihm untertan seien, eine vernünftige Behandlung natürlich vorausgesetzt.

Arbeit und Wohlstand

Wenn Gott den Sonntag als arbeitsfreien Tag benötigte, um sich zu erholen, muss die Schöpfung sicherlich mit anstrengender Arbeit verbunden gewesen sein, auch weil er Evas wegen noch eine Sonderschicht einlegen musste, wenn es stimmt, dass er einen Ersatz für Lilith schaffen musste. Solche Mühseligkeit wollte er Adam und Eva während ihres Aufenthaltes im Paradies ersparen. Das wäre auch geglückt, wenn nicht Evas »Apfelklau« dazwischengekommen wäre. So mussten die beiden das Paradies verlassen, sich durch ihrer Hände Arbeit ernähren und ihr Leben lang arbeiten.

Die Härte dieser Strafe wird einem bewusst, wenn man bedenkt, dass die Tat von Gott als Erbsünde eingestuft wurde. Alle Nachkommen von Adam und Eva, also auch wir, unterliegen dieser Sippenhaft und müssen die ihnen auferlegte Strafe teilen. *»Der Mensch ist zur Arbeit geboren wie der Vogel zum Fliegen«*, hatte Luther gepredigt, wohl um uns wegen dieses Schicksals zu trösten. Müßiggang sei eine Sünde wider Gott. Mit dieser Feststellung hat er sich gewiss nicht bei allen beliebt gemacht. Für sich selbst hatte er mit der Übersetzung der Bibel seinen Beitrag zur Arbeit als ausreichend angesehen.

Allerdings hat sich die Wertigkeit der Arbeit im Laufe der Zeit verändert. Derjenige, der Arbeit hat, beklagt den Mangel an Freizeit. Und derjenige, der keine Arbeit hat, würde eine solche gern verrichten. Arbeit bedeutet heute nicht nur die Möglichkeit, Geld zu verdienen, sondern ist auch wichtig für die Sicherung eines sozialen Status'. Arbeitslos und arm zu sein, ist nicht gerade das, was man sich im Leben wünscht. Wohlhabend zu sein und nicht arbeiten zu müssen, wäre da schon besser.

Von einer Arbeit im früheren Sinne kann in vielen Bereichen allerdings nicht mehr gesprochen werden. Ein handgeschriebener Brief, der im Vergleich zu den von Moses genutzten Steintafeln bereits ein gewaltiger und bahnbrechender Fortschritt gewesen war, gilt heutzutage als Rarität. Sogar der Gang zum nächsten Briefkasten ist oftmals überflüssig. Der moderne Mensch schreibt einen Text auf seinem Laptop und versendet diesen dann per E-Mail. Ohnehin braucht heute keiner mehr das Haus zu verlassen, um einzukaufen oder eine Banküberweisung zu tätigen. Der Arzt verfolgt vom Bildschirm aus, wie ein Roboter eine Operation durchführt. Der Bauer beobachtet von seinem Platz auf seinem mit GPS und sonstigem Hightech ausgestatteten Trecker, wie die Feldbestellung so viel intensiver erfolgt, als ihm das ohne diese technischen Hilfsmittel möglich wäre. Bald soll es sogar nicht mehr möglich sein, ein Anliegen bei einer Behörde persönlich vorzutragen. Derjenige, der bis dahin nicht bereit oder in der Lage ist, über das Internet mit der netten Dame im Rathaus zu kommunizieren, muss sich gefallen lassen, als unmodern zu gelten. Dabei ist doch gerade ein solcher persönlicher Kontakt für das Funktionieren einer Gesellschaft wichtig.

So ist es heute ein Qualitätssiegel, das einen höheren Preis rechtfertigt, wenn ein Produkt mit dem Hinweis »Handarbeit« gekennzeichnet ist. Noch vor gar nicht so langer Zeit hätte man sich gefragt, was es denn für eine andere Möglichkeit der Herstellung gegeben hätte. Die Entwicklung ist noch nicht abgeschlossen. Von der Verbesserung und der Einführung künstlicher Intelligenz hängt, so wird gesagt, unser zukünftiger Wohlstand ab. So hat sich ein Wettlauf zur Erreichung dieses Zieles entwickelt, der mit gewaltigem Aufwand durchgeführt wird. Das ist als solches sicherlich nicht zu kritisieren, wenn hierdurch den Menschen bestimmte Arbeiten abgenommen werden. Sollte die Entwicklung auf diesem Gebiet allerdings so weit gehen, dass die Maschinen uns Menschen sogar das Denken abnehmen und sich dabei verselbständigen, würden wir uns in die Gefahr begeben, uns selbst in Frage zu stellen.

Für einen Normalbürger ist diese Entwicklung nicht mehr zu überschauen, wohl aber, wenn ein Arbeitgeber seinem langjährigen Mitarbeiter offenbart, dass man ihn nicht mehr benötige: »*...schließlich müsse man auch in diesem Betrieb mit der Zeit gehen*«. Zusätzlich zu den Aufwendungen für die Weiterentwicklung der Digitalisierung hat der Staat dann enorme Beträge aufzuwenden, um diesen Mitarbeiter wieder in Lohn und Brot zu bringen. Was würde Gott sagen, wenn die Menschen anders als von Adam und Eva verlangt, lediglich zusehen, wenn Maschinen statt ihrer die Arbeit verrichten? Vermutlich würde er einmal in die Elektronik eines Stromversorgers eingreifen und damit die Menschen daran erinnern, wie sehr wir uns bereits in eine Abhängigkeit von der Technik begeben haben.

Unsere Politiker loben in der Regel die Errungenschaften des technischen Fortschritts und versprechen, damit Arbeit für alle zu schaffen. Für sie selbst genügt es schon, auf einem Parteitag »*eine flammende Rede zu halten, die ihre Parteifreunde aufrüttelt und zum Aufbruch aufruft*«. Damit hätte der Redner bereits gute Chancen, ein angestrebtes Amt zu bekommen, ohne dass dessen Eignung für die zu besetzende Führungsrolle groß hinterfragt wird. Wichtig für ihn ist dabei allein, dass er sich dank einer solchen Beförderung in seinem Selbstwertgefühl bestätigt fühlen und von einer honorigen Entlohnung der neuen Tätigkeit ausgehen kann. Auf jeden Fall muss er nicht befürchten, eines Tages als Maurer auf dem Bau zu arbeiten und sich trotz allen Einsatzes Sorgen um die Bestreitung des Lebensunterhaltes seiner Familie machen zu müssen. Da ist es schon angenehmer, sich wortreich dafür einzusetzen, dass diese Sorge mit Hilfe eines aus Steuermitteln finanzierten Sozialhaushalts gemildert wird. Gerade in Zeiten von Neuwahlen ist das eine beliebte Aussage, sich Stimmen für eine Wiederwahl zu sichern.

Vorschläge in dieser Richtung werden von den Gewerkschaften energisch unterstützt, wobei sich die Frage ergibt, ob die diese in ihrer Funktion, den Arbeitgebern Parole zu bieten, möglicherweise von Gott bestimmte Schutzengel der arbeitenden Bevölkerung sein könnten. Das würde ihrem Ansehen enormen Aufwind geben. Allerdings würde dann ihre als Erkennungszeichen gewählte Farbe »Rot« nicht zu einem solchen göttlichen Auftrag passen. Es soll aber nicht behauptet werden, dass man daraus eine Verwandtschaft der Gewerkschaften zu Luzifer konstruiert, wenngleich manche Arbeitgeber gelegentlich so denken könnten. Insbesondere dann, wenn sie ihren Mitarbeitern neben deren üblichen Urlaubstagen noch eine Anzahl arbeitsfreier kirchlicher Traditionsfeste zugestehen müssen. Auf Letzterem besteht allerdings auch die Kirche. Um die Gewerkschaften in ihren Bemühungen zu unterstützen, haben die Katholiken die Heilige Notburga beauftragt, das Amt der Anwältin für die arbeitende Bevölkerung zu übernehmen. Bei ernsthafter Ausübung dieses Amtes müsste diese Heilige angesichts der weltweiten Arbeitslosigkeit eine der am meist beschäftigten himmlischen Lobbyisten sein.

Es gibt aber auch Menschen, denen es nichts ausmacht, ohne Arbeit und festem Einkommen zu sein. Solche Lebenskünstler verstehen es zur Verwunderung ihrer Mitmenschen, aus allen Lebenslagen das Beste zu machen und sich nicht dem Stress oder den Sorgen zu unterwerfen, die in unserer Gesellschaft üblich sind. Carpe Diem! Würden unsere Versicherungsgesellschaften ihre Geschäftspolitik auf solche Lebenskünstler als Klientel ausrichten, hätten sie sehr schnell nichts mehr zu tun. Auch die Gewerkschaften müssten ihr Aufgabengebiet überdenken.

Durch den Fortfall körperlicher Arbeit haben wir es heutzutage mit Krankheiten zu tun, die früher unbekannt waren, und versuchen deshalb, die mangelnde Bewegung durch den Besuch eines Fitnessstudios auszugleichen. Auch ist der auf uns lastende Leistungsdruck größer geworden. So geht es nicht mehr nur darum, die eigene Existenz zu sichern; sondern häufig darüber hinaus, einen möglichst großen Wohlstand zu erreichen und diesen auch zur Schau stellen zu können. Entgegen dem Motto *alle Menschen sind gleich* ist uns das Image des Erfolgreichen wichtig, um unseren Mitmenschen zu imponieren. Jesus hatte dies schon früh als Fehler erkannt und darauf gedrungen, sich an den Vögeln unter dem Himmel ein Beispiel zu nehmen. Wie auch allen anderen Tieren geht es diesen doch nur darum, die eigene Ernährung und die ihres Nachwuchses sicherzustellen. Eine darüber hinaus gehende Ansammlung von Vermögen würde ihnen nichts nützen, es sei denn, es handelt sich wie bei einem Eichhörnchen um den im Herbst angeschafften Wintervorrat.

Der Wunsch nach Wachstum ist fast allen Menschen gemeinsam. Jede Wirtschaftsplanung, ob privat oder öffentlich, die kein Wachstum anstrebt, verursacht in der Regel Unzufriedenheit. An den Beispielen der biblischen Stammväter, die sehr wohl auf die Vermehrung ihrer Besitztümer bedacht waren, kann man erkennen, dass sich der Mensch auch in dieser Beziehung seit den frühen Zeiten nicht geändert hat. Nur wird man sich heute eine Ziegenherde als attraktive Kapitalanlage schon aus Platzgründen schlecht vorstellen können. Da käme Salomon mit seinen Goldvorräten den heutigen Vorstellungen von einer Vermögenssicherung schon näher. Warum Gott seinem Volk Israel nichts über die in Vorderasien reichlich vorhandenen Ölvorkommen gesagt hat, steht nirgends geschrieben. Wenn die Israeliten vor Erreichen der neuen Heimat gewusst hätten, dass besonders die angrenzenden Länder mit diesem Ölreichtum gesegnet sind, hätten sie wahrscheinlich freiwillig eine Fortsetzung der Wanderung in Kauf genommen. Mit dem heutigen Wissen hätte man statt des Landes, in dem Milch und Honig fließen, lieber ein Land mit Ölvorkommen besiedelt. Aber damals wurde der Wert des Olivenöls mangels besseren Wissens eben höher eingeschätzt.

Gott und auch Jesus hatten praktische und nachvollziehbare Empfehlungen für ein zufriedenes Leben gegeben, die allerdings nur zu selten befolgt wurden. Einer dieser Ratschläge betraf einen reichen Kornbauern. Wie der Evangelist Lukas berichtet, machte dieser sich Gedanken, wie er seine Rekordernte am besten aufbewahren könne, als Gott ihn fragte, was er mit diesen Schätzen denn nach seinem Tod anfangen wolle. Das machte den guten Mann nachdenklich und er beschloss, sich mit dem, was er hatte, zufriedenzugeben, und fortan in Ruhe zu leben. Dieses Beispiel könnte man ungefähr wie folgt interpretieren: »*...ruhe aus, iss, trink und sei fröhlich!*« Wie aber würde heute ein Vater reagieren, würde sein Sohn ihm dieses als sein Lebensmotto erklären? Unrealistisch dagegen erscheint uns auch Jesu' Ratschlag, alles zu verkaufen, den Erlös als Almosen zu verschenken und damit aller Sorgen ledig zu sein. Jemand, der diese Empfehlung befolgt, würde nach unserem Verständnis den Rest seines Daseins als nicht zurechnungsfähig in einer psychiatrischen Anstalt verbringen müssen. Stattdessen würden viele den Wunsch äußern, möglichst ebenso wohlhabend wie der Kornbauer zu sein.

Mit seiner Hände Arbeit kann man, wie oft gesagt wird, nicht reich werden. Leichter ist es dagegen, wenn man andere für sich arbeiten lässt. Das wusste schon Abraham, der für einen Teil seiner Arbeiter nicht einmal Lohn bezahlen musste, weil es für Sklaven eine solche Vorschrift nicht gab. Aber auch die übrigen Arbeiter hatten es nicht viel besser, mussten sie sich doch als Taglöhner jeden Tag Sorgen um eine Weiterbeschäftigung machen. Der Chef, in diesem Fall also Abraham, dagegen achtete darauf, die Differenz zwischen seinen eigenen Erlösen und seinen Lohnkosten möglichst groß zu halten. Allerdings gab es immer schon Steuereintreiber, die gleichermaßen unbeliebt waren wie heutzutage. Für Jesus jedoch spielte das offensichtlich keine Rolle, als er den ehemaligen Zöllner und Finanzbeamten Matthäus zu einem seiner Jünger bestellte, was für manchen seiner heutigen Kollegen tröstlich sein könnte.

Auffällig ist unser Streben nach Spitzenleistungen zum Beispiel auch im Leistungssport, wo nicht selten mit Dopingmitteln nachgeholfen wird. Hier geht es häufig ohne Rücksicht auf moralische Überlegungen und Gesundheit um Geld und Anerkennung. Im Fußball führt dieses in Einzelfällen dazu, dass man mit den Füßen ungleich mehr Geld verdienen kann als mit dem Kopf. Ein solches Ziel zu erreichen, ist allerdings nur wenigen gegeben. Häufig nützt auch die beste

Ausbildung nichts, wenngleich es umgekehrt immer noch Fälle geben soll, in denen ein Tellerwäscher auch ohne eine solche zum Millionär geworden ist. König David war seinerzeit ein über die Grenzen hinaus bekannter Harfenvirtuose. Anstatt sein Glück vorübergehend als Räuberhauptmann zu versuchen, hätte er heutzutage mit diesem Können, eine geschickte Vermarktungsstrategie vorausgesetzt, ein Vermögen machen können. Er aber zog es vor, sein musikalisches Können nur als Hobby zu betreiben, und begnügte sich damit, dass ihm als Lohn die Frauenherzen zuflogen.

Politiker sind dafür bekannt, viel zu reden und zu versprechen, um damit ihre Wähler zu beeindrucken. Dass sie dabei nicht vergessen, sich selbst zu loben, und nicht immer bei der Wahrheit bleiben, scheint als normal angesehen zu werden. Bei vielen von ihnen gilt als Arbeit bereits das Reden über solche. Um ihr Verhalten zu ändern, würden die Erfahrungen, die Damokles vor langer Zeit machen musste, sicherlich behilflich sein. Dieser war wegen seiner Prahlerei bekannt, was seinen König maßlos ärgerte. Um ihm eine Lehre zu erteilen, lud er Damokles ein, an seiner Tafel Platz zu nehmen. Dieser fühlte sich sehr geehrt und in seiner Selbstherrlichkeit bestätigt, als der König ihm sogar noch einen Ehrenplatz zuwies. Sein Verhalten änderte sich jedoch sofort, als er merkte, dass über seinem Platz ein Schwert mit der Spitze nach unten an einen Faden hing. Er wurde blass und versuchte, so schnell wie möglich des Königs Tafel zu verlassen. Auf unsere Politiker bezogen, stelle man sich vor, der Parlamentspräsident hätte auf ähnliche Weise ein Schwert über dem Rednerpult aufhängen lassen. Die Redner würden sich wohl nur noch auf das Wesentliche beschränken und sich ansonsten schnell wieder an ihren Platz begeben.

Manchmal stehen auch Staatsoberhäupter ganz oben auf der Liste der Unbeliebten, wenn sie zum Beispiel der Meinung sind, ihr angeblich spärliches Salär durch dunkle Geschäfte zu Lasten ihrer Bevölkerung aufbessern zu können. Leider wird ein solches Handeln von dieser oft erst spät bemerkt. Und dann ist es meistens schwer, das

Oberhaupt wieder los zu werden, weil er sich in wohlweislicher Voraussicht zahlreiche Günstlinge oder mächtige Unterstützer zum eigenen Schutz geschaffen hat. Des eigenen Profites wegen haben diese in der Regel dann auch kein Interesse an einer Änderung der Verhältnisse.

Vielen Menschen ist das Streben zu eigen, auf möglichst einfache Art und Weise zu Wohlstand zu kommen. Ein gutes Beispiel hierfür ist das Lottospielen, wenn wir jede Woche erneut unser Glück versuchen, obwohl wir mit dem, was wir haben, eigentlich zufrieden sein könnten. Wir wissen genau, dass die Chance eines größeren Gewinns gegen null geht. Aber es könnte ja einmal gelingen! Deswegen wird weitergemacht, schon weil in der Regel feste Zahlen gewählt werden, die vielleicht von einem bestimmten Ereignis abgeleitet sind. Schon dieses zwingt einen zur regelmäßigen Teilnahme. Man kann sich gut ausmalen wie einem zumute wäre, sollten die eigenen Zahlen ausgerechnet dann gewinnen, wenn man seinen Lottoschein, aus welchen Gründen auch immer, nicht abgegeben hat.

Auch ohne Lottogewinne gibt es viele Reiche, aber noch mehr Bedürftige im Lande. Schon zu Abrahams Zeiten gab es diese Ungleichheit und dieses hat sich bis heute nicht geändert. Im Gegenteil ist die Schere zwischen Arm und Reich ständig größer geworden. So sind allein in Deutschland etwa zehn Prozent aller Bürger von staatlicher Hilfe abhängig, um ihren Lebensunterhalt bestreiten zu können. Auch die Tafeln, eine Einrichtung, um Bedürftigen zu einer regelmäßigen Mahlzeit zu verhelfen, erleben einen solchen Ansturm, den man in einem wohlhabenden Land nicht erwarten dürfte. Dabei verwerten sie zum Beispiel die ihnen von Supermärkten gespendeten Lebensmittel, deren Mindesthaltbarkeitsdatum abgelaufen ist, die aber trotzdem bedenkenlos verzehrt werden können. Dennoch werden Tag für Tag unvorstellbare Mengen an Lebensmitteln weggeworfen und als Müll entsorgt. Solche Lebensmittelreste sind dann in vielen Ländern nicht einmal mehr wie früher für die Fütterung von Schweinen erlaubt, was zu allen Zeiten gang und gäbe war. Zu allem Überfluss wird eine solche

Überproduktion auch noch mit Steuermitteln subventioniert. Wenn man bedenkt, dass in anderen Ländern Hungersnöte herrschen, ist ein solcher Umgang mit Lebensmitteln ein unverzeihliches Unding.

Das Streben nach Wohlstand bedeutet häufig, ständig mehr haben zu wollen, egal, ob es zum Beispiel ein größeres Haus oder Auto ist. Es scheint in unserer Natur zu liegen, dass wir, wenn wir das Ziel unserer Begierde erreicht haben, immer noch nicht zufrieden sind. Wer dann sein Ziel tatsächlich erreicht hat, scheut sich in der Regel auch nicht, diesen Erfolg zu zeigen. So braucht man in einem Ort oft nicht lange zu suchen, um herauszufinden, wo der Begütertste dieses Ortes wohnt. Er hat garantiert das größte Haus, während der verdiente Altbürgermeister sich damit begnügen muss, dass eine Ortsstraße nach ihm benannt wurde.

Sollte Wohlstandsstreben allerdings in Gier umschlagen, kann das bitter enden. Ein gutes Beispiel hierfür lieferte ein König namens Midas, der in der Antike in Kleinasien lebte. Dem war es einmal gelungen, die Götter zu erpressen. Um davon freizukommen, versprachen diese ihm eine Belohnung, die er sich aussuchen dürfe. In seiner Gier nach Reichtum bat Midas darum, dass alles, was er anfasste, zu Gold werden solle. Als ihm diese Forderung erfüllt wurde, ging er gleich zur Sache und fasste alles an, was er reichen konnte. Tatsächlich wurde dieses zu Gold. Als er dann eine Pause machte und sich zum Essen niederließ, merkte er, dass auch die Speisen und Getränke zu Gold wurden. Da wurde ihm schnell klar, dass er zwar unvorstellbar reich werden könnte, dabei aber verhungern und verdursten müsse. Schnell bat er die Götter, ihn von dieser neugewonnenen Gabe zu befreien. Angeblich soll er von da an zwar über weniger Reichtum verfügt, dafür aber zufrieden gelebt haben. Wem das Beispiel des Königs Midas nicht genügt, sei an Jesu' Aussage erinnert, wonach ein Reicher Gottes besonderer Gnade bedürfe, um in den Himmel zu gelangen, es sei denn, sein Kamel könne durch ein Nadelöhr gehen.

Der Handel hat zu allen Zeiten eine wichtige Rolle gespielt, wobei es schon immer so war, dass der Arbeiter eine Ware erschafft und der Kaufmann durch deren Verkauf an ihr mitverdient. Wer also konnte, wählte letzteres. Das war wesentlich lukrativer und mit einem geringeren körperlichen Aufwand verbunden, führte jedoch bereits in alten Zeiten zu einer Klassengesellschaft, die es so in gewisser Weise auch noch heute gibt. Aber nicht nur deswegen spielte der Handel zu allen Zeiten eine Rolle, wobei Gewinn und Zinsen auch in den Religionen unterschiedlich geregelt wurden. Schon zu den Zeiten Babylons gab es durch die Festsetzung eines Höchstzinses eine Reglementierung der Finanzgeschäfte. Später bei den Griechen und Römern galt eine Überschreitung der Höchstzinsen als ein nicht zu duldender Wucher. Der Philosoph Aristoteles, der sich mit diesem Thema befasste, sah in der Erhebung von Zinsen sogar eine Gefahr für das Gemeinwesen. Ansonsten waren Handel und dessen Finanzierung den jeweiligen Partnern selbst überlassen.

Ein mögliches Vorbild eines erfolgreichen Handelsmannes aus alter Zeit könnte Josef in Ägypten gewesen sein, der mit großem Geschick vom Sklaven zu einem mächtigen Handelsherrn aufstieg. Er hatte erkannt, dass man aus einer Notlage Profit machen kann, solange diese Notlage nicht die eigene ist. Josef schaffte es, sich zunächst ein Monopol auf seine Waren zu sichern, um anschließend das Angebot knapp und damit teuer zu machen. Dem Pharao gefiel das. Hatte er es mit Josefs Hilfe doch bald geschafft, sich als Gegenleistungen für seine Getreidelieferungen das gesamte Volk zu seinen Leibeigenen und ihre Ländereien zu seinem Eigentum zu machen. Als deswegen in Ägypten keine Geschäfte mehr zu machen waren, weitete Josef seine Handelsaktivitäten auf das benachbarte Ausland aus. Auf diese Weise gelang es ihm sogar, sich seine eigenen Brüder zu Willen zu machen. Bei diesem Verhalten ist es allerdings nur schwer nachzuvollziehen, warum Gott nicht nachließ, Josef bei seinen Handelspraktiken zum Erfolg zu verhelfen. Die nun zu Leibeigenen gewordenen Menschen in Ägypten hätten ihn sicherlich lieber zum Teufel gewünscht. Aber Gott hielt weiter seine Hand über ihn.

Juden durften von ihren Glaubensbrüdern keine Zinsen nehmen, wohl aber von Andersgläubigen. Da ihnen im Mittelalter jeglicher Grundbesitz und jede Handwerkstätigkeit untersagt war, konzentrierten sie sich daher auf die Ausübung von Finanz- und Handelsgeschäften. Den Christen war es untersagt, für ihre Ausleihungen Zinsen zu verlangen. Deshalb war das Finanzierungsgeschäft für sie uninteressant und kam nicht so richtig in Gang. Also sprangen die Juden ein, was ihnen bald den Makel des Wuchers einbrachte und häufig lebensbedrohlichen Neid zur Folge hatte. Der Adel machte regen Gebrauch von der finanziellen Unterstützung durch die Juden, was natürlich mit einer gewissen Diskretion geschehen musste. Außerdem waren die üblichen Schikanen Juden gegenüber ein Mittel, um die zu zahlenden Zinsen gering zu halten. Wenn diese überhaupt gezahlt oder doch lieber vergessen wurden.

Den Muslimen ist es auch heute noch verboten, Zinsen zu erheben. Handelsgewinne sind dagegen erlaubt und in ihrer Höhe nicht begrenzt. Darauf ausgerichtet hat sich nach den Regeln der Scharia ein besonderes Finanzgebaren entwickelt. Will zum Beispiel ein Muslim ein Haus kaufen und benötigt hierfür eine Finanzierung, kauft zunächst die Bank dieses Haus und verkauft es unter gleichzeitiger Gewährung eines Kredites mit einem Aufschlag an den Interessenten weiter. Dieser Aufschlag ist dann ein erlaubter Gewinn und gilt nicht als Zinszahlung. Auch andere Finanzgeschäfte oder Kapitalanlagen sind erlaubt, solange die Vorschriften eingehalten werden, was bei der Kreativität der Menschen kein wirkliches Problem sein dürfte.

Selbst der Kirchenmann Luther hat sich kritische Gedanken über die Abwicklung von Handelsgeschäften gemacht. Generell hielt er jegliche Art von Handel für erlaubt, solange diese nicht zu einer Verarmung des Käufers führt, wenn dieser, weil ihm keine andere Wahl bliebe, eine benötigte Ware teuer bezahlen muss und damit zur Vermehrung des Reichtums des Verkäufers beiträgt. Es liegt wohl in der menschlichen Natur, dass der Verkäufer gegen eine solche Erlösverteilung nichts einzuwenden hat, es sei denn, er würde Wert auf eine langfristige Geschäftsbeziehung legen. Dann müsste er bei der Preisgestaltung schon mal ein Auge zudrücken,

Besonders kritisierte Luther jeglichen Import, weil dadurch das im Inland benötigte Geld ins Ausland fließt und seiner Meinung nach zu einer Beeinträchtigung der heimischen Produktion führt. In unserer globalen Welt dagegen ist ein internationaler Warenaustausch eine wesentliche Voraussetzung für den Wohlstand in einem Land. Besonders ärmere Länder wie in Afrika haben mit dem von Luther kritisierten Problem zu tun und sind mangels verfügbarer Finanzierungsmöglichkeit nicht in der Lage, ihre Wirtschaft auf eigene Füße zu stellen. Stattdessen müssen sie als Bittsteller mit gutgemeinter Entwicklungshilfe Vorlieb nehmen. Hätte Luther sich auf der Grundlage seiner Wirtschaftstheorie als Missionar in Afrika betätigt, hätte sich die protestantische Kirche dort wahrscheinlich über einen stärkeren Zulauf freuen können. Von einer solchen Entwicklungshilfe sind die USA zumindest zurzeit nicht abhängig, obwohl deren aktueller Präsident ebenfalls die Benachteiligung seines Landes durch unfaire Handelspraktiken anderer Länder beklagt. Man sollte deswegen aber nicht den Fehler machen, diesen Staatsmann mit Luther zu vergleichen.

Technik als Heilsbringer?

Man muss davon ausgehen, dass die technischen Errungenschaften, auf die wir so stolz sind, nicht nur Vorteile bringen, sondern häufig genug zu Lasten unserer Umwelt gehen. Während Abraham ein Talglicht in sein Zelt hängte, halten wir die Beleuchtung ganzer Straßenzüge für normal. Überhaupt ist der Energieverbrauch unserer Gesellschaft etwas, worauf wir nicht verzichten wollen, obwohl wir von der Wissenschaft vor dessen Gefährlichkeit für die Umwelt ständig gewarnt werden. Wir Menschen denken leider nur kurzfristig, wie Gott es schon im Umgang mit seinen Israeliten feststellen musste. Hätten wir stattdessen die Gabe des langfristigen Denkens, würden wir uns bestimmt schon seit längerer Zeit Gedanken gemacht haben, wie unsere eigenen Nachkommen angesichts der düsteren Aussichten für unsere Erde wohl leben können. In unserem Denken könnten wir uns ein Beispiel an den amerikanischen Indianern nehmen, die von der Erde als Mutter sprechen, die es zu beschützen gilt, weil von ihr alle Geschöpfe auf der Erde ernährt werden. Bei einem solchen Denken wäre es kein Wunder, wenn ihrer Mutter eines Tages wegen unseres Verhaltens der Geduldfaden reißt. Nun haben die Indianer leider nicht mehr das Sagen, wurde doch deren Anzahl auf ein Minimum reduziert und der Rest zur Anpassung an das Leben der Weißen veranlasst.

Wir haben uns daran gewöhnt, jederzeit mit Hilfe unseres Handys kommunizieren zu können. Für deren Batterien wird unter anderem Kobalt benötigt, dessen Abbau im Kongo wegen der dabei eingesetzten Kinderarbeit angeprangert wird, die produzierenden Firmen jedoch nicht davon abhält, diese auch weiterhin zu praktizieren. Auch Lithium wird als Rohstoff benötigt, der hauptsächlich in Chile und Bolivien aus tieferen Salzschichten mit einem gewaltigen Wasseraufwand herausgespült wird. Die Folge ist eine Absenkung des Grundwasserspiegels, was bei der Bevölkerung bereits zu dramatischen Problemen der Wasserversorgung geführt hat. Dieses wird sich noch erheblich verstärken, da zum Beispiel auch die als saubere Lösung für die Umwelt angepriesenen elektrisch betriebenen Autos zumindest zurzeit noch nicht ohne Lithium für ihre Batterien auskommen. Die Bevölkerung in den produzierenden Ländern muss tatenlos zusehen, wie ihre Umwelt zerstört wird, während die mit der Lithiumgewinnung beschäftigten Firmen den Profit für sich beanspruchen und Börsenspekulanten steigende Kursgewinne realisieren. Luther hätte dieses als Bestätigung seiner Wirtschaftstheorien ansehen können. Allerdings hätten die davon betroffenen Menschen in Südamerika ihm als protestantischen Kirchenaufrührer wohl nur mit Vorbehalt Glauben geschenkt.

Die Technik hat nicht nur den Ablauf unseres Alltags und unsere Arbeit verändert. Durch die Globalisierung und die Möglichkeiten der weltweiten Kommunikation werden wir mit Problemen anderer Länder konfrontiert, was früher so gar nicht vorstellbar gewesen wäre. Wenn heutzutage der Präsident eines Staates den Handel seines Landes schützen will, bangen die Arbeiter in anderen Ländern um ihre Beschäftigung. Wenn in einem Land ein Konflikt ausbricht, befürchten andere Staaten Konsequenzen für sich und glauben zuweilen, sich zur Lösung dieses Konfliktes sogar militärisch engagieren zu müssen.

Dass die Welt nach unserem Empfinden durch die technischen Innovationen kleiner geworden ist, kann man auch an der veränderten Art des Reisens erkennen. Die Israeliten mussten den ganzen Weg von Ägypten nach Israel zu Fuß zurücklegen, weil man ihnen keine oder nur wenige Pferde und Kamele mit auf den Weg gab. Josef und Maria hatten zumindest einen Esel als Reittier. Trotzdem brauchten sie Tage, um nach Bethlehem zu gelangen. Heute geht man in ein Reisebüro, kauft sich ein Flugticket und kann innerhalb eines Tages fast jeden Winkel der Welt erreichen. Wenn es zu Hause regnet, fliegt man kurzerhand in ein Land, in dem die Sonne scheint. Dabei wird gern übersehen, dass es gerade die heutigen Verkehrsmittel sind, welche die für die Klimaverschlechterung verantwortlichen Treibhausgase produzieren. Diese Probleme kannten unsere Vorfahren nicht. Ihnen war eine solche Art des Reisens schon deshalb nicht möglich, weil ihnen die meisten hinter dem Horizont liegenden Regionen unbekannt waren und entsprechende Verkehrsmittel nicht zur Verfügung standen. Keiner wäre auf die Idee gekommen, sich in einem fremden Land zur Erholung in die Sonne zu legen. Heute soll es sogar Leute geben, die sich ein Ticket für eine Pauschalreise zum Mond gesichert haben. Aber das ist wegen der damit verbundenen Kosten zumindest zurzeit noch nicht für jedermann geeignet. Auch dürfte eine solche

Reise für viele nicht in Frage kommen, solange eine sichere Rückkehr nicht garantiert werden kann.

Technik erfordert Energie. Wenn diese vorrangig aus fossilen Energiequellen erzeugt wird, ist das gleichzeitig mit einer Beeinträchtigung unserer Umwelt verbunden. Obwohl diese wissenschaftlich erwiesen und schon mit bloßem Auge erkennbar ist, kann man sich wegen der verschiedenen zuwiderlaufenden Interessen bisher nur zaghaft entschließen, dieser Energiepolitik ernsthaft entgegen zu wirken. Die Nutzung der Atomkraft als Alternative wurde in einigen Ländern aufgegeben, da man sich nicht rechtzeitig überlegt hatte, wie eine nachhaltige Müllentsorgung geschehen könnte. Wohl wissend, dass die Ressourcen an Öl und anderen Energieträgern begrenzt sind, hat es lange gedauert, bis man sich auf die Suche nach Alternativen machte. Erneuerbare Energie ist das Zauberwort, wenngleich schon der bloße Anblick einer Windkraftanlage in der Landschaft für viele ein Dorn im Auge ist. Oder die Biogasanlagen, die wegen ihres enormen Maisbedarfs zu Monokulturen in der Landschaft und zur Verknappung der für die Produktion von Nahrungsmitteln zur Verfügung stehenden Flächen beitragen.

Die Rückkehr

Die Gott hatte der Behandlung der Juden in Deutschland während des zweiten Weltkriegs aus uns nicht zu begreifenden Gründen tatenlos zugesehen und war nun offensichtlich der Meinung, sein Volk hätte genug gelitten und sich auch sonst im Exil zu seiner Zufriedenheit verhalten. Sicherlich hatte ihm auch imponiert, wie treu es sich an die überlieferten Vorschriften gehalten hatte. So beschloss er, ihm die Rückkehr in die alte Heimat zu erlauben.

Der Zeitpunkt hierfür war nach Ende des Zweiten Weltkrieges gekommen, als sich die beteiligten Staaten neu orientieren mussten. Die Sieger des Krieges erinnerten sich an das während dieser Zeit erlittene grausame Schicksal der Juden und erlaubten den Überlebenden aus einem Gefühl der kollektiven Reue, sich wieder im alten Israel anzusiedeln und dort einen eigenen Staat zu errichten. Allerdings war das Land bereits von den Palästinensern besiedelt worden, denen natürlich nicht sonderlich gefiel, den Israelis Platz machen zu müssen. Sich der Macht des Stärkeren beugend, mussten sie jedoch akzeptieren, zukünftig unter der Kontrolle der Israelis in »Reservaten« leben zu müssen. Das erinnert an die Zeit, als Gott bei der damaligen Eroberung des Landes durch die Israeliten den Befehl ausgab, alle Einheimischen zu töten, um sich dieser Konkurrenz zu entledigen. Nur, dass man dieses Mal etwas humaner vorging, was die Palästinenser allerdings nicht so empfanden. Spätere Kriege brachten den Israelis dazu weitere für sie vorteilhafte Landgewinne, die man gleich auf Dauer behielt. Auch der östliche Teil Jerusalems, der ursprünglich den Arabern zugestanden war, wurde vereinnahmt. Die Empörung der Palästinenser und der Araber war groß, war man doch nun von der Zustimmung der Israelis beim Besuch der eigenen heiligen Stätten in diesem Teil der Stadt abhängig. Dieses führt heute zu einem bedrohlichen Verhalten einiger Länder gegenüber Israel und dessen Bevölkerung, wobei auch darüber hinaus festzustellen ist, dass Judenfeindlichkeit noch immer kein Fremdwort ist.

Es könnte sein, dass mit diesem eigenen Staat für die Juden ein Teil der Prophezeiung des Propheten Jesaja im Alten Testament in Erfüllung gegangen ist. Auf den zweiten Teil der Ankündigung, nämlich das Erscheinen ihres Messias, werden die Juden wohl noch weiter warten müssen. Im Staat Israel konnten sich nun die in aller Welt verstreuten Juden wieder sammeln. Um nun auch unter sich zu sein, ist es den Anhängern anderer Religionen auch heute noch nur in wenigen Ausnahmen erlaubt, sich in Israel niederzulassen und dessen Staatsbürgerschaft anzunehmen. Die noch im Ausland lebenden Juden haben dagegen aufgrund der Religionszugehörigkeit auch die israelische Staatsbürgerschaft und das Recht, sich jederzeit dort niederzulassen.

Palästinenser und Araber können sich bis heute nicht mit dieser aus ihrer Sicht ungerechten Besetzung ihres Landes abfinden. Ihnen war der neue Staat Israel von Beginn an ein Dorn im Auge. Damit wollte man sich nicht abfinden und wartete auf die Gelegenheit, sich mit Hilfe seiner arabischen Nachbarn gegen die Israelis zur Wehr zu setzen. Der Zeitpunkt hierfür schien gekommen, als diese die Rückkehr in die alte Heimat und Gründung ihres eigenen Staates überschwänglich feierten. Während die Feierlichkeiten noch in Gang waren, griffen die alliierten Araber die Israelis an, mussten aber zu ihrer Überraschung feststellen, dass die Feiern deren Kampfgeist nicht geschadet hatten. So verloren die Araber den Krieg und wie üblich in solchen Fällen gleich auch einen weiteren Teil ihres Landes.

Die Israelis waren nun gewarnt und wappneten sich mit allen Mitteln und mit Hilfe aus dem Ausland gegen mögliche weitere Übergriffe auf ihr Land. Ihre Befürchtungen, dass die Nachbarn auch nach dem verlorenen Krieg keine Ruhe geben würden, erwiesen sich als berechtigt. Noch zweimal mussten Angriffe abgewehrt werden. Aufgrund gemachter Erfahrung hatten sich die Israelis vorbereitet, ihr Land mit aller Macht und Härte zu verteidigen. Die militärische Aufrüstung ging so weit, dass man ihnen sogar eine Atombombe zugestand, ohne dass darüber groß geredet wurde. Den potenziellen Feinden der Israelis dagegen wird schon der bloße Gedanke an eigene Atomwaffen unter Androhung von Zwangsmaßnahmen übelgenommen.

Wer will es den Juden verdenken, dass sie ihr Land, das ihnen vor tausenden von Jahren von Gott gegeben worden war, nicht wieder hergeben wollen. Waren sie doch schon zu biblischen Zeiten wiederholt vertrieben worden und hatten nicht nur Sklaverei, sondern auch Vernichtung erleiden müssen. Diese schmerzlichen Erfahrungen sollten sich nicht wiederholen. Allerdings muss man kritisch anmerken, dass die aggressive Politik der Israelis nicht unbedingt eine geeignete Voraussetzung für gut nachbarliche Beziehungen ist, was für Außenstehende manchmal nicht nachvollzogen werden kann. Sie nutzen ihre militärische Stärke kompromisslos, um die Palästinenser in Abhängigkeit von sich zu halten und die eroberten Gebiete zu sichern. Dazu gehört auch die Besiedelung palästinensischer Gebiete durch eigene Siedler, was selbst die Vereinten Nationen, die sich immer wieder bemühen, Frieden in der Region zu vermitteln, nicht haben verhindern können. Wegen der verschiedenen Interessen und der argwöhnischen Bedrohungen durch die angrenzenden arabischen Staaten und deren Verbündete besteht hier eine sehr gefährliche Krisenregion für die Welt. Da die verschiedenen Parteien ein vernünftiges Zusammenleben in der Region offensichtlich nicht allein schaffen, bedarf es einer gehörigen Portion guten Willens und wahrscheinlich wieder einmal der Hilfe Gottes, um aus Israel tatsächlich das Land zu machen, in dem Milch und Honig fließen und das mit seinen Nachbarn in Frieden lebt. So bleibt nur die Hoffnung, dass sich die Beteiligten eines Tages friedlich einigen können. Allerdings kann man den Eindruck haben, dass den verantwortlichen Politikern die notwendige göttliche Eingabe zu fehlen scheint, um ein solches Ziel ernsthaft anzustreben. So müssen die Juden möglicherweise doch noch bis zum Erscheinen ihres Messias warten, damit dieser die Vermittlung zwischen den Parteien übernimmt.

Die Stadt Jerusalem war für die Juden seit undenklichen Zeiten ihr religiöses Zentrum, in dem sogar Gott, wie die Bibel berichtet, zumindest zeitweise seinen Sitz hatte und König David und andere Gefolgsleute Gottes wirkten. Aber auch die Moslems betrachten Jerusalem als ihre heilige Stadt und haben hier ebenfalls bedeutende religiöse Stätten. Ebenso die Christen, hatte doch Jesus hier gewirkt und war am Kreuz gestorben. Die von den jeweiligen Religionen beanspruchten heiligen Stätten liegen in unmittelbarer Nachbarschaft zueinander, sodass Jerusalem eine besondere Bedeutung für den Frieden nicht nur in der Region hat. Während sich die verschiedenen Religionen über die Bedeutung der Stadt einig sind, ist deren politischer Status umstritten. Die kürzliche Anerkennung der Stadt als Hauptstadt Israels durch die USA hatte dann auch erwartungsgemäß erneute Gewaltwellen zur Folge.

Uneinsichtigkeit und ihre Folgen

Gott hatte, wie vermutet werden kann, von Ausnahmen abgesehen nur selten Freude an den Menschen gehabt, und nicht erwartet, dass diese ihm immer wieder den Gehorsam verweigern würden. Sollten doch die Menschen die dominierenden Wesen auf der Erde sein, weswegen er Adam und Eva vermutlich mit einer zusätzlichen Portion Vernunft ausgestattet hatte. Diese Sonderausstattung reichte aber anscheinend nicht aus, um sich für die Menschen als allmächtiger Gott begreifbar zu machen, weswegen sich diese immer wieder mit ihm anlegten. Selbst die Strafen, die er ihnen dann auferlegte, waren anscheinend nicht genug, um sie von ihrer Wankelmütigkeit abzubringen. Man kann Vernunft augenscheinlich nicht durch Intelligenz ersetzen. Dabei wäre es, wie Petrus einmal sagte, doch ganz einfach gewesen, ein friedliches Leben unter Gottes Fittichen zu führen. Man hätte ihm nur gehorchen sollen, anstatt den menschlichen Verführungen zum Opfer zu fallen. Aber gerade dieser Ratschlag war es, der immer wieder missachtet wurde. Einen Glücksgriff hatte Gott mit Abraham gemacht, was dessen Gesetzestreue und Vertrauen in ihn anbelangte. Aber viele von seiner Art hat es wohl nicht wieder gegeben.

Hätte Gott sich doch lieber ein anderes Volk ausgesucht, mögen viele Juden angesichts der erhaltenen Strafen gedacht haben. Mittlerweile waren es aber nicht nur sie, die sich unter Gottes Schutz gestellt hatten. Durch Jesus Erscheinen und Wirken war seine Anhängerschaft im Laufe der Geschichte erheblich erweitert worden. Die altbekannten Strafen, wie Krieg, Hunger und Not treffen heutzutage auch Völker, die im Alten und Neuen Testament überhaupt nicht erwähnt werden, wobei die Gründe für solche Strafen sich gegenüber früher sicherlich nicht geändert haben.

Die Zahl der Nichtgläubigen steigt ständig und orientiert sich an den Erkenntnissen der Wissenschaft, die sich um den Nachweis bemüht, dass die Erstehung des Kosmos und die Entwicklung des Lebens auf der Erde nicht Gottes Werk sei. Darwin hat versucht, dieses nachvollziehbar zu beweisen. Was aber hätten diese Menschen gesagt, wenn Gott plötzlich und unerwartet vor ihnen gestanden hätte? Vielleicht ist das bereits geschehen, ohne dass wir das bemerkt haben. Wer sagt denn, dass Gottes Auftreten tatsächlich unseren Vorstellungen entspricht oder er sich für uns ganz unbemerkt anders zeigt? Vielleicht als Natur insgesamt oder als Teil davon. Dort geschehen so viele Wunder, dass man manchmal wirklich glauben könnte, etwas ganz Besonderes zu erleben.

Wachstumsdenken und das Streben nach Wohlstand sind ja eigentlich nichts Verwerfliches, solange die Nachhaltigkeit der dafür genutzten Güter nicht in Frage gestellt wird und der soziale Frieden unter den Menschen gewahrt bleibt. Unser Handeln ist jedoch nicht im Einklang mit der Natur, solange wir dabei sind, unsere Umwelt zu zerstören. Überhaupt scheint unsere Kultur die uns umgebende Natur weitgehend ausgegrenzt zu haben. Dabei ist die Auswirkung der von uns selbst verursachten Erderwärmung eigentlich für jeden von uns bereits ersichtlich. Offensichtlich aber doch nicht für jedermann! Denn nur wenige Staaten halten sich an die mühselig zustande gekommenen Abkommen zur Begrenzung des Klimawandels auf der Erde. So wurde ein Präsident der Vereinigten Staaten erst aktiv, als ihm von der Bedrohung der in seinem Staate vorkommenden Eisbären berichtet wurde. Dessen Nachfolger glaubte nun wiederum auch diesen Aussagen nicht und stoppte die Bemühungen seines Vorgängers.

Würde man das Verständnis der Zusammenhänge von Natur und unserem Leben auf Erden als Weisheit interpretieren, dürften die so Verantwortlichen von einer solchen weit entfernt sein. Und keiner ist da, der ihnen diese Weisheit vermitteln kann. Selbst für Gott scheint das eine richtig schwere Aufgabe zu sein!

Heute bedecken Wüsten etwa ein Drittel der Landoberfläche der Erde und jedes Jahr entstehen aufgrund nicht ausreichender Niederschläge neue in einer Größenordnung von Irland. Dieses führt zu einer Verknappung ackerbaren Landes und zwingt immer mehr bis dahin sesshafte Völker zu einer nomadisierenden Lebensweise. Der deutsche Astronaut Gerst hatte vor einiger Zeit die Möglichkeit, sich dieses aus dem Weltall ansehen zu können, was ihn sehr zum Nachdenken und zu einer Nachricht an seine Enkelkinder veranlasste. Bestimmt hat er Recht mit dem, was er auf seiner Reise im Weltall ansehen musste. Wahrscheinlich aber würden seine Enkel ihm empfehlen, erst einmal auf der Erde für Ordnung zu sorgen, anstatt mit einem ungeheuren Aufwand nach den Sternen zu greifen. So wäre es sinnvoller, nicht mehr auf dem Mond nach Wasser zu suchen, sondern diese Bemühungen auf die Bewässerung unserer Wüsten und anderer unfruchtbarer Gebiete zu konzentrieren.

Die Menschen können fast alles regeln, die Beherrschung der globalen Wetterverhältnisse jedoch ist bislang nicht gelungen. Vielleicht schaffen wir es eines Tages, den in manchen Regionen der Erde reichlich fallenden Regen in trockene Gebiete umzuleiten. Aber zunächst einmal müsste der Klimawandel gestoppt werden, denn der Wasserstand würde bei weiterem Schmelzen der arktischen Eisvorräte eines Tages so ansteigen, dass auch höher gelegene Landflächen überflutet werden. Damit würden sich die Bewässerungsbemühungen in trockenen Gebieten zumindest teilweise erübrigen. Den Bewohnern küstennaher Gebiete würde das allerdings nichts nützen, würden ihre althergebrachten Lebensgewohnheiten doch ein Ende finden, es sei denn, es würde den Betroffenen eine Umschulung zum Beispiel auf die Fischerei gelingen, was wiederum voraussetzen würde, dass dann überhaupt noch Fische in ausreichender Menge vorhanden sind.

Wie die Eisbären in Grönland laufen die dort lebenden Inuit wegen der Veränderung ihrer Umwelt Gefahr, auch ihre überlieferten Gewohnheiten umstellen zu müssen. Unter dem schmelzenden Eis kommen schon jetzt Grünflächen zum Vorschein, auf denen sich jedoch kein Seehund aufhält. Mangels ihrer traditionellen Ernährungsgrundlage werden sich die Ureinwohner des Landes wie alle Küstenbewohner gegen eine existenzbedrohende Veränderung ihres Umfeldes wehren müssen. Statt auf Seehundjagd zu gehen, werden sie sich eines Tages wohl als Ackerbauern betätigen müssen.

Die Wälder auf der Erde haben eine unschätzbar wichtige Bedeutung für die globalen Klimaverhältnisse, was insbesondere für die Wälder des Amazonasgebiets gilt. Da in diesem Gebiet enorme Bodenschätze lagern und die Flächen für die Landwirtschaft attraktiv erscheinen, wurde in Brasilien bereits mehrfach die Erlaubnis für die ersatzlose Abholzung weiterer riesiger Waldflächen erteilt. Dass diese in Reservatsgebieten der Ureinwohner liegen, scheint dabei keine Rolle zu spielen, obwohl denen hiermit die traditionelle Lebensgrundlage entzogen wird.

Aber nicht nur im Amazonasgebiet ist ein gravierender Verlust von Waldflächen festzustellen. Auch anderswo auf der Erde schwinden diese. Dabei hätten wir am Beispiel des Libanon sehen können, dass sich deren Waldbestände von dem in der Bibel berichteten Raubbau bis heute nicht wieder erholt haben. Im Mittelalter wurden auch in Europa ganze Regionen entwaldet, um neben dem üblichen Bedarf auch Holz für den seinerzeit boomenden Bau von Holzschiffen zu bekommen. Diese Abholzungen führten damals schon zu einem glücklicherweise nur vorübergehenden Temperaturanstieg, was uns für die aktuelle Entwicklung eigentlich als Beispiel dienen könnte.

Für die Verwendung von Holz zur Herstellung von Papier oder Bauholz, um nur ein Beispiel zu nennen, werden auch heute noch gewaltige Mengen dieses Rohstoffes benötigt. Im Gegensatz zum Mittelalter wird zumindest in einer Reihe von Staaten eine nachhaltige Forstwirtschaft betrieben. So zum Beispiel in Kanada, einem der heute wichtigsten Holzlieferanten der Welt. Hier bemüht man sich wie auch in Europa, dem Holzbedarf mit einer strengen Kontrolle der Holzeinschläge und einem Forstmanagement mit dem Ziel zu begegnen, die ökologische Beeinträchtigung durch Renaturierungsmaßnahmen und Wiederaufforstungen auszugleichen. Allerdings macht sich die Klimaerwärmung auch oder gerade in den Wäldern bemerkbar. Immer häufiger fallen ganze Waldbestände einem Sturm oder den von einer Trockenheit profitierenden Schädlingen zum Opfer, sodass ein Abräumen ganzer Waldflächen häufig nicht zu vermeiden ist. So ist nicht nur in Deutschland der Schutz des heimischen Baumbestandes in den Blickpunkt gerückt. Mit einem erheblichen finanziellen Aufwand werden schädlingsgefährdete Bestände umgebaut und eine Vergrößerung des Waldbestandes gefördert. In Vorbereitung auf eine weitere Klimaverschlechterung erfolgen diese Aufforstungen nicht mehr nur wie früher mit einheimischen Baumarten. Heute werden auch bislang fremde Baumarten gewählt, die sich bereits an die Folgen einer Klimaveränderung gewöhnt haben. Deswegen wird man sich mit diesen veränderten Waldbildern vertraut machen müssen. Wohl wissend, dass das Klimaproblem nur global in den Griff zu kriegen ist, sind solche Waldbaumaßnahmen zumindest geeignet, der Bevölkerung die Bedeutung des Waldes ins Bewusstsein zu rufen.

Wissenschaftler aus aller Welt haben viele Jahre damit verbracht, das Artensterben zu untersuchen und herauszufinden, wie man dieses verhindern könne. Aktuell werden die Ergebnisse vorgelegt, wonach etwa eine Million Tier- und Pflanzenarten vom Aussterben bedroht sind und in wenigen Jahrzehnten von der Bildfläche verschwinden könnten. Man muss schon etwas umfassender denken, wenn man sich zum Beispiel das aktuelle Insektensterben vor Augen hält. Insekten können zwar von den Menschen als lästig empfunden werden, spielen aber für die Erzeugung von Nahrungsmitteln eine entscheidende Rolle. Ohne eine Bestäubung der Pflanzen durch sie würde jede Ernte sich zumindest gravierend verringern. Man kann sich gar nicht vorstellen, was das bedeutet, würden wir uns auf eine Wanderung in einer Natur bewegen, in der es keine Tiere oder Pflanzen mehr gäbe.

Die für ein solches Artensterben verantwortlichen Übeltäter werden gleich mitgeliefert: die Folgen der Energiegewinnung und -nutzung, die intensive Landwirtschaft, die Vermüllung unserer Gewässer und die Überfischung der Meere. Bei diesen Erkenntnissen ist es eigentlich verwunderlich, dass die Europäische Union die Landwirtschaft und Fischerei in erster Linie nach der Größe der Betriebe und nicht nach Artenschutzkriterien mit erheblichen Fördermitteln unterstützt. Da nützt es auch nicht viel, wenn die EU von Zeit zu Zeit maximale Fangmengen für einzelne Fischarten vorgibt, um die Bestände auf einem nachhaltigen Niveau zu halten. Das hindert die weltweit agierenden Fangflotten jedoch nicht daran, ihre Aktivitäten in die Gewässer anderer Länder zu verlegen, insbesondere in die der Entwicklungsländer. Dem kleinen Fischer an unseren heimischen Küsten sind solche Möglichkeiten nicht gegeben. Also bleibt ihm nichts anderes übrig, als die Unterstützung der EU zum Ausgleich gesetzlich angeordneter Zwangspausen entgegenzunehmen.

Wenn die Klimaveränderung wie befürchtet fortschreitet, wird sich nicht nur die Umwelt verändern. Wissenschaftler haben schon seit langer Zeit eindringlich vor deren Auswirkungen auf die Menschheit gewarnt. Viele Länder könnten unbewohnbar werden, weswegen Millionen Menschen ihr Land verlassen und sich auf dem verbleibenden Rest der bewohnbaren Erdfläche ansiedeln müssten. Dieses wiederum würde in den Augen der Wissenschaftler zu Gewaltkonflikten zwischen den Flüchtlingen und der dort bereits ansässigen Bevölkerung führen. Hätte Abraham damals geahnt, dass sich eines Tages ein lebensbedrohlicher Streit um eine gesicherte Wasserversorgung entwickeln könnte, er würde sich wegen der Unvernunft der Menschen im

Grabe umdrehen. Zu seiner Zeit handelte es sich nur um vereinzelte Wasserstellen, deren Zugang er sich mit anderen teilen musste, was schon schwierig genug war. Trotzdem gab es damals Wasser genug.

Es verwundert, dass manche Politiker trotz aller wissenschaftlicher Erkenntnisse das auf uns zukommende Problem nicht wahrhaben wollen. Andere wiederum geben sich als Kämpfer in Sachen Klimaschutz aus und waren gerade mit dem Flugzeug zur nächsten Umweltkonferenz geflogen, hielten dort eine flammende Rede und reisten, ohne ein Ergebnis erreicht zu haben, ebenfalls mit dem Flugzeug wieder nach Hause, um sich dort wegen ihres Engagements zur Rettung der Menschheit feiern zu lassen. In der ganzen Welt demonstrieren zurzeit Jugendliche, um auf die verfahrene Situation und die dringende Notwendigkeit eines aktiven Handelns zugunsten des Klimas aufmerksam zu machen. Deren Zuschauer klatschen Beifall, kritisieren aber gleichzeitig, dass diese Demonstrationen während der Schulzeit stattfinden, und gehen danach in den Supermarkt, wo sie Wasser in Plastikflaschen aus Italien, in Plastik verpacktes Obst aus Neuseeland und einen ebenfalls hygienisch verpackten Rinderbraten aus Argentinien für den Abend kaufen.

Man muss wohl zugeben, dass nicht nur viele Politiker, sondern auch wir Bürger das Thema Klimaschutz mit einer gewissen Ignoranz behandeln. Insofern sind die aktuellen Aktionen der Schüler nicht hoch genug einzuschätzen, dem sich möglichst schnell auch weitere Aktionsgemeinschaften anschließen sollten. Zu unserer Erleichterung hat der Weltklimarat verkündet, dass unsere und die folgende Generation von dem Problem noch nicht in besorgniserregendem Umfang betroffen sein würden. Wenn wir also nur an das Heute denken, erscheint uns die angekündigte Klimaveränderung nicht unbedingt dramatisch. Davon ausgehend besteht für uns doch gar keine Notwendigkeit, unser Leben umzustellen und auf unsere Gewohnheiten zu verzichten. So die häufig verbreitete Meinung. Mögen unsere Nachkommen doch zusehen, wie sie mit dem Problem fertig werden!

Während Gott die Erde und die auf ihr lebenden Menschen, Tiere und Pflanzen geschaffen hat, ist der Mensch dabei, dieses Werk wieder zu zerstören. Wobei klar sein dürfte, dass das Problem nicht mit regionalen Aktivitäten gelöst werden kann, sondern einer weltumfassenden Zusammenarbeit bedarf. Daraus zu schließen, dass die Bemühungen des Einzelnen sinnlos seien, mag bequem sein. Die Zerstörung der göttlichen Schöpfung müsste aber für alle ein »Worst Case« bedeuten, weswegen jeder Einzelne gefordert ist, seinen Beitrag zur Verhinderung dieses Ereignisses zu leisten. Unsere Einstellung zu diesen Dingen muss bei uns im Kopf beginnen und kann nur so zu einem Erfolg führen. Insofern sind die aktuellen Aktionen der Schüler nicht hoch genug einzuschätzen.

Die Kirche rühmt sich einer engen Verbindung zu Gott und bemüht sich, dieses ihren Anhängern zu vermitteln. Was liegt da also näher, als dass sie sich mit ihren weltweiten Verbindungen aktiv bemüht, Gottes Werk zu erhalten? Man stelle sich vor, welch eine Anerkennung eine »Umweltkirche« fände, die mit ihren Mitgliedern im Gefolge mit praktischem Beispiel voranginge. Insbesondere dann, wenn es gelänge, die Seelsorger der Kirchen und anderer Glaubensgemeinschaften für dieses Thema zu begeistern. Wie zur Zeit der Missionare könnte das eine großartige Bewegung in Gang setzen, die sicherlich von Gott wohlwollend begleitet werden würde. Schon die Aufnahme dieses Themas als Bestandteil des Gottesdienstes könnte dazu beitragen, diesen für die Kirchgänger wieder lebensnaher zu gestalten. Die Widmung eines Semesters des Theologiestudiums zu diesem Thema würde den künftigen Theologen die notwendige Sachkenntnis in Sachen praktischer Umweltschutz geben.

Unsere Landwirtschaft ist geprägt von dem Zwang zur Wirtschaftlichkeit, weil die Käufer ihrer Produkte in der Regel auf einen möglichst günstigen Preis für ihren Einkauf achten. Die Handelsketten bestimmen diesen Preis, nicht der Landwirt als Erzeuger. Stattdessen ist er der Leidtragende dieser »Preisdiktatur«. Die kleinbäuerlichen

Betriebe von damals könnten heute nicht mehr existieren und werden durch immer größere ersetzt. Daraus resultieren Massentierhaltung von Hochleistungsrassen, Monokultur beim Anbau landwirtschaftlicher Produkte, der Einsatz von Chemikalien zur Unkrautvernichtung und eine intensive Düngung der Flächen. Häufig verfügen diese Betriebe nicht einmal über ausreichende Flächen, um ihre Tiere artgerecht halten zu können, geschweige denn, den anfallenden Stalldünger zu entsorgen. Statt, dass die Düngung über die Pflanzen zurück in den natürlichen Kreislauf gelangt, führt dieses dann zu einer Überdüngung der Gewässer. Wenn auch die darin angesiedelten Pflanzen diesen zusätzlichen Nahrungsschub nicht mehr verwerten können, stirbt der See und die sich darin aufhaltenden Lebewesen. Was allerdings für einen nicht mit der Landwirtschaft vertrauten Städter vermutlich weniger lästig sein dürfte als der Gestank, wenn ein mit Gülle beladener Trecker an ihm vorbeifährt.

Abraham nahm seinen Fäkalieneimer und streute dessen Inhalt auf seinen Acker. Heute würde so etwas als unhygienisch angesehen werden und würde niemandem in den Sinn kommen. Das einer dieser modernen Betriebe sich wie früher hauptsächlich auf die Deckung der eigenen Versorgung oder die der näheren Umgebung beschränkt, ist undenkbar. Die früher übliche Aufzucht eines Schweines für die jährliche Hausschlachtung würde den betrieblichen Ablauf nur stören. Wegen des Fehlens einer eigenen Hühnerhaltung kauft der Bauer die Eier ebenfalls im Supermarkt, weil deren Produktion nicht mehr in den Betriebsablauf einer modernen Landwirtschaft passt. So ist es nicht verwunderlich, dass Wissenschaftler herausgefunden haben, dass sich die Landwirtschaft immer mehr zu einem der größten Klimakiller entwickelt hat und ihren Teil zum Artenschwund beiträgt. Als größter Eigentümer von nicht bebauten oder versiegelten Flächen im Lande hätte sie bei vernünftiger Steuerung und Unterstützung ihrer Aktivitäten die Chance, aber auch die Aufgabe, dieses zu ändern.

Nun sollte man nicht voreilig den Stab über den Bauern brechen und stattdessen bedenken, welchen Beitrag diese für die Ernährung unserer Gesellschaft leisten. Sicherlich würde manche bäuerliche Protestaktion überflüssig sein, wenn sich unter unseren politischen Verantwortlichen auch solche befänden, die ihre Entscheidungen mit dem nötigen Verständnis für die Landwirtschaft treffen. Es kann doch nicht sein, dass ein so wichtiger Zweig unserer Gesellschaft mehr oder weniger nur mit Hilfe von Subventionen existieren kann, weil auskömmliche Preise auf dem Markt nicht zu erzielen sind. Trotzdem wirft die Politik den Landwirten einen Mangel an Problembewusstsein vor, indem man sie für die Konsequenzen eines abwegigen, in erster Linie auf die Flächen- und Betriebsgrößen bezogenen, Prämiensystems verantwortlich macht. Wieviel sinnvoller wäre es, den Bauern dabei zu helfen, auch ohne nennenswerte Subventionen ein auskömmliches Einkommen zu erwirtschaften. Solche Subventionen sollten stattdessen die Bemühungen der Landwirte für den Umweltschutz honorieren und ihnen damit ein zweites Standbein für eine auskömmliche Betriebsführung ermöglichen, wozu die EU einen bedeutenden Teil ihres Gesamthaushaltes beisteuern könnte. Heute kann ein Landwirt mit seinem Betrieb nicht einmal eine noch so geringe Kapitalrendite für seinen Flächen- und Materialeinsatz erwirtschaften. Politik und Naturschutz sollten mit den Bauern zusammenarbeiten und wirkungsvoll helfen, die verschiedenen Interessen zusammenzubringen, anstatt ihnen mit Verboten oder Auflagen das Leben noch schwerer zu machen. Auch das Verbraucherverhalten müsste ein anderes werden. Solange wir nicht bereit sind, Preise zu akzeptieren, die den Erzeugern ein akzeptables Einkommen ermöglichen, wird der Verbraucher wegen des niedrigeren Preises der Fleischeinfuhr aus Argentinien auch weiterhin den Vorzug gegenüber heimischen Produkten geben.

Die Flurbereinigung der fünfziger Jahre in Deutschland war ursprünglich von der Politik gewollt, um eine »vernünftige« Flächenordnung zu schaffen und die Bewirtschaftung zu rationalisieren. Im Laufe ihrer Durchführung wurde jedoch auch da eingegriffen, wo die

Natur einer rentablen Bewirtschaftung im Wege stand. Als man den Fehler erkannte, mussten enorme Beträge zur Renaturierung dieser Flächen aufgewandt werden.

Die Entwicklung der Städte und die Verbesserung der Infrastruktur, aber auch der intensive Anbau von Pflanzen, die der Energiegewinnung dienen, führen zu einem ständig wachsenden Verlust landwirtschaftlich zu nutzender Flächen, die so nicht mehr für die Produktion von Nahrungsmitteln zur Verfügung stehen. Also werden die verbleibenden Flächen intensiver genutzt und zur Verbesserung der Wirtschaftlichkeit zusätzlich noch mit Windkraftanlagen »verziert«. Wer will es den Landwirten verdenken, dass sie wie auch andere Wirtschaftsbetriebe auf die Erzielung einer Rendite für ihren Einsatz achten müssen?

Um trotzdem eine gewisse Wirtschaftlichkeit zu erreichen, werden Ernten erzielt, die in ihrer Größenordnung vom heimischen Markt nicht aufgenommen werden können. Diese Überproduktion wird dann zum Beispiel nach Afrika exportiert, wobei die Preise für solche Ausfuhren subventioniert werden müssen, damit die Abnehmer in Afrika überhaupt in der Lage sind, die Produkte kaufen zu können. Man überlege sich nur einmal die Schizophrenie, dass die Landwirtschaft in Europa mit umfangreichen Fördermaßnahmen unterstützt wird und deren Produkte, wiederum mit erheblichen Mittlen bezuschusst, in unterentwickelte Länder exportiert werden, um dort mit Hilfe der Entwicklungshilfe erneut subventioniert zu werden. Die dort heimische Wirtschaft kann bei dieser Praxis nicht mithalten und gerät so in eine gefährliche Abhängigkeit. Gefährlich für den Frieden in der Welt! Wäre Luther noch aktiv, hätte er genug zu tun, um auch auf diesem Gebiet als Reformator tätig zu werden und seine Handelstheorien zu verbreiten.

Wir profitieren aber auch von der global gewordenen Versorgung. Eva bräuchte heute im Paradies keine Äpfel mehr zu stehlen. Stattdessen könnte sie zu jeder Jahreszeit im nächsten Supermarkt einen Apfel kaufen. Dass dieser Apfel möglicherweise aus Neuseeland stammt, ist dabei egal. Hauptsache, er entspricht unseren Vorstellungen von einem idealen Apfel ohne jegliche Schadstellen. Um mit diesen konkurrieren zu können, werden auch unsere heimischen Apfelbestände mit Chemikalien behandelt. Der Bioapfel aus heimischer Ernte käme ohne eine solche Behandlung aus und braucht zudem keinen langen Transport. Allerdings bleibt dieser Apfel häufig in den Auslagen der Supermärkte liegen, wenn er auch nur ein bisschen von seinem Aussehen eingebüßt hat oder für ihn ein höherer Preis verlangt wird als für den Apfel aus Neuseeland. Also muss auch dieser Apfel sich der Konkurrenz anpassen.

Was haben wir mit Gott zu tun?

Viele Menschen glauben aufgrund vermeintlicher wissenschaftlicher Erkenntnisse, dass es Gott nicht gibt. Es gibt aber auch Menschen, die trotzdem an Gott glauben. Aber es sind nicht nur die Folgerungen der Wissenschaft, die viele veranlassen, an Gott zu zweifeln und den Glauben an ihn aufzugeben. Seine Existenz ist aus ihrer Sicht trotz Jesus nicht bewiesen und wird auch nie bewiesen werden können. Wer weiß schon, ob es tatsächlich Gott ist, der für das Wohl oder Unwohl in der Welt verantwortlich ist, oder ob es sich nur um reine Zufälle handelt, die unser Leben bestimmen? Kriege, Gewalt, Hunger und Armut passen nicht in das Bild, das man sich von einem »lieben« Gott macht, der den Menschen zur Seite steht, wenn dieses nötig sein sollte. Auch Jesus hatte das Problem, keine Beweise für seine göttliche Abstammung glaubhaft liefern zu können. Selbst seine Auferstehung nach der Kreuzigung ist für viele Zweifler so unwahrscheinlich, dass für sie auch das nicht als Beweis gilt. Leider können wir Gott nicht fragen, ob er überhaupt auf eine von den Menschen erwartete Beweisführung Wert legt. Er würde eine solche Forderung wahrscheinlich als kleingeistig abtun.

Vielleicht machen wir Menschen uns ein falsches Bild von Gott, indem wir ihm eine menschliche Gestalt zuordnen. Könnte es nicht angehen, dass die Natur seine eigentliche Gestalt ist? Dass er sich uns Menschen offenbart, wenn wir zum Beispiel das Erblühen einer Pflanze oder die Belaubung eines Baumes im Frühjahr betrachten? In diesem Fall hätten wir doch etwas Greifbares von ihm. Die Gewohnheiten der Menschen, Gott zu verehren sind sehr vielfältig. Möglicherweise wird ihm dieses egal sein, solange nur diese Verehrung aufrichtig ist. Allerdings könnte es ihm ganz besonders am Herzen liegen, dass gerade mit der Natur besonders sorgfältig umgegangen wird. So wie auch die Naturvölker ihr mit Respekt begegnen. Von ihnen können wir lernen, was die Natur für uns bedeutet und was wir ihr zu verdanken haben.

Der Ayers Rock in Australien zum Beispiel gilt den Aborigines wegen seiner einmaligen Naturerscheinung als heilig und hat in den Legenden ihrer Vorfahren seit ewigen Zeiten als Sinnbild der Schöpfung eine wichtige Rolle gespielt. Zum Leidwesen der eingeborenen Bevölkerung werden deren Ahnen immer mehr durch die Touristen gestört, die den Berg bestaunen wollen. Aus Respekt vor den Ureinwohnern ihres Landes bemüht sich die neuseeländische Regierung nun dankenswerterweise, dem Gedrängel Einhalt zu gebieten.

Bei den Indianern Nordamerikas war Manitu nicht ein Gott wie bei den Christen, sondern die alles beherrschende Kraft der Natur. Jedes Lebewesen hat, so ihre Meinung, eine eigene Seele und ist ihnen deshalb heilig. Diesem Glauben folgend, bedankten sie sich bei dem erlegten Bison, dass er ihnen zuliebe sein Leben gelassen hat. Mit diesem Denken wurde mit den Ressourcen der Nahrungsbeschaffung sparsam umgegangen, bis die Weißen ihnen diese strittig machten und die jagdbaren Tiere fast zum Aussterben brachten.

Man wird einen Indio im Amazonasgebiet, der ein besonderes Naturzeichen verehrt, oder einen Indianer, der sich bei dem erlegten Tier für dessen Tod entschuldigt, deswegen nicht für ungläubig halten können. Bei diesen Völkern ist alles auf der Welt gleichberechtigt, wovon auch die Menschen nicht ausgenommen sind. Offensichtlich haben sie besser zugehört, als ihnen von Gottes Schöpfung erzählt wurde. Würden wir uns einen solchen Glauben zu eigen machen, sollte das uns helfen, das in der Natur angerichtete Unheil wiedergutzumachen; wenn es denn nicht schon zu spät ist! Dazu jedoch müssten wir zunächst unsere Vorstellung zur Wertigkeit von Kultur und Natur überdenken.

Goethe setzten Waldspaziergänge in eine verliebte Stimmung: *»Ich ging im Walde so vor mich hin, und nichts zu suchen war mein Sinn ...«*, als er wahrscheinlich beim Anblick einer Blume an die Schönheit seiner Frau dachte und dieses Gedicht schrieb. Und Shakespeare kam zu der Erkenntnis, dass *»The earth has music for those who listen«*. Wenn zwei so bedeutende Dichter von der spirituellen Bedeutung der Natur überzeugt sind, muss schon etwas dran sein.

Die Pastorin der hiesigen Kirchengemeinde hatte kürzlich zu einem Waldgottesdienst eingeladen und als Grund für diese Veranstaltung angegeben, dass sie den Besuchern des Gottesdienstes jemand vorstellen wolle, ohne zu sagen, um wen es dabei gehe. Wegen der Originalität des Veranstaltungsortes und der Neugierde der Gemeindemitglieder konnte sie sich dabei über eine größere Anzahl an Teilnehmern freuen. Nachdem sie die Anwesenden begrüßt hatte und die bei einem Gottesdienst üblichen Formalitäten erledigt waren, zeigte sie auf einen ins Auge fallenden Baum auf der Lichtung. Für eine kurze Weile herrschte Stille, während die Teilnehmer sich den Baum ansahen. Als Nächstes zeigte sie auf die am Waldrand in leuchtenden Farben wachsenden Blumen und ließ wiederum eine kurze Zeit verstreichen, um daraufhin auf einen vorbeifliegenden Vogel aufmerksam zu machen. Man merkte, dass sich wegen dieses unüblichen Gottesdienstes ein gewisses Erstaunen breit machte. Als die Pastorin wieder das Wort ergriff, sagte sie:

»Viele Menschen glauben nicht an Gott, weil sie ihn nicht sehen können. Das gilt nicht mehr für Euch, denn ihr habt ihn gerade gesehen. Nicht in Gestalt eines alten Mannes mit langem Bart, sondern als das, was unseren Glauben ausmacht; als die Kraft, die sich in unserer Umwelt offenbart. Nehmen wir uns ein Beispiel an den Indianern. Sie glauben, dass ihr Manitu sich ihnen überall in der Natur zeigt und als der große Geist allen Geschöpfen innewohnt. Warum denken nicht auch wir so über Gott?«

Noch während sie sprach, merkte sie, wie sich die Leute wieder zu dem Baum umdrehten. Sie hatten offensichtlich etwas entdeckt, was ihnen bislang so nicht aufgefallen war.

Heutzutage leben viel mehr Menschen in den Städten als auf dem Lande. Es gibt Städte unvorstellbarer Größe, deren Einwohnerzahl die Bevölkerung eines ganzen Staates übersteigt und die immer noch rapide weiterwächst. Die Menschen ziehen dorthin, weil sie davon ausgehen, hier bessere Lebensbedingungen als auf dem Lande zu finden und sich dort ein zwar unruhiges, aber abwechslungsreicheres Leben erhoffen. Das Leben auf dem Lande dagegen wird für viele immer unattraktiver, wenn man nicht dem vergleichsweise ruhigen Leben in einer ländlichen Umgebung den Vorzug gibt. Wenngleich das Stadtleben in der Regel mit einer Entfremdung der Natur verbunden ist, soll das aber nicht heißen, dass es nicht auch Städter gibt, die sich für die Natur interessieren und für deren Erhalt streiten. Häufig allerdings handelt es sich dabei um Menschen, denen das praktische Wissen über das fehlt, was sie kritisieren.

Anders als die Indianer hielt der berühmte Buffalo Bill es mit einer Rücksichtnahme auf die Natur nicht so genau. Der Erzählung nach erlegte er am Tag ganze Bisonbestände, um die Eisenbahner mit Fleisch zu versorgen. Ein Pech für die Indianer, dass er keiner ihrer Stammesbrüder war, für die die Tiere eine besondere Rolle spielten.

Auch als Hindu hätte er sicherlich anders gehandelt. Aber er wollte sich nicht lange mit Entschuldigungen bei seiner Jagdbeute aufhalten. Stattdessen entzog er den Prärieindianern in seinem übertriebenen Jagdeifer ihre Lebensgrundlage. Ein solcher Eingriff in deren Leben musste seine Folgen haben. So dauerte es nicht lange, bis sich einige von ihnen in Buffalo Bills berühmter Wild-West-Show als Statisten ihren Lebensunterhalt verdienen mussten. Sie versuchten, das Beste aus ihrem Schicksal zu machen und ließen sich zur Bereicherung ihrer Kriegstänze in das Schuhplatteln einweisen. Auch nutzten sie die Gelegenheit, Karl May während dessen Zirkusbesuchs in ihrer Sprache und Lebensweise zu unterrichten. Dieser hatte nämlich behauptet, ihre Sprachen fließend zu beherrschen, was angesichts seiner länger andauernden Gefängnisaufenthalte nur mit einem Indianer als Gefängniswärter möglich gewesen wäre. Aber die hatten in Amerika genug zu tun, sich ihrer Haut zu wehren.

Ganz so rabiat wie Buffalo Bill bei der Bisonjagd verhalten sich unsere Jäger in Deutschland nicht, obwohl das manchmal anders gesehen wird. Weil es sich bei der heutigen Jagd nicht mehr um die traditionelle Art der Nahrungsbeschaffung handelt und diese im nahe gelegenen Supermarkt auf humanere Weise erfolgen kann, wird sie von vielen Leuten als nicht zeitgemäß kritisiert. Insbesondere dann, wenn die Jagdausübung als Touristenattraktion ohne Bindung an die dortige Natur erfolgt, argumentieren Jagdgegner zu Recht, dass eine solche Jagd nicht nötig sei. Ähnlich muss auch ein Hase über den Unsinn einer Jagd denken, wenn er von einem Jäger aufs Korn genommen wird. Wie viel ungefährlicher war doch das Leben seiner Vorfahren, als diese zu biblischen Zeiten als ungenießbar eingestuft wurden? Der Klimawandel verschlechtert ohnehin die Lebensbedingungen der wildlebenden Tiere, sodass unser Hase es auch ohne Jagd schwer genug hat, zu überleben. Die Befürworter der Jagd dagegen begründen deren Notwendigkeit damit, dass wegen des Fehlens größerer Raubtiere die Jagd in unserer Kulturlandschaft als eine Art des

Naturschutzes zu sehen sei; eine Betrachtungsweise, die natürlich nicht von allen geteilt wird. So gibt es in unserer Natur Wildarten, die unter Schutz gestellt sind, obwohl sie nachweislich Schaden zum Beispiel in der Landwirtschaft verursachen. Ganz aktuell gehört der Wolf dazu, der wegen seines strengen Schutzes nicht bejagt werden darf. Der den Landwirten entstehende Schaden muss dann durch den Staat ersetzt werden, wohlwissend, dass sich die Umweltbedingungen für einen Wolf gegenüber früher so verschlechtert haben, dass es selbst für kleinere Bestände keine ausreichenden Überlebenschancen im Lande gibt.

Im Alten Testament wird eine Diskussion über die Jagd nicht erwähnt, obwohl das Nachstellen von Tieren etwas Alltägliches war. Gott hatte mit den ihm eigenen Mitteln Jagd auf Wachteln gemacht, als es galt, seine Wüstenwanderer mit Nahrung zu versorgen. Jakobs Bruder Esau war ein hochgeachteter Jäger, der seinen Vater zu dessen Freude reichlich mit Wildbret versorgte. Jesus dagegen brauchte gar nicht erst angeln zu gehen, hatte sich doch sein eigener Fischvorrat von allein so vermehrt, dass sogar sein zahlreiches Publikum damit versorgt werden konnte. Die Zeiten haben sich geändert, wobei man zugeben muss, dass sich seitdem auch die Umweltbedingungen gravierend geändert haben.

Seit der Schöpfung haben sich nicht nur die Tiere und Pflanzen, sondern gewiss auch die Menschen in Anpassung an ihre Umwelt verändert. Darwin hatte erkannt, dass »*ursprünglich gleiche Arten sich aufgrund veränderter Lebensbedingungen in unterschiedlicher Art und Weise ihrer jeweiligen Umwelt angepasst haben*« und dieses in seinem Buch »Über die Entstehung der Arten« ausführlich begründet. Wem das nicht gelang, musste seiner Evolutionstheorie zufolge als Opfer einer Auslese dem Konkurrenzdruck nachgeben und war zum Aussterben verdammt. Das geht allerdings nicht so schnell, dass wir während unseres Lebens eine solche Veränderung wahrnehmen könnten. Was wir sehen, ist, dass der Nachwuchs eines Schmetterlings ein Schmetterling ist, der genau so aussieht wie seine Eltern. Sollte diese Schmetterlingsart wegen veränderter Umweltbedingungen irgendwann ihr Aussehen geändert haben, könnte dieses, wenn überhaupt, nur von zukünftigen Forschern rekonstruiert werden. Eine ähnliche Veränderung dürften diese Forscher eines Tages gewiss auch bei uns feststellen, denn auch für uns verändert sich die Welt und damit die Notwendigkeit, uns dieser anzupassen. Würde allerdings die Klimaentwicklung so weitergehen wie aktuell, könnte es sein, dass wir mit unserer Anpassung nicht mehr nachkämen.

Bei uns Menschen haben sich nach der Darwin'schen Theorie insbesondere unsere Gehirnleistung und die Selbstverständlichkeit verändert, mit der wir uns technischer Hilfsmittel bedienen. Durch die fortschreitende technische Entwicklung befassen wir uns heute mit anderen Dingen als früher, womit auch eine Entfremdung der Natur verbunden ist. Ein Leben wie zu biblischen Zeiten ist heute ohnehin nicht denkbar, wenngleich es nicht wenige gibt, die sich die Zeiten des Paradieses zurückwünschen würden. Auf der anderen Seite könnten Abraham und Moses sich bei uns nicht zurechtfinden. Man stelle sich die beiden einmal mit einem Handy in der Hand oder im Auto durch das Land fahrend vor. Umgekehrt könnte man sich den heutigen modernen Menschen nicht als Jäger mit Pfeil und Bogen vorstellen. Bei dem sich anbahnenden Gedränge auf Erden scheint es sich die Evolution schon früh zum Ziel gemacht zu haben, die Menschen der Einengung ihres Lebensraumes anzupassen, was das enorme Wachsen der Städte erklären könnte. Aber ob das ausreicht, wenn die Klimaveränderung so fortschreitet?

Gut erkennbar ist das Ergebnis einer Evolution zum Beispiel, wenn man die verschiedenen Hautfarben der Menschen betrachtet. Danach werden die Europäer als weiß, die Afrikaner als schwarz, die Chinesen als gelb und die Indianer als rot bezeichnet. Dieses wird mit der unterschiedlichen Sonneneinstrahlung in den verschiedenen Regionen erklärt, was zu einer Veränderung der ursprünglich generell als schwarz angenommenen Hautfarbe führte. Den allgemeinen Vorstellungen zufolge könnte es sich bei Adam und Eva dem Aussehen nach um Europäer gehandelt haben. Wie berichtet wird, errötete Eva, als sie entdeckte, dass sie und Adam nackt waren, und sich schnell ein Feigenblatt besorgte. Dieses Erröten ist nur den Weißen sichtbar möglich, wodurch auf Europa geschlossen wurde.

In Nordeuropa war der geringere Sonnenschein für ein Erblassen der Haut verantwortlich. Im Mittelalter galt diese Blässe als Zeichen von Vornehmheit und wurde von den damaligen Damen durch den Gebrauch eines Parasols noch unterstützt. Wer sich dann immer noch nicht vornehm genug schien, half mit weißem Puder nach, was übrigens auch bei den Herren beliebt war. Heutzutage jedoch ist gerade bei den Europäern eine schöne gebräunte Haut gewünscht, was allerdings in steigendem Maße zu Hautkrebserkrankungen führt. Verständlich ist aber dieses Streben nach einer Bräunung dennoch, wenn man bedenkt, dass ein von seinen Haaren befreiter Schimpanse ebenfalls weiß ist. Wer will da schon verwechselt werden? In Afrika scheint die Sonne reichlich, weswegen sich die schwarze bzw. dunkle Hautfarbe der dort Lebenden nicht verändert hat. Die Theorie des Naturforschers Carl von Linne', dass Schwarze wegen der starken Sonneneinstrahlung einen phlegmatischen Charakter haben sollen, erwies sich für die Weißen als willkommene Begründung für die Sklavenhaltung. Ob jedoch die Bezeichnung der nordamerikanischen Indianer als Rothaut auf einen verstärkten Sonnenbrand zurückzuführen ist, kann berechtigterweise bezweifelt werden. Von Linne' hatte eine andere Erklärung, womit er gleichzeitig auch die Ungereimtheit der roten und gelben Hautfarbe begründete. Er machte es sich einfach und teilte die Menschenrassen in die heute gängigen Farbgruppen auf. Kolumbus hatte, als er nach seiner Entdeckung Amerikas mit den Eingeborenen in Kontakt kam, diese wegen ihrer Bemalung als Rothäute bezeichnet. Linne' dagegen begründete deren rote Farbe damit, dass, wie er meinte, die Indianer als feurig und wild gelten. Woher er dieses Wissen hatte, ist nicht klar, konnte er doch die Abenteuer Karl Mays nicht gelesen haben. Linne' hatte einmal gehört, dass die gelbe Farbe der Chinesen auf häufig bei ihnen festzustellende Gallenleiden zurückzuführen sei. Die Chinesen dagegen meinen, dass ihre Hautfarbe eher als porzellanweiß oder gar goldgelb bezeichnet werden sollte. Eine angesichts der bei ihnen schon immer hochentwickelten Kunst der Porzellanherstellung verständliche Meinung.

Die vor einigen hundert Jahren nach Neuseeland und Australien ausgewanderten Europäer haben bis heute noch nicht die Farbe der dortigen Ureinwohner angenommen. Ein Zeichen dafür, dass die Darwin'sche Evolution ihre Zeit braucht. Die Chamäleons dagegen machen dabei eine Ausnahme. Bei ihnen geht die Veränderung der Hautfarbe wesentlich schneller, wobei auch diese Fähigkeit sicherlich nicht von heute auf morgen entstanden ist.

Auffällig bei den Chinesen und verschiedenen anderen Völkern sind deren Schlitzaugen. Man sagt, dass diese unter anderem einen Schutz vor einer starken Sonnenstrahlung darstellen. Wenn das so wäre, fragt man sich, warum nicht auch die Schwarzen in Afrika solche Augen haben, scheint doch bei ihnen die Sonne nicht minder stark. Ähnlich wie mit den Augen gibt es bei den Menschen auch unterschiedliche Haar- und Augenfarben, die aus gleichem Grund ebenfalls ein Ergebnis der Evolution sind.

Übrigens hat die Bezeichnung, ein Schlitzohr zu sein, nichts mit der Evolution zu tun, sondern hängt mit einem bestimmten Verhalten oder einer Gewaltanwendung zusammen. Der wandernde Handwerksmann im Mittelalter trug in der Regel einen goldenen Ring am Ohr, den er im Falle seines Todes zur Bezahlung seiner Bestattungskosten vorgesehen hatte. Wenn aus welchen Gründen auch immer ihm dieser Ohrring genommen wurde, blieb als Andenken daran ein Schlitz im Ohr. Es gibt aber auch Schlitzohren, die man mit oder ohne Ohrring als solche erkennen kann.

Was mag nun Gott darüber denken, dass die heutigen Nachkommen von Adam und Eva sich nicht nur in ihrem Aussehen verändert haben? Hat er möglicherweise selbst Korrekturen an seiner Schöpfung vorgenommen oder dieses der Evolution überlassen? Oder hatte er schon damals beschlossen, dass die Menschen sich selbst ohne sein Einwirken an ihre Umwelt anpassen müssten? Wobei man nicht vergessen darf, dass sich auch Tiere und Pflanzen weiter entwickeln mussten, um sich in einer sich ändernden Umwelt behaupten zu können.

Glauben und Wissen

Zwischen Wissen und Glauben besteht bekanntlich ein Unterschied, wobei das eine das andere nicht ausschließen muss, wie der Dalai-Lama einmal feststellte. Wer weiß, ob nicht doch eine ordnende Hand für das Zustandekommen wissenschaftlich belegter Ereignisse zuständig ist? Man muss nicht alles materiell betrachten und dabei das nicht Sichtbare ausschließen. Eigenschaften wie Gut und Böse zum Beispiel sind auch nicht dinglich zu fassen, jedoch jedermann durchaus bekannt. Auch sprechen wir von einer Seele, die wir ebenfalls noch nie zu Gesicht bekommen haben. Diese und viele andere Eigenschaften sind dinglich nicht greifbar und trotzdem existent. Trifft das nicht auch auf ein Märchen oder einen Traum zu, die nichts mit der Realität zu tun haben? So ist es eine Frage des Glaubens, ob wir Gott als den Schöpfer aller Dinge akzeptieren oder nicht. Die zehn Gebote, die Moses verkündete, sind davon unabhängig auch heute noch die Grundlage unserer Gesetzgebung und geben den leider nicht immer befolgten Weg für unser Miteinander vor.

Häufig wird Glaube mit Schicksal verwechselt, wobei es sich bei letzterem um ein Ereignis handelt, das Auswirkungen auf unser Leben hat. Ein solches wird, wenn es unabwendbar erscheint, mit einer höheren Macht in Verbindung gebracht. Bevor die Gedanken der Aufklärung zu greifen begannen, war es das gefragte Mittel für Klerus und Adel, ihre Untertanen an sich zu binden. Heutzutage zeugt es von Stärke, wenn man sich bemüht, sein »nicht gut mit einem meinendes« Schicksal nicht klaglos hinzunehmen, sondern es in »in die eigene Hand zu nehmen«. Hiob hat uns damals ein gutes Beispiel dafür gegeben und Gott hat, wie berichtet wird, dieses Verhalten respektiert. Abraham dachte da in seinem Gehorsam anders, als er Gottes Befehl, seinen Sohn zu opfern, tatsächlich widerspruchslos ausführen wollte. Selbst Gott war von dieser Hörigkeit überrascht und nahm seine Anordnung schnell wieder zurück. Daraus kann gefolgert werden, dass es durchaus in Gottes Sinne sein kann, nicht alles, was einem im Leben passiert, widerstandslos hinzunehmen, und man dabei sogar mit seiner Hilfe rechnen kann. Wenn wir uns das doch nur vor Augen führten, würden wir unserem Umweltbewusstsein dem diesen gebührenden Stellenwert geben!

Die Frage nach Gott wird von den Menschen je nach persönlicher Situation unterschiedlich betrachtet. Adam hatte damit kein Problem, kannte er doch Gott persönlich und konnte seine Wünsche direkt vorbringen. Auch bei Jesus können wir davon ausgehen. Wir Menschen jedoch haben dieses Glück nicht, weswegen die katholische Kirche die Heiligen ernannte, um mit deren Hilfe Wünsche bei Gott vorzutragen. Wenn es einem gut geht, glauben viele, auf göttlichen Beistand verzichten zu können. Wenn aber ein Problem auftaucht und man nicht weiß, wie man dieses lösen kann, erinnern wir uns häufig an Gott als letzte Instanz für eine Zuflucht. *»Dein Wille geschehe!«*. Nach Lösung des Problems heißt es dann *»Gott sei Dank!«*. Und dann geht es oft wie seit Anbeginn der Schöpfung wieder weiter mit dem Tanz um das Goldene Kalb. Die Menschen haben sich in dieser Beziehung nicht geändert.

Zu jedem Zeitpunkt beten zahllose Menschen zu Gott, um sich bei ihm für etwas zu bedanken oder um etwas zu bitten. Wie soll es da aus unserer Sicht überhaupt möglich sein, ohne Hilfe leistungsstarker

Computer auf jedes einzelne dieser Gebete zu reagieren. Aber von Gott wird eine möglichst positive Reaktion erhofft, die in der Regel jedoch nicht unmittelbar zu erkennen ist. Der Nichtgläubige sieht sich deshalb in seiner Auffassung bestätigt, dass es keinen Gott gibt und Gebete deshalb nutzlos seien. Den Betenden jedoch hält das in der Regel nicht davon ab, auch weiterhin um göttlichen Beistand zu bitten, selbst wenn eine Notwendigkeit nicht unmittelbar bestehen sollte. Man kann nie wissen, was einem im Leben noch passieren wird.

So bildet sich jeder seinen eigenen Glauben, ob an Gott oder an etwas anderes, an dem er hängt. Zum Beispiel wird Weihnachten nicht nur wegen Jesus Geburt gefeiert, sondern auch, weil damit alte Familienerinnerungen geweckt werden. Zu diesen Traditionen gehört auch der weihnachtliche Kirchgang, während dieser häufig für den Rest des Jahres ausfällt. Die Kinder empfinden diese Tradition ohnehin als Zeitverschwendung, erwarten sie doch sehnsüchtig den Weihnachtsmann mit seinen Geschenken. Dabei taucht dann bei den Kindern regelmäßig die Frage auf, ob es den Weihnachtsmann denn tatsächlich gibt. Dieses wird von den Erwachsenen genauso regelmäßig bejaht, um den Kindern deren Illusionen von dem netten älteren Herrn mit weißem Bart und roten Mantel nicht zu nehmen. Dieser hat zwar eine Rute dabei, was aber angesichts des mit Geschenken prall gefüllten Sackes schnell zur Nebensache wird. Bekanntlich steckt auch in jedem Erwachsenen ein Kind. So hätten auch viele von ihnen die Frage nach dem Weihnachtsmann gern positiv für sich beantwortet, wenn es um das Schenken oder beschenkt werden geht, wobei dieses nicht immer unbedingt materiell zu sehen ist.

Überhaupt ist die Einstellung Gott gegenüber häufig auf familiäre Traditionen zurückzuführen. Der Täufling kann in seinem Babyalter gewiss nicht die Bedeutung der Taufe erkennen. So gibt man ihm mit der Konfirmation oder Kommunion die Gelegenheit, seine Zugehörigkeit zur christlichen Gemeinschaft zu bekräftigen. In der Regel aber sind auch die Konfirmanden gar nicht in der Lage, die volle Bedeutung einer solchen Zeremonie zu erkennen. Also sind es dann die Eltern, die ihnen die Entscheidung abnehmen, »weil es sich so gehört!«. Meist sehen die Seelsorger ihre Schützlinge erst wieder zu deren Hochzeit, »weil es sich so gehört!«. Trotzdem ist eine auf Traditionen aufgebaute Erziehung der Kinder wichtig, um deren Leben in eine bestimmte Richtung zu lenken und ihnen so zu ermöglichen, einen Platz in der Gemeinschaft einzunehmen. Dieser Zusammenhalt wiederum ist die Grundlage einer Gesellschaft, in der die Menschen voneinander abhängig sind, wobei es nicht schaden kann, Gott zumindest als ordnende Macht zu akzeptieren.

Gott hat diese Erkenntnis bereits bei Adam und Eva angewandt. Wer weiß, was diese beiden ohne sein Apfelverbot im Paradies angestellt hätten. So wurde ihnen damit klargemacht, dass selbst eine Minigesellschaft nur funktionieren kann, wenn bestimmte moralische Grundsätze beachtet werden. Auch die Israeliten als Gottes Volk wurden oft auf schmerzliche Art und Weise an die Einhaltung entsprechender Regelungen und die Beachtung zahlloser Vorschriften erinnert. Für die Befolgung der zehn Gebote sorgen heute die Kirchen als eine Art moralische und die politischen Volksvertreter als gesetzgebende Instanz mit mehr oder weniger Erfolg.

Kirche und Menschen

Die Kirche ist eine menschliche Institution, die sich nach besten Kräften bemüht, den Glauben an Gott und die Verbindung zu ihm aufrechtzuerhalten. Leider häufig vergebens, was sich am deutlichsten an der abnehmenden Zahl der Besucher der Gottesdienste und der zunehmenden Zahl der Kirchenaustritte bemerkbar macht. Meist sind die Kirchgänger ältere Leute, die die Gelegenheit nutzen, um einmal unter Leute zu kommen oder sich angesichts des hohen Alters auf ihre eigene Himmelfahrt vorzubereiten. Die Konfirmanden, die mit großem Eifer der Pastorinnen und Pastoren auf den Glauben an Gott eingestimmt werden, lassen sich danach häufig nicht wieder in der Kirche sehen.

So ist die verbreitete Meinung nicht verwunderlich: »Wozu soll man Kirchensteuern bezahlen? Nur, um seine Hochzeit oder Beerdigung mit einer würdigen Kirchenfeier auszurichten?«. Vielleicht sollte man einen neuen Luther bitten, eine weitere Reformation durchzuführen mit dem Ziel, die Gottesdienste wie auch immer attraktiver zu machen. Oder die kirchengemeindlichen Geschäfte Leuten wie Guareschi's Don Camillo überlassen. Aber wahrscheinlich würden diese wie Don Camillo sehr bald unter die strenge Aufsicht ihrer Vorgesetzten gestellt werden.

Wenn es in einer Sache nichts Neues gibt und nur das Alte wiederholt wird, beginnt man sich im Allgemeinen zu langweilen. Die Seelsorger sind bei den Gottesdiensten an die Einhaltung einer festgelegten Liturgie gebunden, die eifrige Kirchengänger schon auswendig kennen. Da sorgt auch eine noch so gut gehaltene Predigt für wenig Abwechslung. Beim Gesang der Kirchenlieder hören die meisten Teilnehmer bereits nach der ersten Strophe auf und lassen den Pastor allein weitersingen. Aber daran haben dieser und seine Kollegen eigentlich selbst schuld. Warum auch muss unbedingt ein Lied mit endlos vielen Strophen ausgesucht werden und warum sollte ein Seelsorger nicht einmal seinen Gottesdienst anders gestalten dürfen, ohne sich an eine vorgegebene Dienstordnung halten zu müssen? Es muss schon frustrierend sein, wenn in Vorbereitung des Gottesdienstes mehr Liederbücher auf den Sitzbänken verteilt wurden, als letztlich Besucher gekommen sind. Angesichts dieser Erkenntnis müsste es doch möglich und im Sinne der Kirche sein, den Gottesdienst einmal anders zu gestalten. Zu denken muss dabei auch die Erkenntnis geben, dass, anders als bei einem normalen Gottesdienst, eine Musikveranstaltung die Kirche häufig bis auf den letzten Platz füllt.

In den USA gelten die Gottesdienste häufig als ein sonntägliches Ereignis, an dem man gerne teilnimmt. Dessen lockere Gestaltung macht den Teilnehmern Spaß und engagiert sie zum Mitmachen und zu eifrigen Gesprächen. Dabei muss es sich nicht unbedingt um einen Gottesdienst im Gospelstil handeln. Auch in Schweden ist es üblich, dass sich die Gemeinde vor oder nach dem Gottesdienst zum gemeinsamen Frühstück trifft. In deutschen Kirchen dagegen gibt es häufig nicht einmal eine Toilette, was manchen Dranggeschädigten veranlasst, lieber zu Hause zu bleiben.

Die kirchlichen Traditionsfeste wie Advent, Ostern und Pfingsten werden gern in Anspruch genommen, sind diese doch mit freien Arbeitstagen verbunden. Das bedeutet aber nicht, dass die Kirchen an diesen Tagen besonders gefüllt sind. Anders zu Weihnachten, wenn in den Kirchen traditionsgemäß ein besonders großer Andrang herrscht. Selbst das sonntägliche Läuten der Kirchenglocken nutzt nicht viel, um die Gläubigen zur Teilnahme am Gottesdienst zu veranlassen. Im Gegenteil beschäftigen sich die Gerichte wiederholt mit Beschwerden über eine angebliche mit dem Läuten verbundene Ruhestörung. Es muss doch zu denken geben, dass sonnabends zur Mittagszeit die örtlichen Alarmsirenen das Wochenende ankündigen, was doch durch ein Läuten der Kirchenglocken viel stilvoller geschehen könnte.

Kirchliche Sonderveranstaltungen zeugen von dem Engagement der Seelsorgerin oder des Seelsorgers, bringen normalerweise aber auch nicht den gewünschten dauerhaften Erfolg. Man kann nicht jeden Sonntag Weihnachten feiern oder einen Motorradtreff veranstalten, um einen guten Besuch des Gottesdienstes zu erreichen. Auch die Nutzung des Kirchengebäudes als Konzertsaal kann nicht die Lösung sein. Die Umzüge der lokalen Heiligen durch die Stadt haben mehr Volksfestcharakter, als dass sie eine besondere Glaubensfestigkeit dokumentieren. Mancherorts muss man zu so schmerzlichen Maßnahmen greifen wie die Stilllegung von Kirchen oder kirchlichen Einrichtungen. So aufgegebene Kirchen dienen dann nicht mehr der Abhaltung von Gottesdiensten, sondern oftmals nur noch als religiöses Mahnmal, oder werden gar einer anderen Glaubensgemeinschaft überlassen. Erinnern wir uns, dass die missionierenden Mönche damals besonderen Wert auf die Errichtung einer Kirche legten, war dieses doch ein Siegeszeichen für ihre Bekehrungsbemühungen.

Nun veranstalten die Kirchengemeinden ja nicht nur Gottesdienste. Ihre vielfältige soziale Betätigung zum Beispiel kann ihnen nicht hoch genug angerechnet werden. Dass sie sich dabei häufig auch der Mithilfe treuer Anhänger bedienen können, zeigt, dass es trotz einer festzustellenden Entfremdung zu Gott nach wie vor ein soziales Engagement gibt und dass auch heute noch Menschen bereit sind, sich um das Wohl hilfsbedürftiger Mitmenschen zu kümmern. Nur merken diejenigen, die eine solche Hilfe nicht benötigen, selten etwas davon.

Es ist eigentlich nicht einzusehen, warum die Kirche in ihrem Willen und der Bereitschaft, die Menschen Gott näher zu bringen und damit einen Beitrag zur Harmonie in der Gesellschaft zu leisten, mit Schwierigkeiten zu kämpfen hat. Vielleicht wäre es ihr angeraten, einmal eine professionelle Unternehmensberatung mit der Überarbeitung des aktuellen Kirchenkonzeptes zu beauftragen, um ihr wieder die Stellung in der Gesellschaft zu verschaffen, die Jesus ihr damals zugedacht hat. Arbeit hätte eine solche Beratungsfirma genug. Sie würde der Kirche wahrscheinlich das folgende, in der Wirtschaft übliche Verfahren empfehlen:

»Der Erfolg einer Firma beruht darauf, dass sie ein gutes Produkt hat und über eine entsprechende Vermarktungsstrategie verfügt. Sollte der Absatz nach einer gewissen Zeit zurückgehen, sind entweder das Produkt oder die Strategie, dieses zu verkaufen, nicht mehr marktgerecht. Um zu alten Erfolgen zurückzukehren, bedarf es daher in Anpassung an den Markt einer grundlegenden Überarbeitung des Produktes und einer Werbung, die die potenzielle Kundschaft auf dieses verbesserte Produkt aufmerksam macht«.

Die Kirche soll zwar keine wirtschaftlichen Interessen verfolgen, ihr Handeln ist aber durchaus mit dem einer Firma zu vergleichen. In ihrem Fall ist das Produkt der Glaube an Gott, die Kunden sind die Gemeindemitglieder. Das Produkt der Kirche bedarf sicher keiner grundlegenden Überarbeitung. Das Interesse der Kundschaft zu wecken, erscheint jedoch umso notwendiger.

Aktuell beschäftigt sich die Gesellschaft sehr aufgeregt mit dem Problem der Klimaveränderung wie auch mit deren Folgen, und fühlt sich dabei von denen, die eine Änderung bewirken könnten, in Stich gelassen. Wäre die Kirche zum Beispiel bereit, in dieser Frage eine aktive und beispielhafte Vorreiterrolle zu übernehmen, müsste in ihrem »Kundenkreis« die Nachfrage nach ihrem »Produkt« und damit auch der Bedarf an Liederbüchern vermutlich gewaltig ansteigen.

Wenn in einem Gottesdienst Jesus wegen seines Opfers als Lamm Gottes bezeichnet und er gebeten wird, uns unsere Sünden abzunehmen und uns Frieden zu geben, mag das bestimmt der Einstellung der Seelsorger entsprechen, hat aber aus Sicht vieler nicht unbedingt mit der Realität zu tun. Seit Anbeginn des menschlichen Daseins haben wir etwas Konkretes gebraucht, um uns daran zu orientieren. Viel genützt haben diese Bitten um Frieden nicht, obwohl in fast jedem Gottesdienst hierfür gebetet wird. Das ist anzuerkennen, geht aber an der Wirklichkeit vorbei, solange unbelehrbare Menschen darüber entscheiden und Kriege trotz aller gegenteiliger Wünsche unvermindert weitergehen. Immer häufiger richten sich diese Kriegshandlungen gegen die jeweilige ethnische oder religiöse Konkurrenz; was allerdings oft auch als Deckmantel für die Durchsetzung anderer Interessen dient. Das ist nicht neu. Früher waren es die christlichen Kreuzfahrer, die die Muslime bekämpften. Heute versuchen diese ihrerseits, ihren Glauben in der Welt teils mit Gewalt durchzusetzen. Lessings »Nathan der Weise« zeigte den Weg auf, die verschiedenen Religionen zu versöhnen, indem er die Parabel von dem geheimnisvollen Ring erzählte. Dieser Ring konnte von seinen Duplikaten nicht unterschieden und als das

Original erkannt werden. Mit diesem Bildnis meinte Nathan die drei Weltreligionen, Christen, Moslems und Juden, die sich letztlich doch ähnlich sind, sodass so seine Folgerung, keine von ihnen behaupten kann, die einzig wahre zu sein. Welch ein Friede würde auf der Welt herrschen, wenn es weitere Nathans auf ihr gäbe.

Etwa achtzig Prozent der Erdbevölkerung sollen einer Glaubensgemeinschaft angehören. Die Verschiedenheit dieser Gemeinschaften ist wie gesagt häufig der Grund für Auseinandersetzungen. Um dieses möglichst zu verhindern und zu einem gegenseitigen Verständnis unter den Gemeinschaften zu gelangen, hat sich die Vereinigung »Religions for Peace« dieses als Ziel auf ihre Fahnen geschrieben. Würde dieser Vereinigung ein stärkeres Gewicht und Anerkennung zuteilwerden, dürfte damit eine gute Voraussetzung für die Vermeidung solcher Konflikte gegeben sein. Obwohl möglicherweise der eine oder andere Nathan unter den Mitgliedern sein könnte, schaffen sie es trotzdem nicht, sich bei den politischen Verantwortlichen das nötige Gehör zu verschaffen.

Die großen Religionsgemeinschaften beten denselben Gott an, auch wenn ihm unterschiedliche Namen gegeben worden sind. Sie sind sich einig, von Adam und Eva abzustammen, und dass Abraham einer ihrer Stammväter war. Es sind die Menschen, die trotzdem zwischen den Religionen unterscheiden. Auch an der Gestalt Jesus' scheiden sich die Meinungen. Für die Christen ist er Gottes Sohn, die Juden bezweifeln dieses und glauben nicht an seine Mission als Messias. Auch für die Moslems ist er bloß ein Mensch und ein von Gott ernannter Prophet mit der Zuständigkeit für die Christen. Ihr alleiniger Prophet und Abgesandter Allahs ist Mohammed. Im Laufe der Jahre haben sich innerhalb dieser Gemeinschaften weitere voneinander abweichende Glaubensrichtungen entwickelt, die über den vermeintlich richtigen Glauben streiten. Häufig handelt es sich dabei um religiöse Minderheiten oder Sekten, die sich wegen abweichender Überzeugung oder bestimmter Riten von ihrer Mutterreligion abspalten.

Leider müssen wir erkennen, dass es nach wie vor schwer zu sein scheint, dass wir Menschen Vernunft walten lassen und uns auf die Gemeinsamkeit unseres Ursprungs verständigen. Stattdessen haben sich die Religionen jahrhundertelang gegenseitig bekriegt und achten auch heute noch sorgsam auf ihre Eigenständigkeit. Der Streit geht sogar noch nach dem Tode eines Menschen weiter, weil die Moslems den aus ihrer Sicht Ungläubigen den Zutritt in das Paradies nicht gönnen. Wenn doch nur der hoffnungsvolle Ansatz durch die Gründung der Einrichtung »Religions for Peace« zu einem ernstgenommenen und verbindlichen Dialog führen könnte! Die immer mehr werdenden Konfessionslosen halten sich aus diesen Überlegungen raus. Für sie ist es klar, dass es Gott nicht gibt. Warum also darüber streiten?

Religiöse Andersgläubigkeit wird in vielen Ländern toleriert, solange sich diese nicht gegen die Interessen des Staates richtet oder von der Mehrheitsreligion im Lande als Konkurrenz angesehen wird. Der Umgang Chinas mit den Tibetanern oder die Unterdrückung christlicher Religionen in muslimischen Ländern sind ein Beispiel dafür, was passieren kann, wenn der Staat in der Religion eine Gefahr für sich zu sehen glaubt und radikale Anhänger der Mehrheitsreligion nicht in Schach gehalten werden.

Die Buddhisten und Hinduisten kommen für diese Diskussion nicht in Frage, da sie keinen alleinigen Gott beanspruchen, sondern lieber auf die Unterstützung durch mehrere Götter vertrauen. Uns erscheint es merkwürdig, wenn bei den Hindus eine Kuh als heilig erklärt wird, sie ungestört den Verkehr in einer Stadt aufhalten darf und auch sonst ihres Lebens sicher ist. Bei den Anhängern dieser Religionen dauert es länger, bis ihre Seele in den Himmel kommen kann. Stattdessen muss diese sich, wahrscheinlich zur Bewährung, solange im Körper eines anderen Menschen oder gar eines Tieres oder einer Pflanze aufhalten, bis sie die für einen Himmelsbewohner nötige Reife erlangt hat. So geläutert, mögen sich die Wiedergeborenen fragen, ob deren Teilnahme am Jüngsten Gericht überhaupt erforderlich ist.

Angesichts der vielen unterschiedlichen Glaubensrichtungen stellt sich ohnehin die Frage, für wen das von Jesus beschriebene Jüngste Gericht denn zuständig sein wird und was mit den nicht am Prozess teilnehmenden, bereits im Himmel ansässigen Toten passiert. Werden die Ungläubigen gleich an Luzifer überliefert werden oder wird sich Gott entscheiden, dass auch diese eine gerechte Behandlung erfahren? Es zu Lebzeiten darauf ankommen zu lassen, mag zwar für den Einzelnen im Augenblick beruhigend sein, schafft für ihn aber das Problem nicht aus der Welt.

Innere Werte

Als Gott Adam schuf, nahm er bekanntlich Lehm, um dessen Körper zu modellieren. Um aus diesem bis dahin leblosen Gegenstand ein lebendiges Wesen zu machen, bliess er ihm seinen eigenen Atem in die Nase. So erhielt Adam seine Seele, die ihn zum Leben erweckte. Man sagt, dass auch wir eine vielleicht von ihm ererbte Seele haben, die in unserem Körper wohnt. Wissenschaftler haben sich immer wieder vergeblich auf die Suche gemacht, wo im Körper die Seele denn ihren Sitz haben könnte. Und doch gibt es etwas, was bei uns für unsere Gefühlsregungen, wie zum Beispiel für Freude und Glück, aber auch für Angst und Furcht verantwortlich ist und unser Wesen bestimmt. Viele Menschen sind ohne eine körperliche Versehrtheit krank oder strahlen trotz einer solchen Zufriedenheit aus. Glücklich kann sich schätzen, wer über eine Seele verfügt, die kein Leid kennt!

Wenn man Jesus folgt, fordert Gott die Seele nach unserem Tod zu sich zurück und macht sie unsterblich. Wer so das Glück haben sollte, als Seele gen Himmel zu fahren, kann nach gängiger Meinung davon ausgehen, dort für die Ewigkeit bleiben zu dürfen; dem Kinderglauben entsprechend als Engel, nach katholischem Glauben vielleicht sogar als Heiliger. Wer sich allerdings zu Lebzeiten seine Verdammnis in der Hölle verdient hat, wird sich nicht auf einen besonders angenehmen Aufenthalt freuen können. Anders als bei einem Hinduisten würde er mit einer sofortigen Vollstreckung des Urteils rechnen müssen, anstatt wie dieser gegen den Tausch in eine andere Existenz noch eine Bewährungszeit auf Erden zu erhalten.

Wir nehmen also an, dass unsere Seele von Gott stammt, und schließen daraus auf eine gewisse Seelenverwandtschaft mit ihm. So hat es sich eingebürgert, dass wir Gott mit »DU« anreden, was zumindest im deutschsprachigen Raum zum Unterschied zu dem gebräuchlichen »SIE« eine gewisse Vertraulichkeit voraussetzt. Dem Papst gegenüber können wir uns diese Vertraulichkeit nicht erlauben, besteht er doch auf eine Anrede als »Heiliger Vater«. Es scheint da also doch Unterschiede zu geben, zumindest aus menschlicher Sicht.

Bei der Frage, wo denn nun der beste Ort für unsere Seele sei, würde Jesus natürlich für den Himmel werben. Da dieses jedoch zunächst unseren Tod und damit das Ende unseres irdischen Lebens voraussetzen würde, ist es aus menschlichem Egoismus durchaus verständlich, wenn wir wider besseres Wissen den Aufenthalt auf Erden vorziehen. Vielleicht nach dem Motto »*Lieber einen Spatz in der Hand als eine Taube auf dem Dach! Hier wissen wir, was wir haben!*«. Um diese Frage jedoch abschließend klären zu können, müsste man leider erst einmal das Zeitliche gesegnet haben und stünde verständlicherweise für eine Antwort nicht mehr zur Verfügung.

Während für die Christen geklärt ist, was mit unserer Seele nach unserem Ableben geschieht, machen sich andere Religionen darüber ihre eigenen Gedanken. Als Konfuzius gefragt wurde, was denn der Tod sei, meinte er nach längerem Überlegen, dass er dazu nichts sagen könne. Er begründete dieses mit seiner Erkenntnis, auch über das Leben zu wenig zu wissen. Eine Auskunft über den Verbleib der Seele eines Verstorbenen war also von ihm nicht zu erhalten.

Für die Hinduisten und Buddhisten ist die Sache klar. Wie wir gesehen haben, glauben sie daran, dass ihre Seele nach dem Tod in anderer Gestalt bis auf weiteres auf der Erde verbleibt. Aus menschlicher Sicht unangenehm ist dabei der Gedanke, dass man sich dabei seinen zukünftigen Körper leider nicht aussuchen kann. So kann es passieren, dass der ehemalige Nachbar einen in der Gestalt einer heiligen Kuh nicht wiedererkennt.

Der Dalai-Lama kann sich als Wiedergeburt seiner Vorgänger betrachten. Um ihn zu finden, begeben sich die tibetanischen Würdenträger einer Vision folgend nach dem Tod des verstorbenen Dalai-Lamas auf den Weg, um den Ort zu finden, der dieser Vision entspricht. Wenn dabei ein Knabe gefunden wird, der einen von den Würdenträgern durchgeführten Test mühelos besteht, hat man einen neuen Dalai-Lama. Damit bleibt dann auch die Seele seines Vorgängers auf der Erde.

Die Eskimos glauben daran, dass alles und jedes, also auch Tiere, auf der Erde eine eigene Seele hat, und behandeln ihre Umwelt entsprechend. Deren Tod stellt nur einen Abschnitt im Kreislauf der Natur dar und bedeutet lediglich das Ende des Körpers, nicht aber der Seele, die im »Himmelland« weiterlebt. So ganz unchristlich ist dieser Gedanke nicht. Hätte Jesus wie ein Eskimo gedacht, würden wir es ihnen in seinem Gedenken nachmachen und schonender mit unserer Umwelt umgehen. Bei Jesus hatte die Natur jedoch nur dann eine Bedeutung, wenn es darum ging, diese für ein Gleichnis oder die Vollbringung eines Wunders heranzuziehen. Ihm war es wichtiger, sich mit der menschlichen Seele zu befassen.

Die Griechen und Römer kannten eine Reihe von Göttern, die im Vergleich zu den Menschen mit besonderen Fähigkeiten ausgestattet waren. Ansonsten hatten sie aber die gleichen Stärken und Schwächen und nahmen es mit ihrem Vorbilddasein nicht immer so genau. Aber gerade diese Ähnlichkeit mit den Sterblichen erleichterte die Verbindung der Menschen zu den Göttervätern Zeus bzw. Jupiter und deren Verwandte. Bei der Anzahl dieser Götter war es nicht schwer, einen für sich Geeigneten zu finden. Die alten Griechen schickten die Seelen ihrer Toten statt in den Himmel in den Untergrund, wo sie im Hades auch weiterhin ihr Dasein pflegen konnten. Hiermit hatte sich auch Odysseus auseinander zu setzen, als er sich endlich von der Zauberin Kirke trennen konnte, um seinen Heimweg fortzusetzen. Aus welchen Gründen auch immer hatte sie ihm empfohlen, dabei doch die Abkürzung durch den Hades zu nehmen. Dort angekommen, geriet er in Streit mit den hier ansässigen Seelen, die die lebende Konkurrenz fürchteten. Er konnte sich nur mit Waffengewalt behaupten und seinen Weg fortsetzen. Seine Zeit, sich dauerhaft im Hades aufhalten zu müssen, sah er noch nicht gekommen, sondern wollte doch zunächst einmal seine Frau wiedersehen.

Bei den sogenannten Wiedergängern allerdings geht deren Seele nicht ihren vorbestimmten Weg. Dem Volksglauben nach steigen sie stattdessen wieder aus dem Grab, um als Unholde die Lebenden zu schikanieren. Für die Kirche ist ein solcher Glaube suspekt, denn wie sollte ein solcher »Untoter« mit der von Jesus gepredigten Auferstehung in Verbindung gebracht werden können? Um diese Frage gar nicht erst beantworten zu müssen, wurden Tote, denen man aufgrund ihres irdischen Verhaltens eine solche Rache an den Menschen zutrauen würde, ohne Kopf und mit einem Amulett versehen beerdigt. Damit sollte ihnen dem Aberglauben nach die Möglichkeit genommen werden, auch nach dem Tod ihr Unwesen weiter zu treiben.

Es heißt, der Mensch besteht aus Körper, Geist und Seele. Dabei soll die Seele ausmachen, was ich bin, der Geist, was ich daraus mache. So sagt man. Die Fähigkeit, Geist und Seele zusammenzubringen, ist vermutlich das, was uns Menschen von anderen Lebewesen auf der Erde unterscheidet. Allerdings ist diese Anlage bei uns sehr unterschiedlich ausgeprägt. Vielen ist die Gabe des Redens gegeben, die Gabe des Handelns dagegen weniger ausgeprägt. Bei diesem Gedanken wäre es unfair, gleich an einen Politiker zu denken, gibt es doch zumindest einige, denen beide Gaben gegeben sind. Während man die großen Schriftsteller, Dichter und Komponisten wegen ihrer Meisterwerke bewundert und sie als große Geister bezeichnet, kann man sich auf der anderen Seite über die Kleingeistigkeit mancher Mitmenschen ärgern. Über allem aber steht der Heilige Geist, der allerdings nur Gott vorbehalten ist.

Körper, Geist und Seele in Einklang zu bringen, bereitete schon unseren biblischen Vorfahren Probleme. Wie sagt doch Markus in seinem Evangelium (sinngemäß) «*...was wird es denn einem Menschen nützen, wenn er die ganze Welt gewinnt, aber dabei seine Seele einbüßt*»? Angesichts unseres Bestrebens, mit unserer Technik die Welt zu erobern, sind wir vielleicht bereits dabei, Markus' Erkenntnis zu bestätigen. Also lieber einmal die Seele baumeln lassen und eine ausgeglichene Zufriedenheit genießen! Ein kluger Ratschlag, der aber in unserer hektischen und vom Streben nach Wohlstand geprägten Welt nur schwer zu realisieren ist. Wahrscheinlich haben sich bei den Menschen Seele und Geist nie oder nur in Ausnahmefällen in Harmonie miteinander befunden, so dass schon unsere Vorfahren anders handelten, als Gott von ihnen erwartete und der gesunde Menschenverstand ihnen hätte vorgeben können. Immer wieder zeigte sich, dass ihnen ein guter Wille nicht abzusprechen war, dessen Umsetzung jedoch vielfach missglückte. So ist es auch heute, wenn wir ohne Rücksicht auf zu erwartende Folgen an zerstörerischen Handlungen zum Beispiel an unserer Natur festhalten. Heutzutage hat sich eine viel beschäftigte Fachrichtung der Medizin entwickelt, die wie auch die Kirche versucht, Menschen zu einem inneren Gleichgewicht zu verhelfen. Ob das tatsächlich nachhaltig gelingen kann oder ob die Diskrepanz zu tief in uns verwurzelt ist, werden wir sobald wohl nicht beantworten können.

Anders als bei der Seele ist es mit der Würde eines Menschen, die jeder aufgrund seines eigenen Verhaltens anderen gegenüber selbst beeinflussen kann. Die katholischen Kardinäle sind von ihrer besonderen Würde überzeugt und beanspruchen die Anrede »Eure hochwürdige Eminenz« und lassen sich zur Unterstreichung ihrer Besonderheit die

Hand küssen. Andererseits strahlen manche einfachen Leute eine in sich ruhende Würde aus, die keiner besonderen Hervorhebung bedarf, sondern einfach durch das Auftreten dieser Person erkennbar ist.

Man kann vermuten, dass auch Adam mit den vorgenannten Gaben ausgestattet war. Die Seele war ihm von Gott eingegeben, was ihn überhaupt erst zu einem lebendigen Wesen machte. Weil es im Paradies für ihn nichts zu tun gab, hätte er zumindest während des dortigen Aufenthaltes auf den Geist verzichten können. Als aber Gott ihn und Eva aus dem Paradies verbannte, mussten diese für sich und ihre Familie selbst sorgen. Insofern sollten wir davon ausgehen, dass Gott ihnen zur Unterstützung ihrer zukünftigen Eigenständigkeit auch die notwendige Portion Geist mit auf den Weg gegeben hat. Und Würde hatte Adam bewiesen, als er Kain nach dessen Mord an seinem Bruder gegenüber Gnade walten ließ und ihn nur des Hauses verwies. Es sei denn, Adam hat gedacht, angesichts seiner kleinen Kernmannschaft keinen von ihnen entbehren zu können.

Die in den Verfassungen verschiedener Länder enthaltene Feststellung, dass alle Menschen gleich sind und deren Würde unantastbar ist, bezieht sich auf das Miteinander der Menschen und auf das Respektieren des Einzelnen. Nur, was nützt eine solche Bekundung, wenn der Mensch nicht bereit ist, sich darauf zu besinnen, und sein Geist andere Wege wählt? So geht die in den Grundgesetzen verankerte Bekundung häufig genug an der Wirklichkeit vorbei. Weiter ist in vielen Landesverfassungen ein Gottesbezug enthalten, wonach der Abgeordnete ».... *im Bewusstsein seiner Verantwortung vor Gott und den Menschen* ...« zu handeln verspricht. Diese Passage ist jedoch umstritten mit der Begründung, dass es sich bei der Religion um eine Privatangelegenheit handele, die im öffentlichen Bereich nichts zu suchen habe, wenngleich man dies in einigen Ländern auch heute noch anders sieht. Trotzdem könnte man meinen, dass gerade ein solcher Zusammenhang die Grundlage für ein vernünftiges Handeln ist, und es auch manchem Politiker nicht schaden kann, sich daran zu erinnern. Vielleicht glaubt der ohne Gottesbezug schwörende Abgeordnete, beim Jüngsten Gericht wegen eines Verstoßes gegen seine Aufgaben nicht zur Rechenschaft gezogen zu werden.

Auch die Herrscher dieser Welt verfügen über Seele und Geist. Wenn sie diese Eigenschaften missbrauchen, sind es wie immer ihre Untergebenen, die darunter leiden müssen. Da ein Widerstand gegen die Mächtigen nur in Ausnahmefällen möglich ist, beklagen sie sich zu Recht über die ihnen widerfahrenden Ungerechtigkeiten. Da nützt es nicht viel, den Unterdrücker an seine Seele als sein eigentliches Ich zu erinnern, wird diese doch von seinem Handeln überlagert. Die Juden im Nazideutschland haben dieses zu ihrem größten Leidwesen erfahren müssen. Auch die früheren Sklaven mussten sich ohne die Möglichkeit einer Gegenwehr mit der Bevormundung durch ihre Herren abfinden. Gewalt ist auf der Welt seit jeher so verbreitet, dass dieses nicht einmal mehr als ungewöhnlich angesehen wird. Schon zu Zeiten des Alten Testaments war ein länger andauerndes friedliches Miteinander der Menschen die Ausnahme. Wenn es denn zutreffen sollte, dass Gott Gewalt auf Erden zulässt, fragt man sich, warum er dann zum Beispiel die endlosen Ströme der Flüchtlinge duldet, von Menschen also, die schuldlos unter den Auswirkungen dieser Gewaltakte zu leiden haben. So gibt es viele große und kleine Ereignisse auf der Welt, die wir nicht verstehen und deren Begründung wir nicht nachvollziehen können. Uns fehlt leider die notwendige Weisheit, um dieses erkennen zu können, und Gott lässt sich nicht in die Karten schauen. Vielleicht hat er mit diesem Vorgehen die Hoffnung verbunden, dass wir Menschen uns daran erinnern, dass wir im Grunde genommen an dieser Art Selbstzerstörung selber schuld sind, solange wir nicht bereit sind, unser egoistisches Denken aufzugeben und uns wie vernünftige Wesen zu verhalten.

Trauriges Schicksal der Tiere

Im Paradies lebten die Tiere friedlich miteinander. Vor Adam und Eva brauchten sie sich nicht zu fürchten, bevorzugten diese doch eine vegane Kost. Deren Vorliebe für Fleisch entstand erst nach der Vertreibung aus dem Paradies und Gottes Erlaubnis, sich der Tiere zu bemächtigen. Daraus lässt sich folgern, dass damit auch das sorglose Leben der Tiere ein Ende hatte. Der Prophet Jesaja hatte jedoch tröstende Worte für sie parat, indem er verkündete, dass Jesus eines Tages dafür sorgen würde, dass auch alle Tiere sich miteinander vertragen. Das soll angeblich sogar so weit gehen, dass der Löwe sich mit Heu als Futter begnügt. Auch den Menschen gegenüber werden sie sich dann friedlich verhalten. Ob das allerdings auch umgekehrt gelten wird, darüber hat Jesaja vorsichtshalber keine Aussage gemacht. Wenn es so wäre, was wir uns ehrlicherweise eigentlich nicht vorstellen können, würde das bedeuten, dass wir auf unseren gewöhnlichen Fleischkonsum verzichten müssten. Vielleicht wird es deshalb immer populärer, sich mit dieser Änderung unserer Essgewohnheiten vertraut zu machen. Zum Leidwesen unserer Landwirte würde das mit dem Ende einer Tierhaltung allerdings einen weiteren Eingriff in ihre Betriebsführung bedeuten. Umweltschützer würden dieses als wichtigen Beitrag zur Verlangsamung des Klimawandels feiern, während die Landwirte sich auch weiterhin mit ihren Treckern zu Protestveranstaltungen aufmachen müssen. Nur dieses Mal wären nicht die politischen Entscheidungszentren, sondern die Gotteshäuser im Lande das Ziel dieser Aktion, wäre nach Jesaja doch Jesus für den Fleischboykott verantwortlich.

Eine solche Entwicklung würde den Tieren jedoch nicht viel nützen. Sollte die Klimaveränderung tatsächlich so fortschreiten wie befürchtet, hätten auch sie keine Überlebenschance. Offensichtlich hat Jesaja bei seiner Prophezeiung hiervon nichts geahnt, und sogar Jesus wäre überrascht, sollte er sich ein Bild von der aktuellen Situation auf der Erde machen. Das Fortschreiten der von uns zu verantwortenden Klimaveränderung würde bedeuten, dass die Tiere als unschuldig Betroffene wahrhaftig alle Rechte hätten, anlässlich des Jüngsten Gerichts als Ankläger der Menschheit aufzutreten. Dass das nicht gut für uns ausgehen kann, dürfte sicher sein, weil wir mit unserem Verhalten auch unsere Beziehung zu Gott ernsthaft gefährden.

Haben auch Tiere eine Seele, wie sich aufgrund der Schöpfungsbemühungen Gottes vermuten lässt? Ob Gott seinen Atem auch den Tieren in die Nase geblasen hat, wird nicht berichtet. Trotzdem lässt das treue Gemüt eines Hundes einen solchen Schluss vermuten, ohne dass man gemäß der hinduistischen Lehre bei ihm auf eine Wiedergeburt eines früheren Menschen schließen müsste. Wir sprechen davon, dass die Tierhaltung human zu erfolgen hat. Trotzdem muss man zum Beispiel einen Hund nicht wie einen Menschen behandeln! Es wirkt schon lächerlich, wenn eine meist ältere Dame einen frisch gestylten und nach neuester Mode gekleideten Hund spazieren führt, insbesondere wenn sie dabei von einem mit Schweinen beladenen LKW auf dessen Weg zum Schlachthof überholt wird.

Ein sinnloses Töten von Tieren widerspricht der Schöpfung. Jedes Lebewesen, und sei es noch so schädlich für den Menschen, hat seine Daseinsberechtigung. Ob eine Zecke oder eine Ratte sich im Paradies aufhalten durften, erscheint nach unseren Maßstäben fraglich. Allerdings unterliegt diese Beurteilung entsprechend ihrem Nutzen für uns anderen Maßstäben als in der Bibel beschrieben. Einer lästigen Mücke im Sommer würde man sicherlich eine Daseinsberechtigung absprechen. Auf der anderen Seite besteht deren Verwendung als Teil der Nahrungskette darin, den Vögeln als Futter zu dienen. Diese wiederum sind uns sympathisch, und weil wir ohne Mücken keine Vögel hätten, sind wir bereit, diese Plagegeister wenn auch mit Schmerzen zu tolerieren.

Medizinische Versuche an Menschen sind verboten. Erlaubt sind dagegen Tierversuche, bei denen medizinische Entwicklungen erprobt werden, bevor diese bei Menschen zum Einsatz kommen. Die Diskussionen hierüber entzünden regelmäßig die Gemüter, insbesondere, wenn diese Versuche der Erprobung bestimmter kosmetischer Produkte dienen. Soweit diese Forschungen jedoch der notwendigen Entwicklung neuer Medikamente dienen und auf eine humane Art (was auch immer darunter verstanden wird!) durchgeführt werden, kann man ihnen noch ein gewisses Verständnis entgegenbringen. Aus ethischen Gründen ist es doch in jedem Fall besser, überall wo dieses möglich ist, solche Versuche durch Computersimulationen zu ersetzen. Damit könnte man versuchen, darauf zu verzichten, einem Tier ein Leid zuzufügen, um uns Menschen ein solches zu ersparen.

In der modernen Rechtsprechung galt ein Tier bis vor einiger Zeit als Sache mit der Konsequenz, dass sein Besitzer es wie einen leblosen Gegenstand behandeln konnte. Als man erkannte, dass das so nicht richtig sei, entschied man sich, diese Sichtweise durch ein besonderes Tierschutzgesetz zu revidieren. Man bedenke, dass auch dieser »leblose Gegenstand« wie wir Menschen ein Ergebnis der Schöpfung ist! Zum Leidwesen der Tiere hat Gott seinerzeit jedoch entschieden, dass sie dem Menschen untertan seien. Er hat aber nicht gesagt, dass man mit ihnen machen könne, was man wolle. Bei den Tieropfern machte er eine Ausnahme, obwohl deren Fleisch für ihn nicht von Interesse war und er sich mit dem Rauch dieser Opfergaben begnügte. Damit konnten nun wiederum die Priester nichts anfangen und waren froh, dass ihnen das Fleisch zustand. Sollte jedoch Jesajas Prophezeiung der Friedenszeiten für Tiere in Erfüllung gehen, wäre es damit vorbei.

Je nach religiöser Interpretation haben sich unterschiedliche Gewohnheiten bei der Behandlung der Tiere herausgebildet. Muslime und Juden zum Beispiel essen kein Schweinefleisch, wogegen dieses für die Christen zu den Delikatessen gehört. Die Massai zapfen ihren Kühen Blut ab, um es zu trinken. Bei dessen Anblick würde ein gläubiger Jude umgehend in Ohnmacht fallen. Die Chinesen dagegen lieben ein Festessen aus Hundefleisch, was wiederum bei anderen Völkern streng verpönt ist und einen Hundebesitzer in unserer vermeintlich zivilisierten Welt vor Schrecken erbleichen ließe. Bei den Tieren kann schon mal eine gewisse Schadensfreude aufkommen, wenn nicht sie als Fleischlieferant in Frage kommen. Nämlich dann, wenn einige Kannibalen ihres besonderen Geschmacks wegen eine Vorliebe für Menschenfleisch entwickeln. Missionare, die sich bei ihrer dortigen Ankunft über den freundlichen Empfang wunderten, mussten schnell erkennen, dass ihr Fleisch wegen dessen Rarität als besondere Delikatesse unter den Eingeborenen galt und manchen Beutezug in das Nachbardorf ersparte.

Wir sind nicht mehr Adam

Dass sich das Leben der Menschen seit Adam und Eva verändert hat, ist offensichtlich. Dieses hat sehr verschiedene Gründe, wobei man gerne die Vergangenheit glorifiziert und sagt, dass früher alles besser gewesen sei, was aber bei näherer Betrachtung nur subjektiv gelten kann. Man denke an die schlechten Lebensbedingungen und die grausamen Kriege im Mittelalter. Auch mit der damaligen Unmündigkeit des Volkes möchte heute bestimmt keiner tauschen. Ein Vergleich mit früheren Zeiten ist schon deshalb abwegig, weil wir Menschen uns in der Zwischenzeit derart vermehrt haben, dass, wenn das so weiterginge, für uns irgendwann wahrscheinlich nicht mehr genügend Platz auf der Erde sein wird. In knapp einhundert Jahren soll es fast zehn Milliarden Menschen auf der Erde geben. Eine gewaltige Leistung, wenn man sich Gottes Auftrag an Adam und Eva, sich nach Kräften zu vermehren vor Augen hält. Ob sich Gott diese Entwicklung allerdings so vorgestellt hatte, als er dem Stammvater Jakob versprach, dessen Nachkommen eines Tages so zahlreich zu machen wie die Sandkörner in der Wüste?

Sollte die Vermehrung der Menschen angesichts der Klimaveränderung mit der der Sandkörner in den ständig wachsenden Wüsten Schritt halten, wäre das Ende der Menschheit so sicher, wie das »Amen« in der Kirche. Nur würde in diesem Fall Gott und nicht die Menschen »Amen« und »Das wäre es gewesen!« sagen. Tiere und Pflanzen hätten sich über die schwindende Konkurrenz durch die Menschen allerdings zu früh gefreut. Ihre Vernichtung wäre ebenfalls vorprogrammiert, würde doch auch der letzte Teil ihres Lebensraums von den Menschen in Anspruch genommen werden. Heutzutage würde Gott wahrscheinlich seinen damaligen Auftrag schnellstens widerrufen.

Auch unabhängig von der zu erwartenden Auswirkung der Klimaveränderung würde die Überbevölkerung der Erde zu ernsten Problemen führen. Trotzdem gilt Kinderreichtum in einigen Ländern immer noch als erstrebenswert, während in anderen Ländern versucht wird, den Bevölkerungszuwachs mit teilweise strikten Methoden einzudämmen. Dadurch ergibt sich ein Ungleichgewicht auf der Erde, das eines Tages zu erheblichen Konflikten unter den Völkern führen könnte. Um dieses zu vermeiden, wäre es auch deswegen dringend erforderlich, dass die Menschen sich Gedanken darüber machen, ob so viele Nachkommen auch ohne die Folgen einer Klimaveränderung überhaupt noch eine gesicherte Lebensgrundlage auf Erden haben werden. Dabei müssten wir uns aber zunächst klar werden, dass alle solche Überlegungen hinfällig sind, sollte es nicht gelingen, diese Klimaveränderung zu vermeiden. Die vielen Menschen wollen ernährt werden. Nun besteht allerdings ein Problem darin, dass die Produktion von Nahrungsmitteln häufig nicht dort erfolgt, wo sie von der Bevölkerung benötigt wird. Der sich daraus ergebende Warenhandel benachteiligt in der Regel die Bevölkerung in den Einfuhrländern. Diese Abhängigkeit würde sich noch vergrößern, wenn zum Beispiel nicht mehr genügend Nahrungsmittel für einen solchen Handel zur Verfügung stehen sollten.

Durch den Klimawandel wird der Wasserspiegel in den Meeren steigen. Das dadurch immer seltener werdende Nutzwasser wird zu einem kostbaren Gut, um das bereits jetzt heftig gestritten wird. Zu allem Überfluss sind einige Staatsführer zum Beispiel in Afrika weiter der Meinung, die eigene Landwirtschaft ihres Landes vernachlässigen zu können. Zimbabwe, das einst als Kornkammer Afrikas galt und heute nicht einmal mehr in der Lage ist, die eigene Bevölkerung zu ernähren, mag ein Beispiel hierfür sein. Vielleicht hatte der dortige Präsident sich das alte Ägypten zum Vorbild genommen, als der Pharao mit Hilfe von Josef die Versorgung der Bevölkerung als Druckmittel nutzte, um diese in seine Abhängigkeit zu zwingen.

Das Wachsen der Menschheit und die zunehmende Verstädterung haben unser Leben verändert. Das Zusammenleben ist unpersönlicher geworden, was dazu führt, dass unser Miteinander in den Hintergrund tritt. Selbst in der Ehe macht sich dieses bemerkbar. Trotz der bei der Heirat versprochenen lebenslänglichen Ehe (»…bis, dass der Tod euch scheide …«) hält diese statistischen Angaben zufolge in Deutschland etwa gerade nur fünfzehn Jahre, wenn überhaupt. Dazu kommt, dass viele Paare zur Vermeidung einer möglichen Scheidung gar nicht erst heiraten oder angesichts der erwarteten Verschlechterung der Lebensverhältnisse auf der Welt darauf verzichten, Kinder zu bekommen.

Bei den heute modernen gleichgeschlechtlichen Verbindungen wird die neu gewonnene und nun auch legalisierte Freiheit als Fortschritt der Toleranz gepriesen. Wie im Alten Testament berichtet, hatte Gott die Homosexualität schon damals kritisiert und den Israeliten entsprechende Anordnungen und den dazugehörenden Strafkatalog mit auf den Weg gegeben. Wie so vieles andere, scheint aber auch diese Ermahnung in Vergessenheit geraten zu sein.

Im Vergleich zu heute ging es zu Zeiten Abrahams erheblich ruhiger zu. Sein Tag dauerte von Sonnenaufgang bis Sonnenuntergang. Allein durch diese auch energiesparende Festlegung bekam das Leben eine gewisse Regelmäßigkeit. Abraham hatte das Glück, über eine Anzahl von Knechten zu verfügen, die die Arbeit für ihn verrichteten. So konnte er sich nach dem gemeinsamen Frühstück mit seiner Frau damit beschäftigen, zunächst bei seinen Ziegenherden und anschließend auf seinem Weinberg nach dem Rechten zu sehen und seine Anweisungen für die Arbeiten des Tages zu erteilen. Danach begab er sich wieder nach Hause und setzte sich mit einem Stuhl vor sein Zelt. Dort genoss er die Ruhe, ohne wie heute vom Klingeln des Telefons gestört zu werden. Eine Zeitung wurde damals noch nicht geliefert.

So wartete er ab, ob sich vielleicht etwas Interessantes vor seinem Zelteingang ereignen würde und deshalb war es schon eine bemerkenswerte Abwechslung für ihn, als drei Männer des Weges kamen. Er sprang von seinem Stuhl auf und lud diese zu sich in sein Zelt ein, um von ihnen Neuigkeiten aus der Welt zu erfahren. Als er jedoch erkannte, dass es sich bei einem dieser Männer um Gott persönlich handeln müsste, bestellte er in der Küche ein ganz besonderes Essen für seine Gäste. Die Bewirtung gefiel Gott und seinen beiden Engeln, sodass er sich beim Abschied bei Abraham und seiner Frau Sarah damit bedankte, dass er ihnen einen Sohn versprach. Sarahs Ungläubigkeit sollte sich später trotz ihres fortgeschrittenen Alters tatsächlich als unberechtigt herausstellen. Diese bedeutsame Unterbrechung des täglichen Allerlei zeigt, dass man sich auch für unverhoffte Gäste Zeit nehmen sollte. Heute allerdings würde der Hausherr bei einem solchen Abschiedsgruß wahrscheinlich stutzig werden.

Der heutige Tagesablauf stellt sich dagegen oft wie folgt dar: Man steht früh morgens unausgeschlafen auf, stellt das Licht an, dann die Kaffeemaschine und frühstückt hektisch mit den beim naheliegenden Bäcker gekauften Brötchen, um dann mit dem Auto noch rechtzeitig ins Büro zu kommen. Trotz Behinderung durch den üblichen Verkehrsstau dort angekommen, setzt man sich an seinen Schreibtisch, um diesen bis Dienstschluss, von notwendigen Ausnahmen abgesehen, nicht mehr zu verlassen. Um dem Chef gegenüber einer gewisse Unentbehrlichkeit zu demonstrieren, werden darüber hinaus noch Überstunden geleistet, bevor es dann wieder mit dem Auto durch den üblichen Verkehrsstau nach Hause geht. Dort angekommen ist man für einen gemütlichen Familienabend einfach zu müde und setzt sich stattdessen vor den Fernseher, um kurz darauf vor diesem einzuschlafen. Vorher wird noch die Ehefrau gefragt, wie ihr Tag war, und der Sohn, wie es denn in der Schule ging, um damit die Autorität als Familienoberhaupt kund zu tun. Am Wochenende wird wiederum in aller Hektik das getan, was während der Woche zu kurz gekommen ist. Zur dringend notwendigen Erholung wird dann der nächste Urlaub gebucht.

Adam und Eva dagegen saßen vermutlich vor ihrem Zelt und lauschten dem abendlichen Vogelgezwitscher, während ihre Kinder um sie herum spielten. Heutzutage haben Fernseher und Internet das abendliche Zusammensein der Familie und die Pflege der Sozialkontakte mit Freunden abgelöst. Miteinander zu kommunizieren, bedarf heute nicht mehr des persönlichen Kontaktes. Vor allem aber fehlt uns modernen Menschen die Zeit. Die eigene Frau beklagt sich darüber, dass ihr Gatte seine Sekretärin häufiger zu Gesicht bekomme als sie ihn. Die Rolle der Frau als Hausfrau und Mutter wird immer häufiger aufgegeben, um den Wohlstand der Familie durch ein erhöhtes Einkommen zu sichern; aber auch aufgrund des veränderten Selbstbewusstseins der Frauen. Mangels Zeit wird die Kindererziehung dann auf den Kindergarten bzw. die Schule verlagert oder auf Oma und Opa übertragen.

Bei diesem hektischen Leben ist es nur schwer möglich, dem Alltag zu entfliehen und zur Besinnung zu kommen. Wer das schafft, wird als Aussteiger geringgeschätzt, obwohl auch die größten Kritiker sich innerlich nach einem solch ruhigen Leben sehnen, ohne dieses jedoch ernsthaft zu versuchen. Der Tagesablauf wird von der Uhr bestimmt, nicht mehr wie früher von Sonnenaufgang und Sonnenuntergang oder von den Jahreszeiten. Es sei denn, es handelt sich um einen Bauern, dessen Tätigkeit von den Notwendigkeiten des Stalldienstes oder der Feldbestellung bestimmt wird. Aber auch er kann sich aufgrund der wirtschaftlichen Zwänge seines Betriebes den früheren Mittagsschlaf nicht mehr erlauben.

So beklagen sich die Menschen, keine Zeit mehr zu haben, und fragen sich immer wieder: *»Wo ist nur die Zeit geblieben?«* Gemeint ist damit die gefühlte Zeit, denn tatsächlich hat sich gegenüber Abrahams Zeiten am Ablauf des Tages ja nichts geändert. Immer mehr Einrichtungen etablieren sich, die sich auf verschiedenste Art und Weise und gegen gutes Geld um einen Stressabbau bei ihren Klienten bemühen. Von einem »Burnout« haben unsere Vorväter bestimmt nichts gehört. Wenn heute ein Rentner in den Ruhestand geht und damit ein Ziel erreicht, von dem er sein Leben lang geträumt hat, kann ihn dieses in eine für ihn ungewohnte Lage führen. Manche Rentner oder Pensionäre müssen dann feststellen, dass das Zeithaben nicht immer etwas Positives ist. Der Traum vom unbeschwerten und nicht mit Arbeit belasteten Leben endet häufig im Unvermögen, etwas mit der nun gewonnenen Freizeit anzufangen. Es ist für den Rentner nicht immer leicht, die Gewohnheiten seines Arbeitslebens abzulegen und nun seiner Frau den ganzen Tag über Gesellschaft zu leisten. Aber auch für sie ist es ungewohnt, ihren Mann ständig um sich zu haben und ihm klarzumachen, dass seine Vorgesetztenfunktion im eigenen Haushalt nicht gilt.

Hohe Gerichtsbarkeit

Gott müsste dem Treiben der Menschen in unserer heutigen Zeit eigentlich kopfschüttelnd zuschauen und sich fragen, ob wir modernen Menschen überhaupt die Geschöpfe sind, die er sich bei der Schaffung von Adam und Eva vorgestellt hat. Diese sollten der Ursprung eines makellosen und ihm ergebenen Volkes sein. Aber schon kurz nachdem er mit seinem Vorhaben begonnen hatte, wurde er von der Diebin Eva und deren Sohn, dem Mörder Kain, enttäuscht. Das Volk Israel freute sich über Gottes Schutz, wenn es Hilfe brauchte, um sich seiner Gegner zu entledigen. Sobald aber keine Gefahr mehr in Sicht war, kamen bei den Israeliten andere menschliche Züge zum Vorschein, die mit dem heutigen Verhalten durchaus verglichen werden können. Abgesehen von einigen wirklich Getreuen, wie Moses oder Abraham, hielten Gottes Israeliten nicht viel davon, von ihm ständig gegängelt zu werden. Der Prophet Jesaja hatte schon seinen Grund, als er behauptete, dass Ochs und Esel treuer als Gottes Menschen seien.

Auch in seinen Gesprächen mit Moses hatte Gott erkennen müssen, dass der menschliche Verstand nicht ausreicht, um den Zusammenhang zwischen seinen Absichten und den vielen von ihm erlassenen Vorschriften zu erkennen. Selbst nach deren Reduzierung auf das Minimum von 10 Geboten tun sich die Menschen schwer, die von Gott gewollte Grundlage eines friedlichen Lebens zu erkennen und zu befolgen. Das liegt wohl in unserer Natur und ist möglicherweise auf einen Konstruktionsfehler bei der Schöpfung von Adam zurückzuführen. Vielleicht war das Adam und Eva mitgegebene Gen für einen harmonischen Umgang mit den Mitmenschen und ihrer Umwelt nicht ausreichend, um auf derart viele Nachkommen vererbt werden zu können. Wenn Gott diesem Umstand mehr Aufmerksamkeit gewidmet hätte, wäre er schon wegen seiner unbestrittenen Möglichkeiten, Wunder zu vollbringen, in seiner Führerschaft unangefochten gewesen. Dann wären die Schaffung eines goldenen Kalbes und unser sorgloser Umgang mit der Natur wohl nicht geschehen, und Gott hätte seine Ruhe gehabt und sich die vielen Bestrafungen ersparen können.

Jesus hat gesagt, dass der Mensch nach seinem Tod zur eigenen Läuterung das Fegefeuer durchlaufen müsse, bevor die Möglichkeit besteht, in den Himmel zu gelangen. Die Kirche hat versucht, die Menschen mit dieser Drohung zur Raison zu bringen und im Mittelalter die Hexenverbrennung im Vorgriff darauf praktiziert. Auch berühmte Maler haben sich dieses Themas angenommen, wobei das wohl bekannteste Bild hierzu von Michelangelo stammt. Dieses Bild ist im Vatikan in der Sixtinischen Kapelle aufgehängt, vielleicht um die Kirchenoberen daran zu erinnern, dass auch sie eines positiven Ausgangs des Jüngsten Gerichts nicht sicher sein können. Es sei denn, eine rechtzeitig vorgenommene Ernennung als Heiliger würde von Gott bestätigt werden. Diejenigen, die nicht das Glück haben, mit einer solchen Auszeichnung in den Himmel zu gelangen, müssen sich der Gerichtsbarkeit des Jüngsten Gerichts stellen: Himmel oder Verdammnis! Spätestens dann würde so mancher sich vorwerfen, zu Lebzeiten ein nicht gerade lobenswertes Verhalten gezeigt zu haben. Es wird gesagt, dass Gott über uns Sünder hat Buch führen lassen. Insofern dürfte es schwer sein, im Leben begangene Sünden zu vertuschen, wobei es ihm wahrscheinlich nicht so sehr darauf ankommt, was wir *in* unserem Leben, sondern was wir *aus* unserem Leben gemacht haben. Dass dieses nicht nur die Christen, sondern auch Gläubige anderer Religionen betrifft, darüber sind sich diese ausnahmsweise einig, wenngleich es aus menschlicher Sicht wünschenswert wäre, der Teufel würde sich besser um die jeweilige Glaubenskonkurrenz kümmern. Wegen des Andrangs im göttlichen Gerichtssaal finden die Verurteilungen, wie von Matthäus gesagt wird, im Schnellverfahren statt: Schafe zur Rechten, Böcke nach links, wobei mit den Böcken nicht die Männer im Allgemeinen oder wegen der linken Zuordnung gar die Kommunisten gemeint sind. Eine ausführliche Gerichtsverhandlung oder gar eine Berufung durch die Verurteilten soll nicht möglich sein.

Die Guten werden in den Himmel einziehen können, hatte Jesus versprochen. Die anderen dagegen würden dem Teufel übergeben werden. Heilige werden wahrscheinlich ohne eine Urteilsverkündung gleich im Himmel bleiben können. Was die früheren Tyrannen und andere Missetäter anbelangt, so würden die Wünsche der von Ihnen Unterdrückten endlich in Erfüllung gehen, nämlich, dass diese für ihre Taten in der Hölle schmoren mögen. Die im Mittelalter als vermeintliche Hexen verbrannten Frauen würden ihre damaligen Peiniger Beifall klatschend auf deren Weg in die Hölle verabschieden und die ehemaligen Sklaven könnten nun aus höherer Warte mit der Peitsche in der Hand ihren früheren Eigentümern zusehen, wie diese unter höllischer Aufsicht die Baumwollernte einbringen. Spannend wäre, wenn diejenigen, die gedacht haben, die Existenz Gottes sei nur eine menschliche Erfindung und dass man ihnen nach ihrem Tod nichts mehr anhaben könne, ihren Irrtum erkennen müssen. Die Gedankenlosigkeit im Umgang mit der Schöpfung Gottes lässt ohnehin für die Menschheit nichts Gutes erwarten.

Jesus hatte bis zur Verurteilung durch das Jüngste Gericht eine tausendjährige Gnadenfrist eingeräumt, die jedoch schon lange abgelaufen ist, ohne dass das von ihm prophezeite Verfahren stattgefunden hat. Warum das so ist, bleibt uns Menschen als ein Jesus vorbehaltenes Geheimnis verborgen. Vielleicht können wir von einer stillschweigenden Verlängerung durch Gott ausgehen, weil der erste Zeitraum für die erhoffte Besserung des menschlichen Verhaltens vielleicht doch etwas zu kurz angesetzt war. Dass Gott auf die Durchführung des Jüngsten Gerichts gar verzichtet haben könnte, mag angesichts der ständigen Verfehlungen der Menschen bezweifelt werden. Obwohl Jesus sagte, den genauen Termin des Weltunterganges selbst nicht zu kennen, meinen manche Leute, es besser zu wissen. Allerdings haben diese dann stets händeringend nach Entschuldigungen für ihre Fehlprognose suchen müssen. Die Zeugen Jehovas zum Beispiel sind sich sicher, dass die angekündigte Apokalypse nur verschoben ist. Sie hatten das Jahr 1975 als Datum des Weltunterganges errechnet und freuten sich, dass am Neujahrstag 1976 alles beim Alten geblieben war.

Das Klimachaos

Die aktuelle Klimaveränderung auf der Erde wird von Wissenschaftlern mit Besorgnis verfolgt. Anders als bei früheren auf natürliche Ursachen zurückzuführende Klimaveränderungen sind dieses Mal die Menschen die Verursacher. Trotz aller Beweise gibt es aber immer noch Politiker, die das nicht wahrhaben wollen. So hat der Präsident der Vereinigten Staaten vor kurzem das mühsam zwischen den Nationen ausgehandelte Klimaabkommen wieder aufgekündigt, weil dieses nach seiner Auffassung der Wirtschaft seines Staates schaden würde. Einen seiner Vorgänger mussten erst die Eisbären seines Landes mit ihrem traurigen Schicksal überzeugen, dass es so nicht weitergehen könnte. Aber auch andere Länder verhindern aus ähnlich egoistischen Gründen eine globale Aktion zum Schutze der Umwelt bzw. des Klimas.

Die Umweltzerstörung auf der Erde schreitet voran. In einigen Großstädten ist schon jetzt ein Aufenthalt mit der Gefahr gesundheitlicher Schäden verbunden. Wahrscheinlich werden wir Menschen noch lange auf eine positive Änderung der Klimaverhältnisse warten müssen, wenn es dann nicht schon zu spät ist. Denn es scheint nur eine Frage der Zeit, dass die Erde zumindest in Teilen unbewohnbar wird. Einen Vorgeschmack auf derartige Ereignisse hat uns der im Alten Testament enthaltene Bericht über die biblische Sintflut gegeben, bei der nur Noah, seine Familie und die mitgenommenen Tiere überlebten. Würden wir also die aktuellen zerstörerischen Ereignisse auf der Erde auch nur im Ansatz wahrnehmen, müsste uns klar werden, dass es so nicht weitergehen kann. Allerdings scheint es mehr als fraglich, ob wir Menschen überhaupt ernsthaft gewillt sind, eine Wende zu erreichen. Sonst würden wir es vernünftigerweise nicht zulassen, dass sich die Lebensbedingungen auf der Erde nachhaltig verschlechtern.

Wissenschaftler haben herausgefunden, dass sich die Sintflut nur auf eine begrenzte Gegend erstreckte. Heute jedoch steuern wir durch unseren Einfluss auf die Natur einer neuen, dieses Mal aber globalen »Sintflut« zu. Die aktuelle, auf den Ausstoß von Treibhausgasen zurückzuführende Klimaveränderung, die Zerstörung der schützenden Ozonschicht, die Überdüngung der Gewässer, die Vermüllung der Meere und so weiter sind alle auf unser eigenes Verhalten zurückzuführen. Diese »Sintflut« wäre dann nicht von Gott, sondern von uns Menschen gemacht. Er würde dem bestimmt kopfschüttelnd zusehen und sich fragen, warum wir so unvernünftig sind, sein Schöpfungswerk auf diese Art und Weise zunichte zu machen.

Wissenschaftler haben das Wissen, Politiker die Macht. Aber anscheinend ist es nicht möglich, beides zusammenzubringen. Was die Verursachung der Klimaveränderung durch den Menschen anbelangt, gibt es anders als nach wissenschaftlicher Meinung die erschreckende Argumentation, dass deren Aussagen nicht stimmen und nur unnötige Panik verursachen. Klimaveränderungen hätte es in der Vergangenheit immer wieder gegeben, die sogar zu einer vorübergehenden Unbewohnbarkeit der Erde führten. Selbst im Mittelalter war zeitweise ein erheblicher Temperaturanstieg festzustellen, ohne dass die Menschheit daran Schaden nahm. Gegen solche Umweltereignisse könne der Mensch sich nicht wehren. Da es sich nach Meinung dieser Kritiker im Augenblick um die Anzeichen einer vergleichbaren Umweltkatastrophe handelt, seien alle menschlichen Anstrengungen zu deren Verhinderung nutzlos und würden nur unnötige Geldsummen verschwenden, die anders besser eingesetzt werden könnten. Selbst wenn ein Land wie Deutschland insgesamt CO_2-ausstossfrei sei, würde das global nur einen winzigen Tropfen auf dem heißen Stein bedeuten. Warum also das Gerede, wenn man doch nichts zu einer Schadensabwendung tun kann?

Der aktuelle Präsident der USA kann durchaus als prominenter Vertreter dieser Meinung gelten. Auch er vertritt die Auffassung, dass die aktuelle Klimaentwicklung nicht menschengemacht sei. Vielmehr soll er sogar behauptet haben, die Chinesen hätten die Diskussionen um das Umweltproblem begonnen, um der amerikanischen Wirtschaft zu schaden. Insofern müsse man eine negative Auswirkung auf die Wirtschaft des eigenen Landes mit allen Mitteln verhindern, weswegen von ihm auch keine Notwendigkeit gesehen werde, eine Reduzierung der Verwendung von fossilen Brennstoffen überhaupt in Erwägung zu ziehen. Stattdessen soll er die Umweltbehörde seines Landes angeblich angewiesen haben, Prognoseberechnungen anders als die des UN-Klimarates nur bis ins Jahr 2040 statt bis 2100 zu erstellen, weil nach wissenschaftlicher Meinung die Treibhausgasemissionen erst nach 2040 ein besonders bedrohliches Ausmaß annehmen würden. Insofern würden die abgespeckten Berechnungen ein anderes Bild zeigen, was die abstruse Argumentation des Präsidenten gerade in Wahlkampfzeiten unterstützen würde. Zum Glück denken nicht alle Menschen so! Sicher wird das Verhalten eines Einzelnen oder eines einzelnen Staates nicht zur Verhinderung einer negativen Klimaveränderung führen. Aber, wenn wir dadurch zu einer Verbesserung unseres Umweltbewusstseins gelängen, ist auch ein solcher Beitrag ein wichtiger Baustein im globalen Gesamtgefüge. Nicht umsonst heißt es, dass sich jedes Umdenken im Kopf abspielt.

Über das Schicksal der Tiere auf der Erde im Falle eines solchen Endes haben sich nur wenige Gedanken gemacht. Stattdessen müssen die Tiere, und natürlich auch die Pflanzen, tatenlos zusehen, wie die Menschen mit deren Lebensraum umgehen. Dabei ist doch gerade an diesen die klimatische Veränderung am besten zu erkennen. Vielleicht erlaubt Gott den Tieren deswegen, wieder in das Paradies zurückzukehren, wie Jesaja behauptet. Allerdings würden sie islamischem Glauben zufolge dort wahrscheinlich auf die Selbstmordattentäter treffen, die für ihre erfolgreiche irdische Selbstaufgabe damit belohnt wurden, die paradiesische Umgebung in zahlreicher weiblicher Begleitung zu genießen. Bei so gefährlichen Mitbewohnern im Paradies würden die Tiere allerdings auch dort wachsam sein müssen.

Der Dialog – Ein himmlisches Experiment

Seit der Erschaffung von Adam sind nach biblischer Berechnung mehr als sechstausend Jahre vergangen. Von Neugierde getrieben, überlegte dieser eines Tages, was in all den Jahren wohl aus seiner Sippe geworden sei. Im Himmel fand er keinen, der ihm eine Auskunft darüber geben konnte. Die ehemals menschlichen Heiligen, die er fragte, erschienen ihm zu weltfremd mit ihren Erklärungen. So beschloss er eines Tages, selbst einmal einen Besuch bei seinen irdischen Verwandten zu machen. Als er Eva davon berichtete, lehnte sie ab, ihn zu begleiten. Sie sei schon einmal aus ihrer vertrauten Umgebung gerissen worden und wolle dieses nicht ein zweites Mal riskieren. Außerdem würde ihr eine Auszeit ohne ihren Mann guttun. Also bat Adam Gott, ihm diesen Ausflug zu erlauben. Dieser meinte, dass er für solche Recherchen durchaus Verständnis habe, aber eine Genehmigung verweigern müsse. Er befürchte, dass die dem Teufel zugeordneten Seelen dann ebenfalls mit gleichen Anträgen kommen könnten, um diesem zu entkommen. Bei den im Himmel weilenden Seelen könne er sich solche Wünsche nicht vorstellen. Nach längerem Nachdenken jedoch meinte er, dass ein solches Experiment durchaus auch für ihn von Interesse sein könnte und beschloss, Adam die Erlaubnis zu erteilen. So versetzte er Adam in einen tiefen Schlaf und ließ ihn im Traum seine Reise antreten.

***

Als die Straßenbahn anhielt und Herr Meyer-Schulze ausstieg, stand vor ihm ein tiefgebräunter, merkwürdig gekleideter Herr, der einen recht hilflosen Eindruck machte. Herr Meyer-Schulze fragte ihn, ob er ihm eventuell helfen könne. Der Mann antwortete in einer schwer zu verstehenden Sprache, die ihn entfernt an seinen Konfirmandenunterricht erinnerte, als er sich unter der strengen Aufsicht des Pastors mit der Bibel beschäftigen musste. Er wolle sich hier nur einmal umsehen, wisse aber nicht, wie er das machen könne. Herr Meyer-Schulze stellte sich vor und fragten den Mann nach dessen Namen. »Adam« war die Antwort. »*Und wie heißen Sie mit Nachnamen?*« fragte Herr Meyer-Schulze. »*Was ist ein Nachname? Bei uns haben wir nicht weitere Namen. Aber warum haben Sie denn so viele Namen?* entgegnete Adam. »*Der zweite Name ist der meiner Frau, was für uns nicht unüblich ist.*« Adam überlegte kurz und sagte dann »*Aber dann würde ich ja Adam-Männin heißen*«. »*Das ist sehr interessant. Ich habe gerade Urlaub. Lassen Sie uns eine Tasse Kaffee trinken, dann können wir uns in Ruhe weiter unterhalten*« sagte Herr Meyer-Schulze. »*Kaffee, was ist das?*« »*Sie kennen keinen Kaffee? Was trinken Sie denn zu Hause*«? »*Wasser aus dem Bachlauf!*« »*Das geht bei uns nicht. Unsere Hygienevorschriften erlauben das nicht. Aber im Restaurant gibt es gutes Mineralwasser. Es wird Ihnen schmecken*«. So führte Herr Meyer-Schulze seinen Gast in das nächstgelegene Café. Adam blieb an der Tür stehen, weil ihm die Luft in dem Lokal den Atem raubte. »*Sie haben Recht; das Rauchen sollte wirklich verboten werden. Ständig wird vor der Krebsgefahr gewarnt, aber die Leute wollen einfach nicht hören*« meinte Herr Meyer-Schulze. »*Merkwürdig! Bei uns gilt Krebs als eine delikate Meeresfrucht. Wieso macht diese krank?*«. Bevor Herr Meyer-Schulze darauf antworten konnte, klingelte sein Handy. Als er sein Telefonat beendet hatte, erklärte er Adam, dass das sein Kontaktmann in den USA gewesen sei, der seinen Geschäftsbesuch in den nächsten Wochen vorbereiten wolle. Adam war sprachlos.« *Wie kommt ihr Kontaktmann in den kleinen Apparat und wo sind die USA?*« Herr Meyer-Schulze dachte bei dieser Frage zunächst, Adam wolle ihn auf den Arm nehmen. Dann aber, bei einer zweiten Tasse Kaffee bzw. der zweiten Flasche Mineralwasser begann er ihm die Funktion seines Handys zu erklären, was Adam jedoch so wenig begriff, dass er von weiteren Fragen absah. Er meinte, dass sei auch nicht so wichtig, weil da, wo er herkäme, ein solches Gerät doch nicht zu bekommen sei. Vielmehr interessiere ihn die Frage, was oder wo denn die USA seien. Meyer-Schulze erklärte ihm in möglichst verständlichen Worten, dass das ein Land in einem fernen Kontinent sei, das wie viele andere auch vor vielen Jahren von Seefahrern entdeckt worden seien. Als Adam die Frage stellte, wie Herr Meyer- Schulze denn dahin käme, flog gerade ein Flugzeug über die Stadt. So einen großen Vogel hatte Adam noch nie gesehen, und er war ganz sprachlos, als Herr Meyer-Schulze ihm erklärte, dass dieser »große Vogel« nicht nur ihn, sondern mehrere hundert Leute mitnehmen könne. Adam fragte sich, ob er Gott nicht bitten solle, ihm auch so einen Vogel zu bauen. Nur müsste dieser nicht so viel Lärm verursachen. Dieser störte ihn gewaltig, wie überhaupt die Geräusche in der Stadt. Adam empfand das fast noch schlimmer als die merkwürdige Luft auf den Straßen. So attraktiv sei das Fliegen auch nicht mehr, meinte Herr Meyer-Schulze. *»Gerade heute steht ein interessanter Artikel in der Zeitung über die ewigen Verspätungen im Flugverkehr«*. Adam wagte nicht zu fragen, was denn eine Zeitung sei.

Plötzlich schaute Herr Meyer-Schulze auf seine Uhr und entschuldigte sich. Es sei Zeit, seine Tabletten einzunehmen. Nach der Uhr wagte Adam schon nicht mehr zu fragen, aber die Bedeutung der Tabletten interessierte ihn. *»Ist das ihr Essen für den Tag?«* Herr Meyer-Schulze erklärte ihm, dass er bis vor Kurzem an einem Burn- out gelitten habe und deswegen die Tabletten nehmen müsse. Adam kam aus dem Staunen nicht mehr heraus, als Herr Meyer-Schulze ihm erklärte, dass diese Krankheit auf seine Überarbeitung zurückzuführen sei und mit dem hektischen Leben heutzutage zusammenhänge. Adam meinte kopfschüttelnd, bei ihm zu Hause gäbe es seines Wissens keine Leute, die unter einem Burnout litten. Wenn er oder seine Leute krank seien, würden sie entweder bestimmte Kräuter nehmen oder Gott um Hilfe bitten. »Ach« sagte Herr Meyer-Schulze, *«das haben wir zum Glück nicht mehr nötig., Unsere Medizin ist inzwischen so weit fortgeschritten, dass sie unsere Krankheiten ganz gut im Griff hat«*. Ob Gott das gleiche Wissen habe, sei ihm aber nicht bekannt.

Herr Meyer-Schulze hatte bislang vermieden, seinen Gegenüber nach dessen Herkunft zu fragen. Er befürchtete, es mit einem primitiven Eingeborenen zu tun zu haben, der seine Frage als Ausdruck von Rassismus auffassen könnte. Als er aber dennoch diese Frage stellte, erzählte Adam ihm, er käme aus dem Land, in dem sich die Sintflut ereignete. Er glaube, es heiße Mesopotamien, genau wisse er das aber nicht. Seinen früheren Wohnsitz im Paradies verschwieg er vorsichtshalber, um sich die Peinlichkeit zu ersparen, über Evas Vergehen erzählen zu müssen. Auch die Frage nach seinen Landsleuten wollte er lieber erst gar nicht aufkommen lassen. Das Land der Sintflut sagte Herrn Meyer-Schulze nun aber gar nichts. Da er vorher Adam erklärt hatte, wie groß die Welt doch sei, wollte er sich diese Blöße nicht geben. Um dennoch eine nähere Erklärung zu bekommen, fragte er Adam, wie dieser denn überhaupt in diese Stadt gekommen sei. *»Mit meinem Esel«,* sagte Adam wie selbstverständlich, obwohl die Reise für diesen doch sehr anstrengend gewesen sei. Wegen des erbärmlichen Aussehens seines Esels habe die Polizei diesen in Verwahrung genommen und bis zu seiner Erholung in ein Tierheim gesteckt. Vielleicht könne Herr Meyer- Schulze dort für ihn ein gutes Wort einlegen. Er würde seinen Esel gern wiederhaben.

Inzwischen war es dunkel geworden und Adam folgte immer noch gespannt den Erklärungen von Herrn Meyer-Schulze, obwohl er bereits heftige Kopfschmerzen hatte. Als Herr Meyer- Schulze dieses bemerkte, bot er Adam eine seiner Tabletten an, die er immer für diesen Zweck bei sich führte. Adam wurde schlecht, als er zwei dieser Tabletten schluckte. Er bat Herrn Meyer-Schulze um ein Taschentuch und warf dieses nach Gebrauch auf den Fußboden. Der herbeieilende Kellner drohte damit, ihn wegen dieser Manieren des Lokals zu verweisen, da ein solches Verhalten bekanntlich der Umwelt schaden würde. Als Adam Herrn Meyer-Schulze fragte, was der Kellner mit Umweltschädigung meinen könnte, erfuhr er von den vielen Diskussionen über dieses Thema und die bereits jetzt zu erkennenden Folgen für die Menschen. Kopfschüttelnd meinte Adam daraufhin, dass es nicht angehen könne, wenn jedermann wisse, dass die Erde auf eine Kataststrophe zusteure, aber ernsthaft nichts dagegen getan werde. Herr Meyer-Schulze zuckte wie zum Ausdruck seiner Hilflosigkeit mit den Schultern. Auch ihm sei ein solches Verhalten der Mächtigen dieser Welt nicht nachvollziehbar.

Erschrocken durch den plötzlichen Lärm auf der Straße sah Adam ein Gruppe Jugendlicher, mit Trommeln und Plakaten versehen, vorbeiziehen. »*Ach, das sind die ständigen Proteste gegen die Zerstörung der Umwelt*« sagte Herr Meyer -Schulze. Es sei ja durchaus zu begrüßen, wenn die Jugendlichen sich so engagieren, bringen würde das allerdings nichts, solange die Politiker auch weiterhin nur reden, statt zu handeln.

Adam war erschlagen von den vielen Neuigkeiten und meinte, er müsse jetzt gehen, um sich eine Unterkunft für die Nacht zu besorgen, und ob Herr Meyer-Schulze ihm den Weg zum Tierheim zeigen könne. Herr Meyer- Schulze meinte, dass es wohl besser sei, Herrn Adam nicht im Dunkeln durch die Stadt irren zu lassen und beschloss, ihn zu begleiten. Auf dem Weg zum Tierheim kamen sie an einem zerstörten Haus vorbei. Auf Adams Frage, ob hier wohl arme Leute wohnen würden, sagte Herr Meyer- Schulze, dass das ein Relikt aus dem letzten Krieg war. Das war nun endlich ein Thema, zu dem Adam auch seinen Teil beitragen konnte. Waren Kriege doch auch schon bei seinen früheren Nachkommen immer gang und gäbe gewesen. Endlich hatte er eine Gemeinsamkeit gefunden. Als überzeugtes Mitglied der hiesigen Friedensbewegung hatte Herr Meyer- Schulze allerdings nur wenig Interesse an der von Adam offensichtlich angestrebten Diskussion und ging forschen Schrittes weiter.

***

Als Adam aus seinem Traum erwachte, hatten sich die Kopfschmerzen trotz der Tabletten, die Herr Meyer-Schulze ihm gegeben hatte, nicht gebessert. Schweißgebadet dachte er immer wieder an das, was dieser ihm von der bevorstehenden Klimakatastrophe gesagt hatte. Was er nicht begreifen konnte, war die Erkenntnis, dass die Menschen möglicherweise so dumm sein könnten, sich selbst zu vernichten. Bei der nächsten Gelegenheit würde er Gott darüber informieren und fragen, ob man nicht etwas dagegen tun könne und ob auch der Himmel eventuell von der Entwicklung auf Erden betroffen sein könnte. Sollte Eva sich eines Tages wieder einmal über ihre doch etwas baufällige Hütte beklagen, würde er ihr vor Augen halten, dass die Verbannung aus dem Paradies nicht so schlimm war, wie das Schicksal, dass den Menschen auf der Erde wahrscheinlich bevorstehe.

Eva war einen solch unruhigen Schlaf ihres Mannes nicht gewohnt und fragte ihn, weshalb er so schlecht geschlafen habe. Dieser musste jedoch seine Gedanken erst einmal sortieren, bevor er auch nur ansatzweise von seinem Treffen mit Herrn Meyer-Schulze berichten konnte. Erst Tage später hatte er sich so weit gefasst, dass er in der Lage war, Eva zu erzählen, dass die Menschen sich gewaltig verändert hätten und er eine Umwelt vorgefunden hätte, die so gar nicht der ihrigen ähnlich sei. Immer wieder musste er an das Gedrängel in der Stadt denken, an die vielen Menschen, die Lichter in den Einkaufszentren und die vielen Häuser, die höher waren als der größte ihnen bekannte Baum. So nebenbei versuchte er Eva beizubringen, dass ihm ein Auto als Ersatz für seinen Esel durchaus gefallen würde. Mit einem Auto konnte Eva nun nichts anfangen. Stattdessen fragte sie ihn, ob er denn wenigstens daran gedacht hätte, ihr ein neues Kleid als Ersatz für ihr aus der Mode gekommenes Feigenblatt mitzubringen.

Bei der Abwägung all dessen, was Adam bei seinem Ausflug in die Gegenwart gesehen hatte, schien ihm sein von Gott verordnetes Leben nach wie vor paradiesisch zu sein. Obwohl das moderne Leben nichts für sie sei, waren Eva und er sich nach längerem Überlegen einig, dass die modernen Menschen mit ihren Errungenschaften es eigentlich gar nicht so schlecht hätten, würden sie nur mehr darauf achten, ihre Umwelt nicht leichtfertig aufs Spiel zu setzen und sich weniger hektisch zu verhalten. Nach Vergleich aller vermeintlichen Vor- und Nachteile eines Lebens in der modernen Welt, beschlossen sie jedoch, nicht tauschen zu wollen. Auch Adams Esel, der auf dem Rückweg erneut bedenklich abgemagert war, sagte mit Bestimmtheit, er würde eine solche Reise nicht noch einmal mitmachen. Die Erinnerung an den Aufenthalt im Tierheim würde für den Rest seines Lebens ein einziger Albtraum bleiben.

Nachdem sie das Tierheim verlassen hatten und Adam sich mit seinem Esel auf den Heimweg gemacht hatte, beeilte Herr Meyer- Schulze sich ebenfalls, nach Hause in sein Reihenhaus zu kommen. Auf die Frage seiner Frau, wie denn sein Tag verlaufen sei, berichtete er von seinem Treffen mit Herrn Adam. Er hätte diesen etwas merkwürdig und hilflos wirkenden Mann in der Stadt angetroffen und ihm seine Hilfe angeboten: »*Du wirst es nicht glauben! Der Mann scheint noch in der Steinzeit zu leben. So meinte er zum Beispiel, dass ein Flugzeug ein großer Vogel sei! Ich konnte ihm erzählen, was ich wollte, er schüttelte immer nur mit dem Kopf, offensichtlich, weil er nichts begriff. Besonderes Unverständnis zeigte er, als ich ihm von der aktuellen Klimasituation erzählte und ihn auf die bereits erkennbaren Vorzeichen aufmerksam machte. Ein solches Verhalten der Menschen könne er überhaupt nicht nachvollziehen und müsse dringend mit seinem Chef darüber sprechen. Bei der Gelegenheit wollte er ihm auch berichten, dass unsere Wolkenkratzer aus seiner Sicht bereits eine gefährliche Höhe erreicht hätten.*

Wer sein Chef ist, habe ich nicht gefragt, weil ich dessen Firma wahrscheinlich ohnehin nicht kennen würde. Nur als wir auf den letzten Krieg zu sprechen kamen, schien er Bescheid zu wissen. Und ständig beklagte er den Lärm und die schlechte Luft in der Stadt, in der es mehr Häuser als Bäume gäbe. Als ich ihn fragte, ob das in seinem Land besser sei, sagte er, dass er aus dem Land der Sintflut käme und dort vieles anders sei«. »Über die Sintflut habe ich in der Bibel gelesen, aber was hat er damit zu tun?« fragte daraufhin seine

Frau. »Darüber wollte er nicht sprechen und sagte nur, dass er glaube, in Israel Verwandte zu haben, zu denen aber kein enger Kontakt bestünde. Ich hätte ihn zur Polizei bringen sollen, aber nachdem er seinen Esel wieder in Empfang genommen und sich für unser Gespräch bedankt hatte, war mit einem Mal verschwunden. Wenn ich so darüber nachdenke, machte er insgesamt einen ruhigen und ausgeglichenen Eindruck, so als wenn er mit seinem Leben zufrieden wäre. Ich wäre froh, wenn er das Gleiche auch von mir sagen könnte.«

Der Beschluss

Das Gespräch blieb natürlich nicht unbeobachtet, hatte Gott doch persönlich für dessen Zustandekommen gesorgt. Er wollte herausfinden, ob zwischen den heutigen Menschen und Adam überhaupt noch eine Ähnlichkeit bestehe und wie weit die Erwartungen, die er seinerzeit in Adam gesetzt hatte, erfüllt waren. Krasser konnte der Vergleich nicht ausfallen. Seit seiner Schöpfung der Welt war doch eine lange Zeit vergangen und es war so viel geschehen, dass er der Meinung war, es könne ihm das eine oder andere entgangen sein. Er befürchtete aufgrund des Verhaltens der Menschen, dass ihm bei Adams Schaffung möglicherweise ein Fehler unterlaufen sein könnte, den es wieder gutzumachen gelte. Natürlich war er davon ausgegangen, dass die Menschen durchaus in der Lage sein müssten, sich im Leben zu behaupten, hatte er sie doch mit der nötigen Sonderausstattung gegenüber den übrigen Lebewesen versehen. Ihren Drang zur Eigensinnigkeit hatte er während all der Jahre feststellen können, wenn er zusehen musste, dass sie seine Bestrafungen schnell wieder vergaßen, sobald er ihnen eine gewisse Freiheit ließ. Wenn sein energisches Eingreifen schon keinen unmittelbaren Eindruck auf sein Volk gemacht hatte, so war er doch zumindest von einer gewissen Langzeitwirkung ausgegangen. Nachdem, was Adam ihm nun erzählt hatte, musste er allerdings wohl davon ausgehen, dass er die Hartnäckigkeit der Menschen offensichtlich unterschätzt hatte, mit der diese zu Lasten ihrer Umwelt ihrem technischen Fortschritt anhängen und diesen wie damals als Goldenes Kalb verehren.

Adams Bericht hatte Gott nachdenklich werden lassen, sodass er erst einmal einige Tage brauchte, um das Gehörte verarbeiten zu können. Insbesondere konnte er nicht begreifen, dass seine Menschen tatsächlich so weit gehen würden, sich selbst und ihre Umwelt zu zerstören. Dabei hatte er sich mit der Schöpfung doch so viel Mühe gegeben, um den Menschen und Tieren trotz ihrer Ausweisung aus dem Paradies ein angenehmes Leben zu ermöglichen. Nun bestätigte sich seine Befürchtung, dass er bei der Schöpfung von Adam und Eva offensichtlich zu wenig Wert auf deren Ausstattung mit Vernunft gelegt hatte. Ein Fehler war von ihnen leider weitervererbt worden. Selbst die Erkenntnisse früherer Begegnungen, bei denen er die Menschen mit größter Härte bestrafen musste, schienen vergessen zu sein.

Also beschloss Gott, dass diese Schwachstelle dringend beseitigt werden müsse. Da ihm die Angelegenheit außerordentlich ernst erschien, hielt er es für angesagt, diese mit Jesus zu besprechen. Schließlich hatte dieser die Menschen hautnah erlebt und war darüber hinaus für die Rechtsprechung anlässlich des Jüngsten Gerichts zuständig. Wie zu erwarten war, bekam Jesus einen gehörigen Schreck, als er von Gott über die aktuelle Lage auf der Erde informiert wurde. Auch merkte er, dass Gott richtig verärgert war, denn ein Problem dieses Umfangs hatte er in der Vergangenheit nicht lösen müssen. Als Gott zu Noahs Zeiten entschied, die Menschheit zu vernichten, legte er Wert darauf, die Erde von einer Vernichtung auszusparen. Dieses Mal jedoch ging es allerdings nicht nur um die Menschen, sondern seine ganze Schöpfung war in Gefahr. Wie können die Menschen nur so dumm sein, sich mit ihrem Tun selbst zu vernichten, fragte er sich.

Das hatte er sich wahrhaftig anders vorgestellt! Vielleicht hätte er dem Teufel weniger Freiheiten gewähren sollen, denn der war vermutlich der Urheber des drohenden Unheils. Jesus konnte Gottes Unmut gut nachvollziehen, hatte er doch am eigenen Leib erfahren, dass die Menschen häufig unbelehrbar waren. Gott hatte nun ein Problem, dessen Lösung sorgfältig überdacht werden musste. Es müsste doch möglich sein, ihnen zu helfen, den Unsinn ihres eigenen Tuns zu erkennen, sagte er sich.

Da gerade Sonntag war, machte Gott erst einmal seine obligatorische Pause, um dann am Montag den Entschluss über das weitere Vorgehen zu fassen. Obwohl er in seiner Allmacht keine Unterstützung bei seinen Vorhaben benötigt hätte, wollte er der Wichtigkeit wegen in diesem Fall anders vorgehen. Also berief er eine umgehende Sondersitzung der Vorsitzenden der im Himmel vertretenen Interessengruppen ein. Nachdem diese sich versammelt hatten, wurde ihnen von Gott das anstehende Problem und das weitere Vorgehen erläutert. Dieses sollte unter dem Motto stehen:

BRINGEN WIR DEN MENSCHEN VERNUNFT BEI!

Jesus übernahm es, die von Gott geplanten Maßnahmen zu erörtern und die einzelnen Aufgaben an die vertretenen Himmelbewohner zu verteilen. Gott selbst wollte die Aktionen aus dem Hintergrund steuern. Unruhe entstand, als er als erste Maßnahme den Teufel als den vermeintlichen Anstifter festsetzen ließ. Zur Durchführung der geplanten Bemühungen sollten die Apostel wieder reaktiviert werden. Jesus hatte sie seinerzeit in die Welt geschickt, um den Leuten ein anständiges gottesfürchtiges Leben beizubringen. Diesen Versuch sollten sie zu wiederholen versuchen. Zu ihrer Unterstützung sollte der Kirche der entsprechende Auftrag erteilt werden, wobei die im Himmel weilenden Heiligen unter Leitung der versammelten, von Amts wegen ebenfalls heiligen Päpste die Koordinierung der kirchlichen

Bemühungen zu übernehmen hätten. Um sich voll auf ihre Aufgabe konzentrieren zu können, sollte deren Sitz vorübergehend wieder auf die Erde verlegt werden, ohne allerdings den aktuellen Papst bei dessen Arbeit zu stören. Von der dortigen Nähe zu ihren Anhängern versprach sich Jesus einen größeren Erfolg. Allerdings ermahnte er die Heiligen, mögliche Rachegedanken zu vergessen, sollten sie an ihrem neuen Wohnsitz zufällig einem ihrer damaligen Peiniger begegnen. In seiner Umsicht beschloss Gott den Termin für das Jüngste Gericht auf unbestimmte Zeit zu verschieben, um nicht unter Zeitdruck zu geraten.

Überrascht war Gott, dass die Menschen inzwischen so zahlreich geworden waren. Das hätte er Adam und den von ihm ernannten Stammvätern nun doch nicht zugetraut. Angesichts der Bemühungen der Menschen auf dem Gebiet der Technik schien es ihm nicht richtig, ihre Verehrung dieser Errungenschaft zu beenden, sondern diese zu ihrem Wohl in eine ihm gefällige Richtung zu lenken. Ein Leben in Harmonie mit der Umwelt wollte er als erklärtes Ziel ausgeben und keine Mühe scheuen, dieses zu erreichen, wofür er jedoch die Bereitschaft der Menschen, an diesem Vorhaben nach Kräften mitzuwirken, voraussetzte. Der Politiker würde er sich persönlich annehmen und ihnen die Unvernunft ihres Handelns vor Augen führen. Sollte er deren guten Willen erkennen können, würde er sich nicht scheuen, sie bei künftigen Beschlüssen an der Hand zu führen. Anderenfalls würde er das Volk von ihrer Entbehrlichkeit überzeugen und für die Abschaffung dieses Berufsstandes sorgen.

Derweil dachte Jesus immer noch an seine christliche Kirche und den ihr erteilten Auftrag zur Besserung der menschlichen Gesellschaft. Mit der neuerlichen himmlischen Unterstützung müsste ein solches doch gelingen. Notfalls würde er Luther den Auftrag erteilen, nochmals eine Reformation in die Wege zu leiten. So erteilte er der Kirche den Auftrag, sich zusammen mit ihren Verbündeten anderer Glaubensgemeinschaften aktiv um den Schutz der Umwelt zu kümmern. Um eine größtmögliche Unterstützung zu haben, fragte Jesus Gott, ob man nicht auch Moses reaktivieren und mit der Führung dieser Aktion beauftragen könne. Gott meinte jedoch, dass Moses sich bei seinen früheren Aufgaben mehr als angestrengt hätte und man ihn deswegen lieber schonen solle. Außerdem würde Jesus seiner Meinung nach über genügend Personal verfügen, um den kirchlichen Auftrag erledigen zu lassen.

Die von der Kirche zu übernehmenden Aufgaben müssten neu definiert und den Vorgaben entsprechend angepasst werden. Man stelle sich vor, die Seelsorger würden als Vorbild für ihre Anhänger eine erzieherische Rolle zum Beispiel bei der Vermeidung von Müll und Plastik übernehmen und in ihren Predigten praktische Hinweise auf die Möglichkeiten zur Schonung der Umwelt geben. Es müsste doch machbar sein, dieses Thema im Studium der Theologie zu berücksichtigen, um den Studenten das notwendige Rüstzeug für ein aktives Wirken zu geben.

Umweltschutz ist heute als die größte Herausforderung der Menschheit in aller Leute Mund. Der Kirche würde wegen ihrer Vorreiterrolle eine Krone aufgesetzt werden und Jesus wäre stolz auf seine Gefolgschaft. Vermutlich würden dann auch wieder mehr Gesangsbücher bei den Gottesdiensten benötigt werden. Die Kirche in Deutschland hat mehr Mitglieder als alle politischen Parteien zusammen. Würde sie auf der Grundlage so vieler Mitglieder eine eigene Partei bilden, die ihre Umweltbemühungen in der Politik in uneigennütziger Weise aktiv vertritt, bliebe den anderen Parteien nichts anderes übrig, als deren mangelnde Unterstützung aufzugeben und sich nicht nur verbal zum Klimaschutz zu bekennen. Die Grünen, von denen ohnehin viele Mitglieder einer Kirchengemeinde sind, würden ihre eigenen Umweltbemühungen bestätigt sehen und wären angesichts der Bemühungen der neuen Kirchenpartei sicherlich bereit, ein Koalitionsbündnis mit ihr einzugehen .

Hoffnung?

Jesus hatte von dem beabsichtigten Jüngsten Gericht berichtet, bei dem alle Menschen entsprechend ihres Verhaltens zu Lebzeiten bestraft oder belohnt werden. Weil dieses Gerichtsverfahren angeblich am letzten aller Tage abgehalten werden soll, müsste man davon ausgehen, dass wir dabei sind, mit dem von uns verschuldeten Klimawandel selbst auf diesen Tag hinzuarbeiten. Dann würde es uns nichts nützen, vor Gericht auf Unschuld zu plädieren. Wenn wir also auch nur die Spur einer Chance auf Freisprechung haben wollen, müssten wir sofort alle denkbaren Anstrengungen unternehmen, um die Überlebenschancen unserer Nachkommen auf der Erde auch in Zukunft zu sichern. Vielleicht könnte Gott zur Belohnung für dieses Bemühen sogar bereit sein, den Termin für die Abhaltung des Jüngsten Gerichts hinauszuschieben, um uns Menschen das Leben auf der Erde für eine noch hoffentlich lange Zeit zu ermöglichen.

Diese Überlegungen entspringen dem kleinen Geiste eines Menschen, wohlwissend, dass Gottes Wille unergründlich ist. So bleibt uns nur übrig, darauf zu hoffen, dass die von Gott beschlossenen Aktivitäten uns helfen und zur Rettung seiner Schöpfung führen. Mit Sicherheit aber wird Gott erwarten, dass auch wir alle unseren Beitrag dazu leisten. Zeigen wir doch, dass trotz alledem ein bisschen Vernunft in uns steckt und Gottes Bemühungen mit uns Menschen nicht umsonst gewesen sind! Man muss Kants »Kritik der reinen Vernunft« deswegen ja nicht gleich zu einem Nachtrag zur Bibel erklären.

Dabei könnten wir alle einen praktischen Beitrag leisten, um das drohende Unheil zumindest abzumildern und hinaus zu schieben. Unser Problem ist allerdings, dass die Verursacher unser Umweltzerstörung zwar bekannt, wir trotz aller Warnungen aber nicht bereit sind, unsere Gewohnheiten zu ändern oder gar aufzugeben. Was also muss noch passieren, damit eine vom guten Willen getragene Maßnahme unverzüglich in Angriff genommen wird, anstatt zunächst einmal alle möglichen denkbaren Auswirkungen einer zu treffenden Entscheidung zu diskutieren? Die wesentlichen Verursacher des Ausstoßes an CO_2- Treibhausgasen sind bekannt. Die notwendigen Maßnahmen hiergegen auch.

Warum also nicht den Auto- und Flugverkehr einschränken und alle Anstrengungen zur Schaffung alternativer Beförderungsmöglichkeiten unternehmen? Warum nicht die Eigenständigkeit der Landwirtschaft zu fördern, indem man den bäuerlichen Betrieben ermöglicht, eine umweltschonende und für sie trotzdem auskömmliche Produktion von Nahrungsmitteln zu ermöglichen? Warum nicht Flächen für eine Biotopgestaltung schaffen, anstatt solche für einen ausufernden Straßen- und Wohnungsbau zu verlieren? Warum nicht umweltschädliche Kraftwerke schließen? Warum nicht den Energieverbrauch in Wohngebäuden minimieren? Warum nicht überhaupt den allgemeinen Energieverbrauch reduzieren?

Die Fragen ließen sich beliebig fortsetzen, aber schon deren Äußerung löst mit Sicherheit Proteste der Betroffenen aus, die sich um ihre Arbeitsplätze oder gar um die eigene Existenz sorgen, um nur die häufigsten zu nennen. Solche Einwendungen lassen sich natürlich nicht von der Hand weisen! Wenn man sich jedoch vor Augen führt, ob und wie unser Leben auf der zerstörten Erde in Zukunft überhaupt möglich sein wird, wenn wir so weitermachen, müsste eigentlich jedermann bereit sein, diese Fragen im Sinne des Umweltschutzes zu beantworten und die Konsequenzen mitzutragen. Auch der Staat müsste ganz neue Schwerpunkte setzen und seinen Finanzhaushalt noch konsequenter den drängenden Anforderungen des Umweltschutzes anpassen. Nur mit einer Deicherhöhung zur Vermeidung von zukünftigen Überflutungen in den Küstenbereichen ist das sicherlich nicht getan. So viel an Vernunft müsste doch in jedem von uns vorhanden sein, auch bei denen, die nicht an Gottes Hilfe glauben.

Es wäre natürlich eine Illusion, zu glauben, dass ein Land das Problem allein lösen kann. Das soll es angesichts der Dringlichkeit der Maßnahmen jedoch nicht davon abhalten, mit seinen Bemühungen eine Vorreiterrolle zu übernehmen, anstatt wie ein Strauß den Kopf in den Sand zu stecken. Angesichts unserer globalen Vernetzung müsste es möglich sein, auch andere Länder mit Beharrlichkeit zu gleichen Beiträgen zu überzeugen! Deren Bereitschaft, sich den Bemühungen anzuschließen, wäre bestimmt größer, wenn zur Verminderung des CO_2-Gehaltes in der Luft Techniken entwickelt und eingesetzt werden könnten, deren Anwendung einen finanziellen Gewinn versprechen. Solange diese Bemühungen wie bislang nur mit einem enormen finanziellen Aufwand verbunden sind, ohne dabei einen Profit erwarten zu können, sind sie unattraktiv. Wie immer geht es auch hier um das Geld. Gewinnerwartungen dagegen würden wahrscheinlich weltweit einen entscheidenden Anreiz bieten, entsprechende Investitionen zu tätigen. Die technische Entwicklung wie zum Beispiel auf dem Gebiet der erneuerbaren Energien zeigt das. Auflagen wie im Bereich der Landwirtschaft führen dagegen zu Erlöseinbußen und, menschlich verständlich, in der Regel zu einem Widerstand.

Unser Vertrauen in unsere technischen Möglichkeiten könnte uns bei aller Abhängigkeit von ihnen helfen, der drohenden Gefahr zu begegnen. Das beginnt mit den Anstrengungen bei der Weiterentwicklung eines emissionsfreien Energieeinsatzes und der Verringerung eines Ausstoßes von Treibhausgasen. Einen möglichen Durchbruch könnten die in der Entwicklung befindlichen Verfahren bringen, die darauf zielen, bereits in der Luft befindliche Treibhausgase zu binden und in nützliche Rohstoffe umzuwandeln. Eine solche Bündelung der Maßnahmen kostet Zeit, die wir nicht haben, und Geld, das jetzt anderweitig eingesetzt wird. Um diese Maßnahmen in die Wege zu leiten bzw. zu realisieren, bedarf es wirklich ernsthafter Anstrengungen und des Setzens entsprechender Prioritäten. Sollten solche Bemühungen sich für Forschung und Wirtschaft, auch in anderen Ländern, profitabel gestalten lassen, würde der Reiz des zu verdienenden Geldes sein Übriges tun. Solange eine solche Verwertung der Treibhausgase noch nicht in nennenswerten Umfang möglich ist, wird in der Politik diskutiert, die aus der Luft gewonnenen Treibhausgase verpresst und in unterirdischen Depots zu lagern. Diese Methode trifft bei den Anliegern möglicher Deponiestandorte auf energischen Widerstand, weswegen sie nicht zu Unrecht dagegen protestieren. Die Diskussionen hierüber erinnern an die Zeit der Proteste gegen die Lagerung von Atommüll, die bis heute ebenfalls noch nicht abschließend geklärt ist.

So lassen sich die aktuellen Möglichkeiten, mit den in der Luft befindlichen Treibhausgasen umzugehen, mit den Buchstaben »VVV« zusammenfassen. »V« für *Vermeidung* als die zurzeit wirkungsvollste Methode, »V« für das *Verstecken* komprimierter Gase in unterirdischen Depots und »V« für deren *Verwertung*. Natürlich kann das Verstecken von Gasen keine dauerhafte Lösung darstellen. Ähnlich, wie bei den Zwischenlagern für den Atommüll kann das nur eine vorübergehende Lösung darstellen, um die Erderwärmung zumindest hinauszuschieben; zumal die Auswirkungen einer solchen Lagerung bislang noch nicht abschließend erforscht sind und die Gefahr besteht, dass entweichende Gase für die Umgebung dieser Läger gefährlich sein können. Die Umwandlung der Gase in recyclebare Rohstoffe wird die wohl beste Lösung sein. Insofern erscheint es vernünftig, unter Einsatz aller entbehrlichen Förderungsmöglichkeiten gerade auf diesem Gebiet besondere Anstrengungen zu unternehmen. Bis zu ihrer Verwirklichung bleibt es natürlich bei dem ersten »V«- Vermeidung - mit dem Appell an eine weltweite Beteiligung. Ob der von der Politik verfolgte Weg, die CO_2- erzeugenden Nutzungen über eine Preissteuerung zu reduzieren, zu einem Erfolg führt, erscheint fraglich. Das Autofahren zum Beispiel lässt sich sicherlich nicht ganz verhindern, auch wenn die Treibstoffe noch so teuer werden; es sei denn, alternative Beförderungsmöglichkeiten stünden zur Verfügung und die Menschen würden sich hieran gewöhnt haben.

Ein kurzfristiger Erfolg bei der Umstellung auf eine klimafreundliche Energiegewinnung bzw. Energieverwertung ist angesichts der hier aufgeführten Abneigung der Menschen, ihre Lebensgewohnheiten zu ändern, wohl nicht zu erwarten. Bei allem Engagement kann man bei vernünftiger Betrachtung des Problems nicht alle Maßnahmen zum Umweltschutz über das Knie brechen. Der in einem Kohlebergwerk arbeitende Bergmann ist sicherlich nicht von dessen Stilllegung begeistert, solange er nicht eine andere adäquate Beschäftigung findet. Hiervon sind die Mitglieder der Bewegung »Friday for future« sicherlich weniger betroffen, da sie ihre Versorgung ihren Eltern verdanken. Was würden sie sagen, sollte der eigene Vater wegen einer Umweltschutzmaßnahme in seinem Betrieb arbeitslos werden und den Familienunterhalt in bisheriger Form nicht mehr gewährleisten kann. Ehe dieser Vater und seine anderen arbeitslosen Kollegen wieder eine Anstellung finden, bedarf es häufig eines Strukturwandels in der Region. Diesen zu verwirklichen, erfordert Geld und Zeit, wobei man der Führung eines Landes zugestehen muss, die Komplexität der Problematik im Auge behalten zu müssen, ohne sich von emotionalen Überlegungen leiten zu lassen. Insofern ist der Gedanke des aktuellen amerikanischen Präsidenten im Grunde genommen gar nicht so verkehrt, die Wirtschaftskraft seines Landes zu stärken und damit in die Lage zu versetzen, einen gehörigen Teil des Bruttosozialproduktes zur Verhinderung des Klimawandels einzusetzen. Das gilt natürlich nur, wenn gleichzeitig auch den Auswirkungen dieses Klimawandels mit großer Entschlossenheit und aller Macht begegnet werden. Das allerdings scheint bei dem erwähnten Präsidenten leider nicht der Fall zu sein.

Unabhängig davon kann man die Bemühungen der Jugendlichen nur unterstützen, haben sie uns doch mit ihren Protestaktionen vor Augen geführt, welch erschreckendes Ausmaß unser Umweltverhalten bereits angenommen hat. Warum aber ausgerechnet deren Omas eine »Umweltsau« sein sollen, ist gerade für die Frauen der Kriegsgeneration unverständlich. Solche und ähnliche Provokationen schaffen es jedoch, die Problematik auch in den Köpfen anderer zu verankern. Wenn das bei möglichst vielen Menschen gelingen sollte, müsste es nur eine Frage der Zeit sein, dass Bemühungen zur Vermeidung von Müll oder Plastik oder einer Geschwindigkeitsbegrenzung auf den Straßen auch zu einem praktischen Erfolg führen. Der Verzicht auf das Smartphone wegen dessen umweltschädlicher Herstellung und Verwendung scheint bei den Jugendlichen allerdings eine nicht zu lösende Aufgabe zu sein.

Die Jugendlichen haben sich mit Erfolg der politischen Entscheidungsträger angenommen und es geschafft, von diesen ernst genommen zu werden. An den aktuellen Diskussionen in der Politik kann man sehen, dass es Politikern durchaus unangenehm sein kann, ein schlechtes Gewissen zu haben, wenn sie den Forderungen nicht nachkommen können, weil ihnen vermeintlich rationale Überlegungen im Wege stehen. Die Tatsache, dass es Schüler sind, von denen sie der Untätigkeit beschuldigt werden, macht die Sache für sie noch peinlicher. Demonstrationen Erwachsener, wie zum Beispiel die der Landwirte erregen weniger Aufmerksamkeit und werden wegen des verursachten Verkehrsstaus eher als Störung empfunden. Da ist es schon leichter, den Landwirten eine Besserung derer Verhältnisse zu versprechen und am nächsten Tag wieder zu vergessen. Der Umgang mit dem aggressiven Auftreten Jugendlicher ist da schon schwieriger. Vielleicht wäre eine Einladung der Landwirte, die »Friday for future«- Mitglieder auf ihren Treckern zum nächsten Versammlungsort zu fahren, eine Möglichkeit für sie, eine gleiche Aufmerksamkeit zu erreichen. Diese Überlegung soll nicht von der Ernsthaftigkeit der Problematik ablenken, wenngleich auch oder gerade unkonventionelle Maßnahmen geeignet sein können, sich Gehör zu verschaffen.

Ein chinesischer Spruch besagt: *»Das Wasser kann ohne Fische auskommen, aber kein Fisch ohne Wasser«*. Übertragen auf die Entwicklung des Klimas und das Verhalten der Menschen, würde das bedeuten, dass wir auf unsere Umwelt angewiesen sind, diese aber nicht auf uns, womit die Machtverhältnisse klargestellt sein dürften!

Wir müssen erkennen, dass unser Verhalten der Umwelt gegenüber so nicht weitergehen kann! Etwas anderes bleibt uns gar nicht übrig. Wenn das uns Menschen erst einmal klar geworden ist und wir uns der Ausweglosigkeit unseres Handelns bewusst sind, dann wird auch jeder in seinem Umfeld bereit sein, zu handeln und dem vorgegebenen Ziel zu folgen. Und wenn wir dann noch bereit sein sollten, auf Gottes Hilfe zu vertrauen, und uns bemühen, seine Natur zu schützen, müssten wir eigentlich zuversichtlich in die Zukunft schauen können, auch ohne deswegen besonders gläubig zu sein. Dann könnten unsere Seelsorger sich im Sinne Gottes wieder um das Wohl unserer Seele kümmern, anstatt sich um unsere Seele Sorge machen zu müssen.

ANLAGE – Handelnde Personen

GOTT
allseits bekannt, sodass es einer weiteren Erklärung nicht bedarf

JESUS
Gottes Sohn mit einer geheimnisvollen Herkunft und einem tragischen Schicksal, dass er zum Wohle der Menschheit erleiden musste

AARON
wurde als Priester von Gott zum erfolgreichen Heeresführer befördert

ABRAHAM
wurde wegen seines blinden Gehorsams zu einem Liebling Gottes.

ADAM
spielte eine wichtige Rolle, obwohl als erster Mensch umstritten

APHRODITE
als Göttin von unnachahmlicher Schönheit

BARNABAS
glücklicher Gewinner eines Tauschhandels

ÄGYPTER, BABYLONIER, PHILISTER, RÖMER
machten den Israeliten auf Gottes Geheiß das Leben schwer

CHERUBIN
Gestattet als Torwache bevorzugt islamistischen Selbstmordterroristen den Zugang zum Paradies

DAVID
Erstaunlicher Werdegang vom Räuber zum König und Liebling Gottes. Musste zusehen, wie sein Sohn seine Haremsdamen verführte

DARWIN
hatte es gewagt, mit seiner Evolutionstheorie, Gott zu widersprechen. Oder hatte er Gottes Wirken nur bestätigt?

EVA
ihretwegen musste ADAM eine Rippe opfern, was er noch bereuen sollte.

HOHEPRIESTER
rächten sich an Jesus für seine Verspottungen

ISAAK
wurde von seiner machthungrigen Frau mit einem Linsengericht betrogen

ISRAELITEN
mühseliger Versuch Gottes, sich ein eigenes Volk zu schaffen.

JACOB
trickste seinen Arbeitgeber aus und machte das Beste aus seinem Unglück

JOHANNES
Ziehvater Jesus', dem aufgrund weiblicher Intrige ein trauriges Schicksal nicht erspart blieb.

JOSEF I (Marias Ehemann)
hatte nichts dagegen, eine bereits schwangere Frau zu heiraten

JOSEF II (Handelsmann in Ägypten)
rächte sich nach seinem Aufstieg in die High- Society an seinen Brüdern

KAIN
erschlug aus Eifersucht seinen Bruder. Erster Asylsuchender der Geschichte

KÖNIGIN VON SAABA
Verlor angesichts dessen Harems das Interesse an Salomon.

LILITH
Von Adam wegen ihres übertriebenen Sexbedürfnisses verstoßen

LOT
musste seine Frau als Kunstwerk verlassen und sich nach Alkoholgenuss seiner Töchter erwehren

LUTHER
Beschäftigte sich mit den Katholiken und machte sich Gedanken über Wirtschaftspolitik

MARIA
Unerklärlich schwanger geworden, gebar sie Jesus.

MATTHÄUS
als ehemaliger Finanzbeamter einer der Jünger Jesus.

MISSIONARE
bemühten sich unter Lebensgefahr um die Glaubensverbreitung

MÖNCHE
enthaltsame Erzieher der Bevölkerung

MOSES
Vertrauter Gottes und genialer Führer seines Volkes

NOAH
als seefahrender Bauer zur Rettung der Menschheit auserkoren

PETRUS
wurde Vorgänger der Päpste, weil Jesus nicht nachtragend war

PHARAO
König der Ägypter, wehrte sich vergebens gegen Gott.

PONTIUS PILATUS
wagte es nicht, sich gegen die öffentliche Meinung durchzusetzen

PROPHETEN
im göttlichen Auftrag als Wahrsager tätig

SALOMON
wurde als weiser Mann trotz eines großen Harems reich

SKLAVEN
Kriegsbeute, der man nicht einmal einen Mindestlohn zahlen musste

TEUFEL
hatte gegen Jesus keine Chance und nahm sich deshalb der Menschen an

VATIKAN
angemessene Unterkunft für den Papst und dessen Gefolgschaft

Vielen Dank

sage ich meiner Familie und allen Personen, die mir mit Rat und vor allem mit Ideen geholfen haben, dieses Buch zu schreiben.

Lieber Leser,

ich bitte Sie um den Gefallen, eine kurze Rezension zu diesem Buch zu erstellen. Sie würden mir damit ein Gefühl dafür geben, wie meine Gedanken von Ihnen interpretiert werden. Meine E-Mail- Anschrift finden sie im Impressum.

Gert Dethlefsen

Das bin ich:

ich heiße Gert Dethlefsen und bin 1940 in Niebüll, Nordfriesland, geboren, verheiratet, habe 2 Töchter und vier Enkelkinder. Nach einem längeren Aufenthalt in Dänemark verlegten meine Frau und ich unseren Wohnsitz vor einigen Jahren in die Nähe unserer Familie nach Deutschland. Nach dem Abitur und einer Marinezeit absolvierte ich zunächst eine kaufmännische Lehre. Mit dem geplanten Studium wurde es nichts, weil wir, etwas verfrüht, Eltern einer entzückenden Tochter wurden. So bemühte ich mich, mir ein Wissen bei verschiedenen Banken und durch den Besuch von Fortbildungs- einrichtungen anzueignen, bis ich das Glück hatte, selbst als Vorstand einer Bank tätig zu sein. Durch Zufall entdeckte ich, dass man mit der Realisierung von Einkaufszentren gutes Geld verdienen konnte. Also machte ich mich selbständig und ging mit einem Partner dem neuen Geschäft nach, bis meine Frau meinte, nun sei es genug und ich solle mich lieber um die Familie kümmern. So geschah es, wobei leider auch die Pflege des Gartens zu meinen neuen Aufgaben gehörte. Trotz meines gewachsenen Interesses an dieser Tätigkeit war ich nicht ganz ausgelastet, und habe mir, auch bedingt durch eine Krebserkrankung, Gedanken über Gott und die Welt gemacht.

Das sind meine Bücher:

»STAMMTISCH DER KLIESCHENBRÜDER"

In dem Buch »KLIESCHE« beschäftigen sich einige ältere Herren mit der Verwendungsmöglichkeit eines besonderen Fisches und kommen dabei auf bislang unvorstellbare Ergebnisse. Die flache Körperform der Kliesche hat den Erfindergeist der Menschen schon in der Frühzeit angeregt. Den Stammtischbrüdern war es jedoch vorbehalten, sich über die Verwendungs-möglichkeiten dieses Fisches umfassende Gedanken zu machen, die über den Inhalt eines Kochbuches weit hinaus gingen. Sie fanden heraus, dass unser tägliches Leben ohne den Einsatz von Kliesches nur schwer vorstellbar wäre, und konnten sich bald eines ausgezeichneten Rufes als Experten auf diesem Spezialgebiet erfreuen, die auch in Kreisen der Wissenschaft ihre Anerkennung fanden

Sollten Sie eines meiner Bücher gelesen haben, würde ich mich über eine kurze Rezension freuen. Sie würden mir damit ein Gefühl geben, wie meine Gedanken von Ihnen interpretiert werden.

Gert Dethlefsen, Ringweg 59, D-24969 Grossenwiehe
Handy Nr. 0049 151 70823701
Email: g.dethlefsen@t-online.de